Nikolaus Vahrenkamp

Bewegungsplanung und sensorgestützte Ausführung für das Greifen auf humanoiden Robotern

Bewegungsplanung und sensorgestützte Ausführung für das Greifen auf humanoiden Robotern

von
Nikolaus Vahrenkamp

Dissertation, Karlsruher Institut für Technologie
Fakultät für Informatik, 2011
Referenten: Prof. Dr.-Ing. Rüdiger Dillmann, Prof. Dr.-Ing. Heinz Wörn

Impressum

Karlsruher Institut für Technologie (KIT)
KIT Scientific Publishing
Straße am Forum 2
D-76131 Karlsruhe
www.ksp.kit.edu

KIT – Universität des Landes Baden-Württemberg und nationales
Forschungszentrum in der Helmholtz-Gemeinschaft

KIT Scientific Publishing 2011
Print on Demand

ISBN 978-3-86644-664-9

Bewegungsplanung und sensorgestützte Ausführung für das Greifen auf humanoiden Robotern

zur Erlangung des akademischen Grades eines

Doktors der Ingenieurwissenschaften

der Fakultät für Informatik

des Karlsruher Instituts für Technologie (KIT)

genehmigte

Dissertation

von

Nikolaus Vahrenkamp

aus Karlsruhe

Tag der mündlichen Prüfung: 8. Februar 2011
Erster Gutachter: Prof. Dr.-Ing. Rüdiger Dillmann
Zweiter Gutachter: Prof. Dr.-Ing. Heinz Wörn

Danksagung

Diese Arbeit entstand im Rahmen meiner Tätigkeit als wissenschaftlicher Mitarbeiter am Institut für Anthropomatik am Karlsruher Institut für Technologie (KIT).

Allen voran möchte ich meinem Doktorvater Prof. Dr. Rüdiger Dillmann für seine Unterstützung, das mir entgegengebrachte Vertrauen sowie seine fachlichen Anregungen herzlich danken. Ebenso danke ich Prof. Dr. Heinz Wörn für die Übernahme des Korreferats und das der Arbeit entgegengebrachte Interesse. Weiterhin gilt mein besonderer Dank Dr. Tamim Asfour, dem Leiter der Forschungsgruppe Humanoide Roboter, für seine freundschaftliche Unterstützung, seinen unermüdlichen Einsatz und das Vertrauen in meine Arbeit.

Prof. James Kuffner danke ich für die herzliche Aufnahme an der Carnegie Mellon University (CMU) während meines Aufenthalts im Herbst 2008 in Pittsburgh. In diesem Zusammenhang möchte ich mich auch bei Dmitry Berenson für die vielen interessanten Gespräche und die erfolgreiche Zusammenarbeit bedanken.

Bei allen Kollegen bedanke ich mich herzlich für die gute Atmosphäre am Institut und die stete Hilfsbereitschaft. Insbesondere möchte ich mich bei meinem langjährigen Bürokollegen und Freund Kai bedanken, der mich in allen Situationen mit tatkräftiger Hilfe und Ratschlägen unterstützte. Bei Pedram, Christian und David möchte ich mich für die freundschaftliche Zusammenarbeit und Gelassenheit bei den Vorbereitungen der unzähligen Demos mit ARMAR-III bedanken. Dem Embedded-Büro mit Alex und Julian sowie Paul danke ich für die Unterstützung bei allen Hardware-Problemen und die Hilfe bei der Ansteuerung der Roboterhände. Auch den weiteren Mitgliedern der Gruppe möchte ich hiermit danken: Martin D., Markus, Stefan U., Ömer, Sebastian Sch. und Manfred. Ebenso gebührt mein Dank den ehemaligen Kollegen Steven, Stefan G., Gunther, Joachim und Peter. Überdies hinaus danke ich in alphabetischer Reihenfolge Alex K., Darko, Martin L., Michael, Rainer, Roland, allen Sebastians (B., R. u. S.), Sven, Stefan, Steffi, Töff, Tobi und Yoo-Jin. Weiterhin möchte ich mich herzlich bei Isa für die Hilfe und die erfolgreiche Zusammenarbeit im Sonderforschungsbereich 588 bedanken. Auch bei Christine und Diana bedanke ich mich für die Unterstützung und Zusammenarbeit.

Weiterhin möchte ich mich bei allen Studenten und Hiwis, mit denen ich den letzten Jahren zusammen gearbeitet habe, bedanken. Anatoli Barski hat mit seinem unermüdlichen Einsatz die Grundlage für die, im Rahmen dieser Arbeit entstandene, Software-Bibliothek gelegt. Auch Christian Scheurer, Enrico Kuhn und

Peter Kaiser haben durch ihre Studien- bzw. Diplomarbeiten einen wichtigen Beitrag geleistet. Weiterhin danke ich Hendrik Polzin, Felix Messmer, Philip Nicolai, Hang Su und Yu Song für ihren Einsatz.

Mein besonderer Dank gilt meinen Eltern für die moralische Unterstützung sowie meiner Frau Beate und meinem Sohn Ben für das entgegengebrachte Verständnis und die Geduld bei der Fertigstellung der Arbeit.

Inhaltsverzeichnis

iii

Kapitel 1

Einleitung

Humanoide Roboter werden entwickelt, um Menschen bei alltäglichen Aufgaben zu unterstützen. Die rasante Entwicklung der letzten Jahre zeigt, dass mobile Manipulatoren, Serviceroboter und humanoide Robotersysteme unter realen Bedingungen in einem menschenzentrierten Umfeld eingesetzt werden können. Als langfristiges Ziel werden Roboter angestrebt, die autonom handeln und das hierzu benötigte Wissen selbstständig akquirieren und verwalten. Weiterhin müssen solche Roboter über eine Vielzahl von Fähigkeiten zur Sensordatenverarbeitung, Planung und zur Aktionsausführung verfügen. Eine grundlegende Fähigkeit ist dabei das Greifen und Manipulieren von Gegenständen, da hierdurch die Interaktion mit der Umwelt ermöglicht wird. In dieser Arbeit werden Algorithmen zur Realisierung von Greif- und Manipulationsaufgaben auf humanoiden Robotern entwickelt und evaluiert. Dabei stehen Methoden der effizienten Planung und sensorgestützten Ausführung von ein- und zweihändigen Greifbewegungen sowie deren Evaluierung in menschenzentrierten Szenarien im Vordergrund. Als Roboterplattform dient hierzu der humanoide Roboter ARMAR–III [Asfour 06].

1.1 Humanoide Roboter

In der Literatur sowie in frühen Sagen und Mythen findet sich eine intensive Auseinandersetzung mit künstlich geschaffenem Leben. Aus der griechischen Mythologie sind viele Beispiele für künstlich erzeugtes Leben bekannt: Hephaistos schmiedet den bronzenen Riesen Thalos und Prometheus formt Menschen aus Lehm und verleiht ihnen verschiedene Eigenschaften aus dem Tierreich [Hennig 39].

Abbildung 1.1: Links: Die mechanische Ente und die Ankündigung einer Ausstellung mit dem automatischen Flötenspieler von Jacques de Vaucanson. Rechts: Der automatische Schreiber und Zeichner von Jaquet-Droz (Nachdruck aus [Hesse 86]).

Auch die Golem-Sage, deren Ursprünge bis ins 12. Jahrhundert zurückreichen, handelt von einem künstlich geschaffenen Lebewesen. In einer Version der Legende wird der Golem von Rabbi Löw im 16. Jahrhundert aus Ton erschaffen und durch Rituale belebt, um die jüdische Gemeinde in Prag zu unterstützen [Völker 79].

Parallel zur Auseinandersetzung mit künstlich geschaffenem Leben wurden mechanische Automaten entwickelt, um das Leben der Menschen zu vereinfachen. Archimedes konstruierte um 250 v Christus viele mechanische Geräte, unter anderem eine Wasserschnecke, mit der man Wasser von einem tieferen auf ein höheres Niveau befördern konnte. Leonardo Da Vinci hat im 15. Jahrhundert vermutlich das erste mechanische Rechengerät erfunden. Außerdem konstruierte er einen mechanischen Soldaten, der seine Arme drehen, den Kopf mit Hilfe eines flexiblen Nackens bewegen und seinen Mund öffnen und schließen konnte [Rosheim 06]. Jacques de Vaucanson versuchte im 18. Jahrhundert ein natürliches Lebewesen mit einem Automaten zu imitieren. Er baute eine mechanische Ente, welche in der Lage war, mit den Flügeln zu schlagen, zu trinken und Körner zu picken [Hesse 86]. Außerdem baute er 1737 einen mechanischen Flötenspieler, der 12 Lieder wiedergeben konnte [Honour 84]. In Abbildung 1.1 ist links eine Skizze der automatischen Ente sowie die Ankündigung einer Ausstellung der Automaten zu sehen. Die Schweizer Pierre Jaquet-Droz und sein Sohn Henri-Louis bauten um 1770 mehrere androide Systeme [Carrera 79]. Der *Schreiber* war in der Lage beliebige Texte bis zu einer Länge von 40 Zeichen zu schreiben und der *Zeichner* konnte vorgefertigte Bilder zu Papier bringen (siehe Abbildung 1.1(rechts)).

Der Begriff Roboter wird von Karel Čapek (1890-1938) in dem Theaterstück R.U.R. (*Rossum's Universal Robots*) eingeführt. In dem 1921 uraufgeführtem Drama sind Roboter intelligente Maschinen, die ursprünglich als Arbeitskräfte entwickelt wurden, dann allerdings gegen ihre Schöpfer rebellieren und die

Abbildung 1.2: Von links nach rechts: ein Nachbau des mechanischen Soldaten von Leonardo da Vinci, ein Roboter bei einer Aufführung des Theaterstücks
R.U.R, der Roboter Televox von 1927, ein Plakat des Stummfilmklassikers *Metropolis*.

Menschheit auslöschen. In Fritz Langs Stummfilmklassiker *Metropolis* von 1927
tauchen humanoide Roboter als Maschinenmenschen auf (siehe Abbildung 1.2).

Der Wandel von mechanischen Komponenten auf digitale Systeme vollzog sich
Mitte bis Ende des 20. Jahrhunderts. Hierdurch wurde es möglich, komplexere
Automaten und somit vielfältigere Aufgaben zu realisieren. Vor allem in der Automatisierungstechnik haben Roboter in den letzten 50 Jahren eine Wende vom
menschlichen Arbeiter zu teil- und vollautomatisierten Fertigungsstraßen ermöglicht. Hier sind vordefinierte Umgebungen und sich wiederholende Tätigkeiten
gegeben, so dass spezialisierte Systeme zum Einsatz kommen. Dem gegenüber
stehen Roboter, welche in menschenzentrierten Umgebungen eingesetzt werden
sollen. Die hierzu benötigten Fähigkeiten müssen es dem Roboter erlauben, sich
in einem nicht strukturierten Umfeld zurecht zu finden. So sollte ein Serviceroboter in der Lage sein, mit alltäglichen Gegenständen zu hantieren, so dass weder
eine angepasste Umgebung noch Spezialwerkzeug für den Roboter benötigt werden.

Mit *Televox* wird 1927 einer der ersten Roboter für den Einsatz im Haushalt vorgestellt [Baumunk 07]. Mit diesem System konnten Haushaltsgeräte ein- und aus-
geschaltet werden sowie Wasserpumpen überwacht werden. Als einer der ersten
computergesteuerten Arme wurde 1963 der *Rancho-Arm* in Kalifornien entwickelt (eine historische Einordnung der Entwicklung von Roboterarmen findet sich
in [Moran 07]). An der Waseda-Universität in Tokyo wurde zwischen 1970 und
1973 der humanoide Roboter *Wabot-1* entwickelt [Kato 72]. Dieser Roboter gilt
als der erste *humanoide Roboter* der Welt. In den 1980'er und 1990'er Jahren
wurden, hauptsächlich in Japan und den USA, weitere humanoide Roboter ent-

 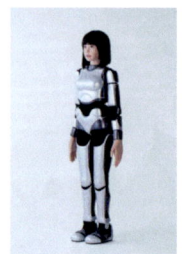 

Abbildung 1.3: Links: der humanoide Roboter *Wabot-1* ©Atsuo Takanishi Lab., Waseda University, Mitte: Der humanoide Roboter *HRP-4C* ©2009 AIST, Rechts: Der *iCub* ©2009 RobotCub

wickelt, unter anderem die Roboter *Saika*, *H5*, *H6* und *H7* der Tokyo Universität [Konno 97, Nishiwaki 00, Kagami 01], die *P2*, *P3* und *Asimo* Serie von Honda [Hirai 98, Tanie 03, Sakagami 02] oder der Roboter *Cog* vom MIT in Boston [Brooks 99]. Mit ARMAR–I wurde 1999 einer der ersten in Europa entwickelten humanoiden Roboter vorgestellt [Berns 99].

In Abbildung 1.3 ist links der *Wabot-1* zu sehen. Weiterhin sind zwei aktuelle humanoide Roboter abgebildet: der *HRP-4C* [Kaneko 09] und der *iCub* [Sandini 07].

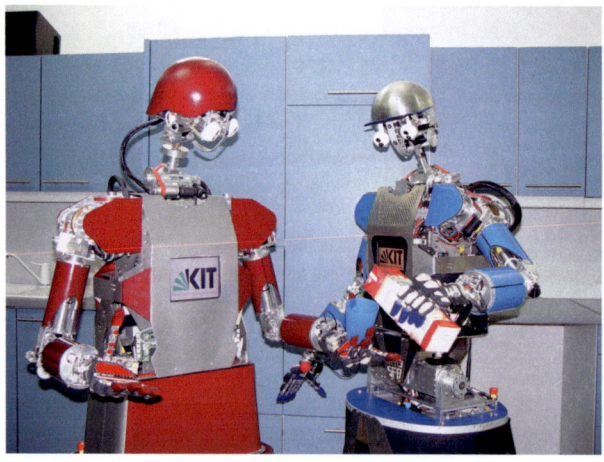

Abbildung 1.4: Die humanoiden Roboter ARMAR–IIIa und ARMAR–IIIb.

Im Rahmen des Sonderforschungsbereichs 588 wird in Karlsruhe seit 2001 die humanoide Roboterplattform ARMAR entwickelt. In diesem Projekt wird untersucht, wie humanoide Roboter in menschenzentrierter Umgebung eingesetzt werden können. In Abbildung 1.4 sind die humanoiden Roboter ARMAR–IIIa und ARMAR–IIIb zu sehen, welche in dieser Arbeit als Evaluationsplattform dienen [Asfour 06].

1.2 Problemstellung und Beiträge dieser Arbeit

Zielsetzung dieser Arbeit ist die Untersuchung, Entwicklung und Realisierung von Algorithmen zur Planung und Ausführung von Greif- und Manipulationsaufgaben bei humanoiden Robotern. Die hierzu entwickelten Methoden ermöglichen die Planung kollisionsfreier Bewegungen für ein- und zweiarmige Aufgabenstellungen sowie deren sensorgestützte Ausführung. Im Einzelnen werden in der Arbeit folgende Problemstellungen untersucht:

- Bewegungsplanung für ein- oder zweiarmige Greifaufgaben auf humanoiden Robotern.

- Planung kooperativer Greifbewegungen mehrerer Roboter.

- Sensorgestützte Ausführung von einhändigen und zweihändigen Greifbewegungen.

Im Folgenden werden die Beiträge dieser Arbeit kurz beschrieben:

- **Randomisierte Algorithmen zur Lösung des inversen kinematischen Problems**
  Zur Planung von Greifbewegungen können unterschiedliche kinematische Ketten eines humanoiden Roboters zum Einsatz kommen, welche i.A. redundant sind. In dieser Arbeit werden randomisierte Algorithmen (auch *stochastische* oder *probabilistische* Algorithmen genannt) zur Lösung des inversen kinematischen Problems (IK-Problem) entwickelt, welche für hochredundante Systeme effizient eingesetzt werden können (siehe Kapitel 3). Es wird gezeigt, dass einhändige und zweihändige Greifaufgaben, das Übergeben von Objekten sowie das Finden von geeigneten Roboterpositionen zum Greifen mit randomisierten Ansätzen effizient gelöst werden können. Anhand des humanoiden Roboters ARMAR–III werden typische Problemstellungen mit bis zu 20 Bewegungsfreiheitsgraden evaluiert.

- **IK-basierte Bewegungsplanung**
  Bei vielen Aufgabenstellungen ist keine vordefinierte Lösung der inversen
  Kinematik nötig, da das Ziel der Aufgabe z. B. darin besteht, ein Objekt
  zu greifen. Für diese Art der Aufgabenstellung wurden die Algorithmen
  J^+–*Rapidly-exploring Random Tree* (J^+–*RRT*) und *IK–RRT* entwickelt, bei
  denen das Ziel im Arbeitsraum gegeben ist und damit implizit eine Zielmenge – statt einer einzelnen Konfiguration – im Konfigurationsraum definiert
  ist. Diese Zielmenge muss nicht berechnet werden, sondern wird während
  der Bewegungsplanung bestimmt. Dabei stellt ein Satz vordefinierter Griffe eine Zielmenge im Arbeitsraum dar, so dass die Suche nach anwendbaren Griffen implizit gelöst werden kann. In Kapitel 4 werden zunächst die
  Grundalgorithmen des J^+–*RRT* sowie des *IK–RRT* vorgestellt. Anschließend werden die entwickelten Erweiterungen dieser Ansätze beschrieben,
  welche die Planung von zweiarmige Greif- und Umgreifbewegungen ermöglichen. Weiterhin wird mit dem *Multi–Robot–RRT* ein Ansatz vorgestellt, der eine effiziente Planung kooperativer Greifbewegungen für mehrere Roboter erlaubt.

- **Integrierte Greif- und Bewegungsplanung**
  Der in dieser Arbeit entwickelte Algorithmus *Grasp–RRT* erlaubt es, kollisionsfreie Greifbewegungen für Aufgabenstellungen zu planen, bei denen
  keine vordefinierten Griffe vorliegen, z. B. aufgrund unvollständiger Beschreibung des zu greifenden Objektes. Bei diesem in Kapitel 5 vorgestellten Ansatz wird die Suche nach anwendbaren Griffen mit der Suche nach
  kollisionsfreien Bewegungen kombiniert. Zur Evaluierung der Qualität der
  im Verlauf der Bewegungsplanung generierten Greifhypothesen wird eine
  Methode zur online-Griffbewertung entwickelt und für ein- und zweihändige Aufgaben evaluiert. Der Ansatz erlaubt somit das Greifen von teilweise bekannten Objekten, für die beispielsweise nur eine approximierte
  3D-Darstellung vorliegt.

- **Sensorgestützte Ausführung von Bewegungen**
  Zur Ausführung der Bewegungen werden sensorbasierte Algorithmen eingesetzt, um sowohl eine genaue Wiedergabe geplanter Trajektorien zu ermöglichen, als auch reaktiv auf veränderliche Umweltbedingungen reagieren zu können. In Kapitel 6 wird ein auf positionsbasiertem *Visual Servoing*
  (engl. *Position-based Viusal Servoing*) aufbauendes Konzept zur sensorgestützten Ausführung von Greifbewegungen vorgestellt. Es wird gezeigt, wie
  eine hybride Lokalisierung des Endeffektors durch Kombination von mar-
  kerbasierter Erkennung und Ausnutzung der Vorwärtskinematik realisiert

werden kann, um ein- und zweiarmige Bewegungen robust auszuführen. Durch den Einsatz des aktiven Kopfes können hierbei simultane Bewegungen beider Arme im gesamten Arbeitsraum des Roboters visuell überwacht werden. Die Evaluation auf dem humanoiden Roboter ARMAR–III zeigt, dass der Roboter in der Lage ist, sowohl ein- und zweihändige Manipulationsaufgaben als auch durch die Bewegungsplanung generierte Trajektorien zuverlässig auszuführen.

Abbildung 1.5 zeigt die Zusammenhänge der in dieser Arbeit entwickelten Algorithmen für die unterschiedlichen Problemstellungen.

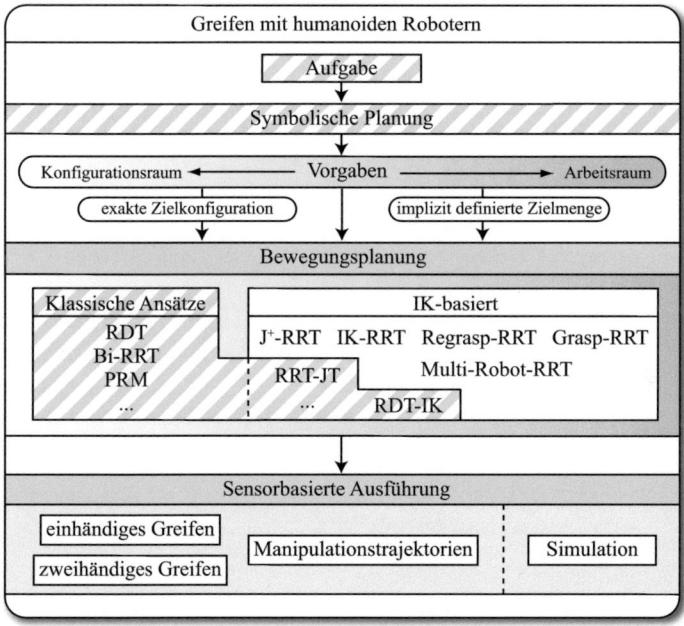

Abbildung 1.5: Die in dieser Arbeit entwickelten Algorithmen.

Kapitel 2

Stand der Forschung

In diesem Kapitel werden relevante Arbeiten zu den Themen Bewegungsplanung und sensorgestützte Ausführung von Bewegungen diskutiert.

2.1 Bewegungsplanung

Die frühen Arbeiten zu diesem Thema beschäftigen sich mit der Suche nach kollisionsfreien Bahnen in einer zweidimensionalen Umgebungskarte, bei der die Hindernisse als Polygone gegeben sind. Der Roboter (bzw. das zu bewegende Objekt) wird hierbei meist als nicht veränderbar angesehen, so dass die Planung mit der zur Verfügung stehenden Rechenleistung durchgeführt werden konnte. Bereits in den 1960'er Jahren wurden Arbeiten zur Bestimmung kollisionsfreier Bahnen für den mobilen Roboter *Shakey* veröffentlicht [Nilsson 69, Raphael 71, Nilsson 84]. Hier werden auch erste Ansätze der *Roadmap*-Berechnung vorgestellt (siehe Kapitel 2.1.3). Ein lokaler Ansatz zur Vermeidung von Kollisionen wurde 1968 von Pieper vorgestellt [Pieper 68]. Bei diesem Ansatz wird, ausgehend von einer Startkonfiguration, ein Graph aus kollisionsfrei erreichbaren Konfigurationen aufgebaut. Es werden verschiedene Strategien zur Erweiterung des Graphen vorgestellt, um beispielsweise Zyklen zu erkennen oder in blockierten Situationen auf geeignete Art und Weise reagieren zu können. Ein verwandter lokaler Ansatz wurde 1978 von Khatib als Potentialfeldmethode vorgestellt [Khatib 78, Khatib 85]. Dabei kann, angelehnt an das elektrische Coulomb-Feld in der Physik, zu jedem Punkt im Raum ein Potential berechnet werden, welches die Richtung der Bewegung vorgibt. Hindernisse haben hierbei ein abstoßendes und das Ziel ein anziehendes Potential. Durch Gradientenabstieg wird ein kollisionsfreier Weg berechnet (siehe Abschnitt 2.1.3).

Als mächtiges Werkzeug zur Planung kollisionsfreier Bewegungen hat sich eine Transformation der Problemstellung herausgestellt, bei der die räumliche Betrachtungsweise in eine geeignetere Darstellung überführt wird. In [Upuda 77] werden die Hindernisse in einen Raum transformiert, in dem der Roboter als Punkt dargestellt werden kann und somit eine kollisionsfreie Trajektorie der Punktrepräsentation des Roboters unter Berücksichtigung der transformierten Hindernisse gesucht wird. Lozano-Pérez entwickelt diesen Ansatz in [Lozano-Pérez 79] weiter, so dass auch dreidimensionale Konfigurationsräume betrachtet werden können. Hindernisse können hierbei aus zweidimensionalen Polygonzügen oder dreidimensionalen Polyedern bestehen und durch die Berechnung der Minkowski-Summe aus Hindernissen und des zu bewegenden Objekts wird der freie Konfigurationsraum bestimmt. Es werden die bereits in [Ignatyev 73] und [Nilsson 69] beschriebenen Sichtbarkeitsgraphen (engl. *Visibility Graphs, V-Graphs*) genutzt, um einen Pfad durch den freien Konfigurationsraum zu suchen. Bei der in [Lozano-Pérez 80] vorgestellten Erweiterung auf Konfigurationsräume beliebiger Dimension wird der Hindernisraum durch Projektionen niedrig-dimensionaler Hindernis-Schichten approximiert.

2.1.1   Begriffe

Der Begriff Bewegungsplanung umfasst eine Vielzahl von möglichen Problemstellungen, welche in diesem Abschnitt klassifiziert werden.

Pfadplanung

Bei der Pfadplanung (engl. *path planning*) wird für ein starres Objekt, meist für einen mobilen Roboter oder ein autonomes Fahrzeug, eine kollisionsfreie Trajektorie gesucht. In zweidimensionalen Fällen ist der Arbeitsraum hierbei oft identisch mit dem Konfigurationsraum, da nur die translatorischen Bewegungsfreiheitsgrade betrachtet werden [Nilsson 84]. Durch die Hinzunahme eines Rotationsfreiheitsgrades wird ein dreidimensionaler Konfigurationsraum aufgespannt [Lozano-Pérez 79]. Diese Problemstellung, bei der ein starres Objekt mit zwei translatorischen und einem rotatorischen Bewegungsfreiheitsgrad kollisionsfrei von einer Start- zu einer Zielkonfiguration überführt werden soll, wird von Schwartz et al. als *The Piano Movers' Problem* eingeführt [Schwartz 82, Latombe 91].

Pfadplanung in dreidimensionalen Arbeitsräumen wird oft im Kontext der mobilen Navigation untersucht, bei dem der Konfigurationsraum analog zu dem des *The Piano Movers' Problem* definiert ist und die Kollisionsdetektion, bzw. die Transformation der Hindernisse, auf drei Dimensionen erweitert wird [LaValle 06]. In [Xu 93] werden Pfade von Satelliten geplant und somit alle sechs möglichen Bewegungsfreiheitsgrade einer Starrkörperbewegung berücksichtigt.

Bewegungsplanung

Im Gegensatz zur Pfadplanung wird bei der Bewegungsplanung nicht ein starres Objekt vorausgesetzt, sondern die Problemstellung wird auf Systeme mit mehreren starren Körpern ausgedehnt. Dies können z. B. Roboterarme mit mehreren Gelenken oder Systeme mit mehreren Robotern sein. Die Planung der kollisionsfreien Bewegungen wird bei den meisten Ansätzen im Konfigurationsraum mit randomisierten Algorithmen durchgeführt, da eine Vielzahl an Bewegungsfreiheitsgraden berücksichtigt werden müssen [LaValle 06]. Hierbei werden keine expliziten Darstellungen des Hindernisraumes berechnet, da die Transformation der Hindernisdarstellungen aus dem Arbeitsraum in den Konfigurationsraum für beliebige Szenen sehr aufwendig ist. Stattdessen wird meist eine approximierte Darstellung des freien Konfigurationsraumes ermittelt, indem beispielsweise eine randomisierte Abtastung durchgeführt wird (siehe Abschnitt 2.1.3 und 2.1.3).

Zwangsbedingungen

Durch Zwangsbedingungen (engl. *constraints*) wird die Bewegungsfreiheit eines Systems eingeschränkt, wobei zwischen globalen und lokalen Zwangsbedingungen unterschieden wird. Globale Zwangsbedingungen limitieren den freien Konfigurationsraum, der für mögliche Bewegung zur Verfügung steht. Hindernisse können somit als globale Zwangsbedingung angesehen werden; es sind aber auch weitere Beschränkungen möglich. Beispielsweise kann die Vorgabe, dass die Ausrichtung des Endeffektors bei der Bewegung eines Roboterarms innerhalb bestimmter Werte liegen soll als Zwangsbedingung aufgefasst werden [Stilman 07a]. In [Berenson 09a] wird eine allgemeine Definition von Zwangsbedingungen für Endeffektorlagen im Arbeitsraum vorgestellt. Durch diese Zwangsbedingungen werden implizit Mannigfaltigkeiten im Konfigurationsraum definiert, welche durch randomisierte Abtastung und Projektionen approximiert werden können. Die Suchbäume von Algorithmen zur Bewegungsplanung werden somit nur in den so definierten Untermengen des Konfigurationsraumes erzeugt.

Bei lokalen Zwangsbedingungen beschränken Differentialgleichungen der Form $\dot{x} = f(x, u)$ die Möglichkeiten des Übergangs zwischen zwei Konfigurationen (daher werden sie in der Literatur oft als *Differential Constraints* bezeichnet). Laumond führt 1986 den Begriff der nicht-holonomen Planung (engl. *nonholonomic planning*) ein, um Planungsprobleme für nicht-holonome Fahrzeuge zu beschreiben [Laumond 86, Ó'Dúnlaing 87]. Der Begriff *kinodynamische Planung* (engl. *kinodynamic planning*) wurde in [Donald 93] eingeführt, um Planungsprobleme zu beschreiben, bei denen Grenzen der Geschwindigkeit und Beschleunigung eingehalten werden müssen.

2.1.2 Komplexität

In [Reif 79] wurde gezeigt, dass allgemeine Planungsaufgaben PSPACE-schwer (engl. *PSPACE-hard*) sind. In [Canny 88] bzw. [Hopcroft 86] wurde die PSPACE-Vollständigkeit (engl. *PSPACE-completeness*) bewiesen und somit die Zugehörigkeit zu der Klasse von Entscheidungsproblemen, die von deterministischen Turingmaschinen mit polynomiellem Platz entschieden werden können. Aus $PSPACE \subseteq EXPTIME$ folgt, dass sich allgemeine Planungsprobleme in exponentieller Zeit, also in $O(2^{n^k})$, lösen lassen [Sipser 05]. Die genauere Einordnung der Laufzeiten kann nur über untere und obere Schranken der Komplexität erfolgen, da lediglich bekannt ist, dass $P \subset EXPTIME$ aber nicht ob $P = NP$. Es kann folglich sein, dass $P = NP = PSPACE$, oder es gilt $NP = PSPACE = EXPTIME$ (siehe [LaValle 06]). Eine untere Schranke ist durch die Zugehörigkeit zu PSPACE gegeben, da das Planungsproblem somit NP-schwer ist. Eine obere Schranke ist durch den Roadmap-Algorithmus von Canny gegeben [Canny 87]. Bei diesem Ansatz wird der Hindernisraum durch eine semi-algebraische Menge **F** , also durch polynomielle Gleichungen, beschrieben. Ist die Dimension des Konfigurationsraums n und m die Anzahl an Polynomen in **F**, beträgt die obere Schranke der Laufzeit $m^n (\log m) d^{O(n^4)}$ [Canny 88].

Vollständige und randomisierte Algorithmen

Ein vollständiger Algorithmus findet für spezielle Planungsprobleme mindestens eine Lösung oder erkennt in endlicher Zeit, dass keine Lösung existiert [Latombe 91]. Generell sind vollständige Algorithmen zur Bewegungsplanung sehr rechenintensiv und somit für komplexe Problemstellungen nicht geeignet. Randomisierte Algorithmen hingegen werden eingesetzt, um eine Lösung in kurzer Zeit zu ermitteln. Jedoch können solche Ansätze scheitern oder nicht optimale

Lösungen liefern. Diese Klasse an Algorithmen verwendet Zufallsgrößen, um den Ablauf zu steuern, wobei oft heuristische Annahmen genutzt werden, um die Berechnung zu beschleunigen.

Auflösungsvollständige Algorithmen

Um trotz der hohen Komplexität kollisionsfreie Bewegungen in realen Systemen planen zu können, werden bei vielen Ansätzen die theoretischen Anforderungen abgeschwächt, um realisierbare Algorithmen konstruieren zu können. Es werden beispielsweise Hindernisausmaße oder Konfigurationswerte diskretisiert und somit approximative Algorithmen realisiert [Hwang 92]. Solche Algorithmen sind im Allgemeinen von einem Auflösungsparameter abhängig, welcher die Genauigkeit der Approximation beschreibt. Ist ein Algorithmus vollständig für eine diskretisierte Problemstellung, gehört er zur Klasse der auflösungsvollständigen (engl. *resolution complete*) Algorithmen [Cheng 02].

Probabilistisch-vollständige Algorithmen

Ein probabilistisch-vollständiger (engl. *probabilistically complete*) Algorithmus findet mindestens eine Lösung falls sie existiert. D. h. die Wahrscheinlichkeit, dass eine Lösung gefunden wird, konvergiert mit fortlaufender Zeit gegen eins. Allerdings kann mit probabilistisch-vollständigen Algorithmen nicht ermittelt werden, ob keine Lösung existiert. In solchen Fällen wird der Algorithmus unendlich lange laufen und somit die Wahrscheinlichkeit, dass eine Lösung existiert gegen Null konvergieren. Andererseits können probabilistisch-vollständige Algorithmen durch den Einsatz von Heuristiken sehr effizient umgesetzt werden, so dass der Einsatz auf realen Systemen mit vielen Bewegungsfreiheitsgraden ermöglicht wird. Typische Vertreter dieser Algorithmen sind so genannte *random walk* Ansätze [Hwang 92, LaValle 06], die einen kontinuierlichen Raum durch zufällige Erweiterungen abdecken (siehe Abschnitt 2.1.3).

2.1.3   Standardverfahren zur Bewegungsplanung

Zell-Dekomposition

Bei diesem globalen Ansatz wird der Konfigurationsraum hierarchisch in Zellen aufgeteilt (z. B. in [Paden 89] über *Quadtrees*). Jede Zelle liegt entweder im freien

Raum C_{free}, im Hindernisraum C_{obst} oder muss noch weiter unterteilt werden[1]. Diese Unterteilung geschieht bis zu einer gegebenen Auflösungsgrenze. Ein kollisionsfreier Weg führt nur durch Zellen, die in C_{free} liegen. Eine beispielhafte Zell-Dekomposition eines zweidimensionalen Konfigurationsraumes ist in Abbildung 2.1 zu sehen. Die äußeren (weiß) und inneren (dunkelgrau) Zellen liegen hierbei jeweils komplett in C_{free} bzw. C_{obst}, die restlichen Zellen (hellgrau) müssen weiter unterteilt werden, um eine Aussage treffen zu können.

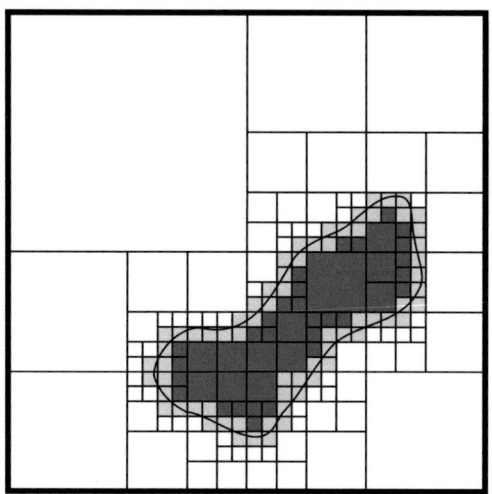

Abbildung 2.1: Durch Zell-Dekomposition lässt sich der zweidimensionale Konfigurationsraum hierarisch in Zellen aufteilen. Die weißen und die dunkelgrauen Zellen liegen komplett in C_{free} bzw. C_{obst}; die restlichen Zellen müssen weiter unterteilt werden.

Die Zell-Dekomposition lässt sich sehr gut für zwei- und dreidimensionale Problemstellungen, beispielsweise zur Pfadsuche für ein mobiles System, einsetzten. Bei höherdimensionalen Fällen ist die Abbildung von räumlichen Hindernissen auf Darstellungen im Konfigurationsraum sehr aufwendig, da geschlossene Darstellungen der Hindernisbereiche nicht effizient bestimmt werden können.

---

[1] Die Definition von C_{free} und C_{obst} findet sich im Anhang, Kapitel B.1

Potentialfelder

Ein Potentialfeld wird erstellt, indem Hindernisse ein hohes Potential und Ziel-regionen ein niedriges oder negatives Potential erhalten (siehe Abbildung 2.2) [Khatib 78, Khatib 86, Rimon 92, Ge 02, Alvarez 03]. Durch einen Gradienten-abstieg kann ein Weg von Start zu Ziel gefunden werden, allerdings können die Potentialfelder lokale Minima aufweisen, was zu einem Scheitern des Algorith-mus führen kann. Es gibt Verfahren, um lokale Minima zu erkennen bzw. zu ver-meiden (siehe z. B. [Barraquand 91]), allerdings können auch mit diesen Ansät-zen nicht alle globalen Planungsaufgaben gelöst werden. Potentialfeldmethoden eignen sich gut für lokale Planungsprobleme für Robotersysteme mit wenigen Be-wegungsfreiheitsgraden.

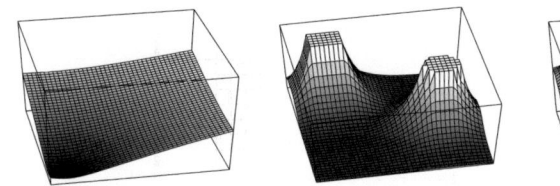

Abbildung 2.2: Die Zielregion und die Hindernisse definieren Potentiale, welche zur Navigation benutzt werden können.

Stichprobenbasierte Ansätze

Bei der stichprobenbasierten Bewegungsplanung (engl. *sampling-based moti-on planning*) wird der kollisionsfrei erreichbare Konfigurationsraum $\mathbf{C}_{free}$ durch Stichproben approximiert, anstatt die exakte Struktur von $\mathbf{C}_{free}$ zu bestimmen.

Somit können effizient Lösungspfade berechnet werden, ohne aufwendige Trans-formationen der Hindernisbereiche in den Konfigurationsraum durchführen zu müssen. Ansätze für Mehrfachanfragen[2] bauen in einem Vorverarbeitungsschritt eine Approximation des Konfigurationsraumes auf, um dann zum Anfragezeit-punkt mit lokalen Planern die Start- bzw. Zielkonfiguration mit dieser Struktur

---

[2]Bei Mehrfachanfragen werden zu einer statischen Planungsumgebung mehrere Anfragen an den Planunsalgorithmus gestellt (engl. *Multi-Query Planner*). Planer für Einzelanfragen (engl. *Single-Query Planner*) können für veränderbare Szenen eingesetzt werden, da keine Vorverarbei-tung durchgeführt wird.

zu verbinden und anschließend einen Weg innerhalb der bereits bestimmten Datenstruktur zu suchen. Ansätze der *Probabilistic Roadmaps (PRM)* benutzen Graphen, um den Freiraum zu approximieren [Kavraki 94]. Um Einzelanfragen, effizient zu beantworten, können *Rapidly-exploring Random Trees (RRT)* eingesetzt werden. Bei diesen Algorithmen werden Baumstrukturen aufgebaut, um $\mathbf{C}_{free}$ zu approximieren.

Zu stichprobenbasierten Ansätzen findet sich eine Vielzahl von Arbeiten, welche sich mit problemspezifischen sowie allgemeinen Optimierungen befassen. Die Ansätze aus [Hsu 03] und [Yershova 05] identifizieren enge Bereiche im Konfigurationsraum, um die Strategie zur Erzeugung von Stichproben an diese, für einen Planungsalgorithmus schwierigen, Situationen anzupassen. Mit den *Sampling-based Roadmap of Trees (SRT)* aus [Plaku 05b] wurde gezeigt, dass die Parallelisierung der stichprobenbasierten Planung die Laufzeiten linear verringern kann. Der *Expansive Space Tree (EST)*-Ansatz aus [Hsu 97] fokussiert den Aufbau des Suchbaumes auf relevante Bereiche des Konfigurationsraumes, wodurch in bestimmten Situationen eine effizientere Bewegungsplanung realisiert werden kann.

Lösungstrajektorien, die mittels randomisierter Algorithmen ermittelt werden, sind im Allgemeinen nicht optimal. Die Pfade sind oft zu lang und müssen in einem Nachbearbeitungsschritt optimiert werden. Die Ansätze aus [Hsu 00] und [Geraerts 05] optimieren bereits gefundene Trajektorien, indem Abstände zu Hindernissen maximiert werden bzw. die Länge der Trajektorie minimiert wird (siehe auch Anhang B.3).

Rapidly-exploring Random Trees

Die *Rapidly-exploring Random Trees (RRTs)* gehören zu der Gruppe der stichprobenbasierten Planungsalgorithmen. Da es nicht effizient möglich ist die Hindernisregionen explizit zu modellieren, wird der kollisionsfreie Raum durch einen Baum approximativ abgedeckt. Von LaValle und Kuffner in [LaValle 98] und [Kuffner 00] eingeführt, haben sich RRTs als mächtiges Werkzeug zur Bewegungsplanung entwickelt. Aufbauend auf diesem Ansatz werden in dieser Arbeit Algorithmen vorgestellt, welche für komplexe Planungsprobleme eingesetzt werden können. Mit den zwei Basisalgorithmen *RRT-Extend* (Algorithmus 1) und *RRT-Connect* (Algorithmus 2) lassen sich Bäume aus kollisionsfrei erreichbaren Konfigurationen aufbauen und somit eine approximative Abdeckung von $\mathbf{C}_{free}$ erstellen. Der Abtastparameter ε definiert hierbei die Granularität, mit der Konfigurationen auf Pfadsegmenten erzeugt werden.

Algorithmus 1: RRT-Extend(RRT, c, ε)

1   $c_{nn} \leftarrow NearestNeighbor(RRT, c)$;
2   $l \leftarrow |c_{nn} - c|$;
3   **if** $(l == 0)$ **then**
4   **return** c;
5   **if** $(l > \varepsilon)$ **then**
6      $c' \leftarrow c + \frac{\varepsilon}{l}(c_{nn} - c)$;
7   **else**
8      $c' \leftarrow c_{nn}$;
9   **end**
10   **if** $(PathCollisionFree(c, c'))$ **then**
11      $AddConfig(RRT, c')$;
12   **return** c';
13   **end**
14   **return** $NULL$;

Algorithmus 2: RRT-Connect(RRT, c, ε)

1   **repeat**
2      $c' \leftarrow$ RRT-Extend(RRT, c, ε);
3   **if** $(|c - c'| == 0)$ **then**
4   **return** $true$;
5   **until** $(!c')$;
6   **return** $false$;

RRTs lassen sich unidirektional und bidirektional realisieren, wobei die bidirektionale Variante in den meisten Fällen zu einer erheblichen Effizienzsteigerung führt [Kuffner 00]. Weiterhin beeinflusst die Wahl des Erweiterungsalgorithmus die Eigenschaften des Ansatzes. In Algorithmus 3 ist eine bidirektionale RRT-Variante mit den Erweiterungsalgorithmen RRT-Extend und RRT-Connect beschrieben, wobei die Suchbäume in jedem Zyklus getauscht werden, um eine alternierende Extend/Connect Erweiterungsstrategie zu gewährleisten. Dieser Algorithmus entspricht dem in [Kuffner 00] vorgestellten Ansatz.

Eine Erweiterung des RRT-Ansatzes auf mehrere Suchbäume findet sich in [Clifton 08]. In [LaValle 06] wird der *Rapidly-exploring Dense Tree (RDT)* als eine Version des RRT eingeführt, bei der auf den Parameter ε verzichtet werden kann, da Verbindungen zwischen zwei Konfigurationen nicht durch Abtastung erzeugt werden, sondern Pfadsegmente genutzt werden. In [Cheng 02] wird ein RRT-Ansatz präsentiert, dessen Auflösungsvollständigkeit mittels Lipschitz-Bedingungen und einem Erreichbarkeitsgraphen bewiesen wird. In Abbildung 2.3 ist links eine exemplarische Darstellung eines RRT-Suchbaumes für eine zweidimensionale Problemstellung zu sehen.

Algorithmus 3: $\text{BiRRT}(c_{start}, c_{goal}, \varepsilon)$

1   $AddConfig(RRT_1, c_{start})$;
2   $AddConfig(RRT_2, c_{goal})$;
3   **while** $(!TimeOut())$ **do**
4      $c \leftarrow CreateRandomConfig()$;
5   **if** $(RRT\text{-}Extend(RRT_1, c, \varepsilon)$ & $RRT\text{-}Connect(RRT_2, c, \varepsilon))$ **then**
6   **return** $BuildSolution(RRT_1, RRT_2, c)$;
7      $SwapTrees(RRT_1, RRT_2)$;
8   **end**
9 **return** $NULL$;

Probabilistic Roadmaps

Ein System, das Mehrfachanfragen und somit mehrere Planungsanfragen in gleicher Umgebung bearbeiten soll, kann in einer Vorverarbeitungsphase die Struktur des hindernisfreien Konfigurationsraums bestimmen. Dies ist möglich, indem für zufällige Bewegungen des Roboters die entsprechenden Pfade im Konfigurationsraum auf Kollisionsfreiheit überprüft werden. Alle so erzeugten kollisionsfreien Pfade ergeben einen topologischen Graphen, der in [Kavraki 94] als *Probabilistic Roadmap (PRM)* eingeführt wird. Mit Hilfe dieser Roadmap kann eine Anfrage zur Laufzeit effizient verarbeitet werden, indem die Start- und Zielkonfiguration mit der Roadmap verbunden werden und über eine Graphensuche ein Weg durch die vorberechnete Datenstruktur ermittelt wird. Die Verbindungen von der Start- und Zielkonfiguration zu dem existierenden Graph kann im Allgemeinen sehr effizient über einen lokalen Planer ermittelt werden. Eine Betrachtung der theoretischen Eigenschaften von PRM-Ansätzen findet sich in [Kavraki 98] und [Ladd 04]. In Abbildung 2.3 ist in der Mitte ein zweidimensionaler Konfigurationsraum mit eingezeichnetem Roadmap-Graphen zu sehen. Eine Erweiterung des Roadmap-Ansatzes ist in [Plaku 05a] zu finden. Es wird eine Roadmap von lokalen Planungsbäumen erstellt. Diese Bäume, die nur in einer lokalen Umgebung zu dem jeweiligen Wurzelknoten gültig sind, können schnell und einfach, beispielsweise mit einem RRT-Planer, erstellt werden. Eine übergeordnete Roadmap-

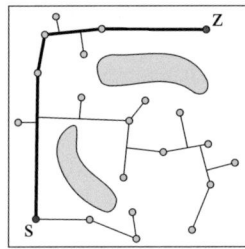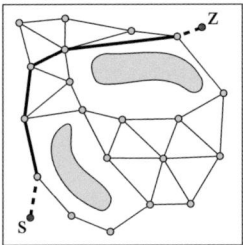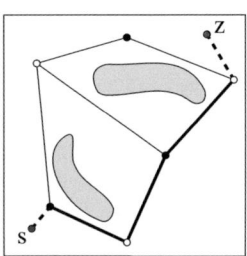

Abbildung 2.3: Exemplarische Darstellung stichprobenbasierter Planungsalgorithmen in einem zweidimensionalen Konfigurationsraum. Die Start- und Zielkonfiguration ist links unten bzw. rechts oben dargestellt. Die Hindernisse sind grau dargestellt. Links: Suchbaum eines RRT-basierten Algorithmus und Lösungspfad. Mitte: Der Graph des PRM-Ansatzes, Start- und Zielkonfiguration sind mit dem Graphen verbunden (gestrichelte Linie). Rechts: Der *Visibility Roadmap* Ansatz erzeugt einen dünn besetzten Graphen. Die *Guard*-Knoten sind schwarz, die *Connector*-Konten weiß markiert.

Struktur verbindet diese Bäume und repräsentiert somit eine vereinfachte Konnektivität des freien Konfigurationsraums. Es wurde gezeigt, dass sich dieser Ansatz effizient umsetzen und parallelisieren lässt. Der in [Siméon 00] beschriebene *Visibility Roadmap*-Ansatz nutzt Sichtbarkeitsinformationen zwischen den Knoten des Graphen aus, um mit möglichst wenig Knoten eine gute Abdeckung des Freiraumes zu erreichen. Hierzu werden zwei Arten von Knoten postuliert: die sogenannten *Guards* dürfen nicht in dem sichtbaren Bereich eines anderen *Guards* liegen, wohingegen die *Connectors* in den Sichtbereichen von mindestens zwei *Guards* liegen müssen (siehe Abbildung 2.3(rechts)).

PRM-Methoden eignen sich sehr gut zur Planung in statischen Umgebungen. Beispielsweise können durch PRM-Ansätze sehr dichte Graphen von kollisionsfrei erreichbaren Konfigurationen für Arbeitszellen in der Automatisierungstechnik erstellt werden, da in solch industriellen Umgebungen die Struktur der Umgebung vorgegeben ist und sich konstant halten lässt. Für humanoide Roboter, welche in menschenzentrierter Umgebung eingesetzt werden, kann nicht von einer statischen Umgebung ausgegangen werden. So wird beispielsweise bereits eine geöffnete Schranktür eine Anpassung der vordefinierten Roadmap nach sich ziehen, so dass die Vorteile der PRM-Planer nicht zur Geltung kommen können. Aus diesem Grund werden zur Bewegungsplanung im Kontext humanoider Roboter meist Planer für Einzelanfragen verwendet.

Enge Passagen im Konfigurationsraum

Stichprobenbasierte Methoden lassen sich für manche Situationen nicht effizient
einsetzen, da enge Passagen im Konfigurationsraum durch die randomisierte Erweiterung des Suchbaumes nur schlecht abgedeckt werden. Ein Ansatz, um diese
Situationen zu behandeln wird in [Yershova 05] präsentiert. Bei dem *Dynamic Domain RRT* wird die Erweiterung des Suchbaumes auf Knoten fokussiert, welche
nahe an Hindernissen liegen. Dies ermöglicht eine effiziente Planung der Bewegung, falls die Lösungstrajektorie durch enge Passagen im Konfigurationsraum
führt, allerdings ist die Einführung eines weiteren Parameters, des Sichtbarkeits-
radius R, nötig. Die Erweiterung aus [Jaillet 05] ermöglicht eine adaptive Anpassung der Parameter an den vorliegenden Arbeitsraum. Eine ähnliche Strategie
wird bei dem *OBRRT*-Ansatz aus [Rodríguez 06] verfolgt. Hier werden aus den
Hindernissen im Arbeitsraum Informationen gewonnen, welche genutzt werden,
um die Abtastung in engen Passagen zu optimieren. Auch in [Yang 05] werden
Informationen aus dem Arbeitsraum gewonnen, um enge Passagen im Konfigurationsraum zu bestimmen. Yang zeigt, dass durch kollisionsfreie Platzierungen des
Roboters innerhalb dieser engen Passagen (sogenannte *assemblies*), Problemstellungen mit engen Passagen effizient aufgelöst werden können. Die Ansätze aus
[Boor 99] und [Sun 05] benutzen spezielle Strategien zur Erzeugung von Stichproben, um die Konfigurationen zur Erweiterung der Suchgraphen so zu wählen,
dass sie nahe an Hindernissen liegen und somit enge Passagen im Konfigurationsraum bevorzugt werden. Der EET-Planer aus [Rickert 08] verwendet zwei Strategien, um einen Suchbaum aufzubauen: die Nutzung bereits gewonnener Strukturen (*exploitation*) und die Erweiterung in unbekannte Gebiete (*exploration*).

Rückgekoppelte Bewegungsplanung

Rückgekoppelte Bewegungsplanung (engl. *Feedback Motion Planning*) wird eingesetzt, wenn nicht alle Informationen zum Planungszeitpunkt vorhanden sind.
Dies kann der Fall sein, wenn beispielsweise ungenaue Sensorinformationen
vorliegen oder die Hindernisse in der Umgebung nicht statisch sind. Weiterhin kann auch die Ausführung der Bewegung zu Unsicherheiten über den internen Status des Roboters führen [Yang 10]. Hierzu wird von den meisten Ansätzen eine Potentialfunktion basierend auf globalen Informationen eingesetzt
[LaValle 06]. Durch Gradientenabstieg werden aus den Potentialen Bewegungsvorgaben bestimmt. Für Problemstellungen mit kleiner Dimension existieren eine Vielzahl von Planern, welche ohne perfektes Weltwissen eingesetzt werden

können [Choi 91, Conner 06, Yang 04]. Beim *Elastic-Band* Ansatz [Quinlan 95] wird eine bereits berechnete Bewegung an sich ändernde Umweltbedingungen angepasst, indem lokale Modifikationen des Pfades vorgenommen werden. Das *Elastic Strips* Framework von [Brock 02] erweitert diesen Ansatz, so dass eine kontinuierliche Hindernisvermeidung für mobile Manipulatoren in einer sich ändernden Umwelt realisiert werden kann. In [Yang 10] wird der *Elastic Roadmap* Ansatz vorgestellt, bei dem, statt lokaler Modifikationen des gegebenen Pfades, neue Teilbewegungen an kritischen Stellen des Pfades erstellt werden.

Verwandte Arbeiten beschäftigen sich mit der Planung von Bewegungen unter Unsicherheiten, welche aus Sensorinformationen oder der Aktionsausführung resultieren [Latombe 91, Thrun 05, LaValle 06]. *Stochastic Motion Roadmaps* [Alterovitz 07] verbinden PRM-Ansätze mit Markov-Entscheidungsprozessen (engl. *Markov decision process (MDP)*), um Unsicherheiten in der Aktionsausführung zu behandeln. In [Prentice 07] werden die *Belief Roadmaps* eingeführt, mit denen Unsicherheiten der Sensorinformationen und der Ausführungen als Gaußsche Verteilungen modelliert werden. Eine Verallgemeinerung des Ansatzes findet sich in [Prentice 09]. Der *Milestone Guided Sampling (MiGS)* Ansatz aus [Kurniawati 09] basiert auf einem punktbasierten Löser für partiell beobachtbare Markov-Entscheidungsprozesse (engl. *Partially Observable Markov Decision Process (POMDP)*), so dass der Zustandsraum des Roboters ausgenutzt werden kann, um den Planungshorizont zu reduzieren.

2.1.4 Bewegungsplanung für humanoide Roboter

Grundsätzlich lassen sich die allgemeinen Ansätze zur Bewegungsplanung direkt zur Planung von kollisionsfreien Bewegungen für humanoide Roboter einsetzen. Allerdings erfordern die hohe Anzahl an Bewegungsfreiheitsgraden und der Einsatz in komplexen Umgebungen angepasste Algorithmen, um die Berechnungen in akzeptablen Zeiten durchführen zu können. Weiterhin ergeben sich aus dem Einsatzfeld in menschenzentrierter Umgebung besondere Problemstellungen, wie beispielsweise die Schrittfolgenplanung bei zweibeinigen Robotern oder die zweihändige Greifplanung, welche im Folgenden besprochen werden.

Ganzkörperplanung

Bei der Planung von Bewegungen für humanoide Roboter werden, je nach Aufgabe, unterschiedliche Teilsysteme des Roboters betrachtet. Für Greifbewegungen können beispielsweise nur die Gelenke des Roboterarms berücksichtigt werden, um so die Dimension des Planungsproblems niedrig zu halten. Sollen allerdings komplexe Aktionen mit dem Roboter durchgeführt werden, müssen alle Gelenke bei der Bewegungsplanung berücksichtigt werden.

In [Kallmann 03] werden 22 Bewegungsfreiheitsgrade eines humanoiden Roboters in der Simulation über vordefinierte Greifpositionen und vorberechnete Roadmaps bestimmt. Zur Laufzeit werden die optimierten und reduzierten Planungsbäume an die aktuelle Situation angepasst. Die Planungskomponente ist in der Lage, die Ausrichtung des Körpers zu ändern, um damit eine probabilistische inverse Kinematik zu unterstützen. Insgesamt wird ein System vorgestellt, das es ermöglicht, mit vorberechneten *Roadmaps* und Griffen hochdimensionale Planungsprobleme zu lösen.

Für bestimmte Aufgaben (z. B. die Bewegung von großen Objekten) muss der ganze Körper eines humanoiden Roboters unter Einbeziehung von Stabilitätsbetrachtungen bei der Planung berücksichtigt werden. Der Ansatz aus [Yoshida 05b] kann eingesetzt werden, um Ganzkörperbewegungen für humanoide Roboter zu planen. Der Algorithmus wird Anhand verschiedener Ganzkörperaufgaben für den Roboter HRP-2 evaluiert (siehe Abbildung 2.4). In [Kanehiro 08] wird ein lokaler Ansatz zur Planung dynamisch stabiler Trajektorien für den humanoiden Roboter HRP-2 in der Simulation vorgestellt. Es wird in einem ersten Schritt eine statisch stabile Trajektorie ermittelt, welche dann in einem zweiten Schritt optimiert wird.

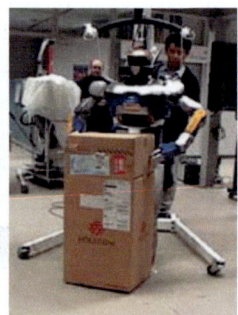

Abbildung 2.4: Planung von Ganzkörperbewegungen für den humanoiden Roboter HRP-2. Die Planung dynamisch stabiler Trajektorien ermöglicht das Übersteigen eines Hindernisses und die Manipulation von Objekten, [Yoshida 05b], ©2005 IEEE.

Schrittfolgenplaner

Um die Schrittfolge eines zweibeinigen Roboters zu planen, sind unterschiedliche Ansätze aus der Literatur bekannt. Zu unterscheiden sind hierbei Ansätze, die komplette Schritttrajektorien planen und solche bei denen Schritte in einer offline Phase vorbestimmt werden.

In [Nishiwaki 02] wird ein Ansatz präsentiert, mit dem für die zwei Beine eines humanoiden Roboters Bewegungstrajektorien online erstellt werden können. Diese Trajektorien garantieren eine haltungsstabile Positionierung des Roboters, allerdings wird davon ausgegangen, dass sich keine Hindernisse in der Umgebung des Roboters befinden.

Die in [Kuffner 01] und [Kuffner 05] vorgeschlagenen globalen Planungsalgorithmen nutzen vorgegebene Beintrajektorien aus, um haltungsstabile Schrittfolgen auf ebenem Untergrund zu planen. Lokale Minima treten durch den globalen Ansatz nicht auf und somit werden die bekannten Probleme lokaler Planungsalgorithmen, wie Sackgassen oder Endlosschleifen, vermieden. Die Planer nutzen vorberechnete Fußstellungen sowie Zwischenstellungen der Beine, um stabile Bewegungen zwischen den geplanten Schritten zu gewährleisten. Es wird ein Baum aus kollisionsfrei und stabil erreichbaren Konfigurationen heuristisch ermittelt und dieser wird so lange erweitert, bis das Ziel erreicht wird. Dieser Ansatz und verschiedene Erweiterungen wurden auf den Robotern H6 [Kuffner 01], H7 [Kuffner 05], ASIMO [Chestnutt 05] und HRP-2 [Michel 06] umgesetzt. Die teilweise langen Laufzeiten des Ansatzes werden in [Chestnutt 04] durch einen dreistufigen Planer reduziert. In der untersten Schicht werden die Schritte, auch für unebenes Gebiet, geplant, die darüber liegenden Schichten sind für die globale Navigation zuständig. Eine Realisierung der Schrittfolgenplanung aus [Michel 07] ist in Abbildung 2.5 zu sehen.

Abbildung 2.5: In [Michel 07] werden Schrittfolgen zum Treppensteigen für den humanoiden Roboter HRP-2 geplant. Nachdruck aus [Michel 07], ©2007 IEEE.

Bewegungsplanung für Manipulationsaufgaben

Algorithmen zur Bewegungsplanung können auch zur Planung von Manipulationsaufgaben eingesetzt werden. Hierbei wird eine Abfolge von Lageänderungen von Objekten gesucht, um eine Planungsaufgabe zu realisieren. Im Kontext der humanoiden Robotik werden oft Navigationsaufgaben mit beweglichen Hindernissen untersucht.

In [Yoshida 05a] wird der Transport von langen Gegenständen durch einen humanoiden Roboter untersucht. Die Dynamik sowie die kollisionsfreie Ausführung stehen hierbei im Vordergrund. Ein allgemeiner Ansatz für die Planung mit bewegbaren Objekten wird in [Simeon 04] vorgestellt. Es werden Roadmaps benutzt, um stabile Griffe und Positionen der Gegenstände zu ermitteln und Manipulationsaufgaben zu planen. In [Stilman 07b] werden die Positionen von Objekten geplant, so dass eine gestaffelte Aktionsausführung ermöglicht wird. Verdeckungen sowie mögliche Umpositionierungen werden erkannt und in einen stichprobenbasierten Planungsprozess mit eingebunden. Weiterhin werden Greifpositionen und Anfahrtswege für einen Roboterarm untersucht.

2.1.5   Planung von Greifbewegungen

Die Planung von kollisionsfreien Greifbewegungen für mobile Manipulatoren oder humanoide Roboter ermöglicht die Erzeugung von Anfahrts- und Greifbewegungen für ein- oder zweiarmige Aufgaben. In den meisten Arbeiten werden vordefinierte Lösungen der inversen Kinematik (IK) benutzt, um die Zielkonfiguration des Planungsproblems vorzugeben (siehe Abbildung 2.6).

In [Gharbi 09] werden Greifbewegungen für Mehrarmsysteme geplant, indem für jeden Arm eine Roadmap erzeugt wird und basierend auf diesen Datenstrukturen eine globale Lösung gesucht wird. In dieser Arbeit werden verschiedene Problemstellungen für dreiarmige Systeme und für den humanoiden Roboter Justin [Fuchs 09] in der Simulation gelöst. Mit dem Ansatz aus [Kallmann 03] können Greifbewegungen für eine menschliche Figur in der Simulation berechnet werden, indem bevorzugt viel versprechende Konfigurationen gesampelt werden. In [Toussaint 07] werden Greifbewegungen durch Inferenz-Methoden zur Trajektorienoptimierung in der Simulation generiert. Die Ergebnisse werden in [Toussaint 10] auf einem realen Manipulator zum Greifen von Gegenständen angewendet. Der *Dynamic Roadmap* Ansatz aus [Kallman 04] erzeugt in einem Vorverarbeitungsschritt eine Roadmap für die Armbewegungen eines humanoiden

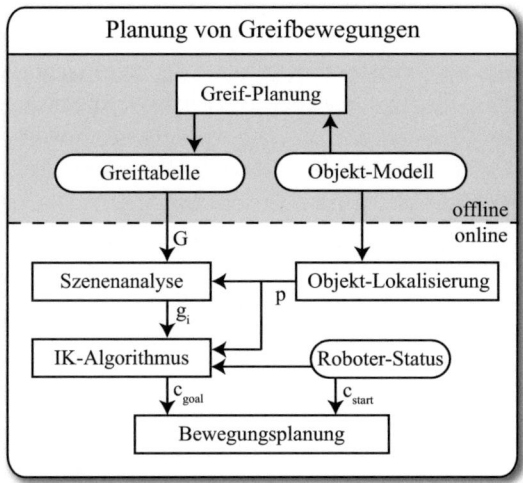

Abbildung 2.6: Klassischer Ansatz zur Planung von Greifbewegungen.

Roboters. Zur Anfragezeit wird die Struktur der Roadmap an die aktuelle Situation im Arbeitsraum angepasst, so dass Hindernisse berücksichtigt werden und Greifbewegungen effizient geplant werden können. In [Behnisch 10] werden Greifbewegungen durch stichprobenbasierende Verfahren im Arbeitsraum geplant. Hierbei werden Bewegungen für einen redundanten Arm erzeugt, indem über Gradientenabstiegsverfahren eine Kostenfunktion minimiert wird. Allerdings ist der Ansatz nicht allgemeingültig und es lassen sich nicht beliebige Problemstellungen damit lösen. Die Planung menschenähnlicher Bewegungen zum Greifen wird in [Nakazawa 00] untersucht. Aus den Auswertungen der Bewegung von Daumen und Zeigefinger bei menschlichen Greifvorgängen wird ein Bewegungsmodell abgeleitet, welches in einem Potentialfeldansatz für die Planung von Greifvorgängen genutzt wird. Auch bei diesem Ansatz können nicht lösbare Situationen auftreten. In [Watanabe 09] wird ein Ansatz vorgestellt, mit dem Greifbewegungen für zweihändige Manipulationen geplant werden können. Über Potentialfeld-Methoden werden kollisionsfreie Bewegungen zweier anthropomorpher Hände geplant sowie mögliche Griffe ermittelt. Bei diesem Ansatz wird davon ausgegangen, dass die Hände sich frei im Raum bewegen können, so dass die Limitierungen, die durch die kinematische Struktur der Arme, bzw. eines ganzen Robotersystems auftreten, nicht berücksichtigt werden.

Eine weitere Klasse von Planungsalgorithmen befasst sich mit der Erzeugung von Greifbewegungen, wenn keine explizite Lösung der inversen Kinematik gegeben ist und somit ein größerer Lösungsraum zur Verfügung steht: Rosenbaum et al. beschreiben ein aus der Psychologie abgeleitetes Modell zur Erzeugung von Greifbewegungen für einen Arm und eine vereinfachte zwei-Finger Hand in 2D [Rosenbaum 01]. Es wird in einem zwei-stufigen Ansatz zunächst eine mögliche Zielkonfiguration zum Greifen ermittelt, indem eingelernte Stellungen des Armes und der Hand bewertet und an die gegebene Situation angepasst werden. Anschließend werden Zwischenstellungen erzeugt, um eine kollisionsfreie Greifbewegung zu berechnen. In [Ahuactzin 99] wird das Konzept der *Kinematic Roadmap* vorgestellt, einem auf dem Ariadne's Clew Algorithm [Mazer 98] basierenden Algorithmus. Bei diesem stichprobenbasierten Ansatz wird für jede neue Stichprobe die Lösung der inversen Kinematik über iterative Methoden gesucht. Die hohe Anzahl an IK-Aufrufen kann vermieden werden, wenn, wie in [Drumwright 06] vorgeschlagen, die IK-Berechnungen nur durchgeführt werden, falls sich der Endeffektor in der Nähe des Ziels befindet. Der *RDT-IK* Ansatz speichert hierbei alle gefundenen IK-Lösungen, so dass diese als potentielle Ziele durch den RDT-Algorithmus genutzt werden können.

In [Gienger 08] wird ein Ansatz zur Planung von einarmigen Greifbewegungen für den humanoiden Roboter *ASIMO* vorgestellt. Bei dem zweistufigen Ansatz werden zunächst Greif-Karten (engl. *grasp maps*) zur Repräsentation aufgabenabhängiger Griffe mit stichprobenbasierten Algorithmen erzeugt. Anschließend werden über Optimierungsverfahren kollisionsfreie Bewegungen zum Greifen ermittelt, indem die Kosten für die Bewegung, Kollisionen und die Wahl des Griffs minimiert werden.

In [Bertram 06], [Weghe 07] und [Wang 09] werden Heuristiken eingesetzt, um mit RRT-basierten Planungsansätzen Greifposen ohne explizite Lösung der IK zu erreichen. Hierzu werden unidirektionalen Suchbäume durch Erweiterungsschritte in Richtung einer Zielregion erweitert. Diese Zielregion ist im Arbeitsraum definiert und beschreibt mögliche Lagen des Endeffektors, mit denen das Objekt gegriffen werden kann. Beim *Workspace Goal Region (WGR)* Ansatz aus [Berenson 09b] werden kontinuierliche Regionen im Arbeitsraum genutzt, um kollisionsfreie Greiftrajektorien für einen Manipulator zu ermitteln.

Die Ansätze zum Planen von Greifbewegungen ohne explizite Zielkonfiguration, basieren somit auf der Spezifikation von Distanzen [Weghe 07, Wang 09], Funktionen [Bertram 06] oder Intervallen [Berenson 09b], um Zielregionen im Arbeitsraum zu definieren. Bei komplexen Objekten sowie bei zweihändiger Manipulation kann eine solche Spezifikation nicht ohne weiteres ermittelt werden, da sehr unterschiedliche Möglichkeiten gegeben seien können, um ein Objekt zu greifen. Weiterhin wird in vielen Fällen eine manuelle Definition der Arbeitsraumbereiche nötig sein, so dass eine automatisierte Planung von Greifbewegungen erschwert wird. Deshalb werden in dieser Arbeit Erweiterungen der Zieldefinitionen im Arbeitsraum vorgestellt, welche automatisiert erstellt und eingesetzt werden können. Dies ermöglicht die Planung von komplexen Greifbewegungen für ein- und zweihändige Aufgabenstellungen sowie die effiziente Planung von Umgreifbewegung.

2.2 Sensorgestützte Ausführung

Ein Robotersystem, das in realen Szenerien operiert, muss in der Lage sein, trotz Ungenauigkeiten der Sensorik und Aktorik, Aufgaben robust auszuführen. Diese Ungenauigkeiten entstehen zum Einen durch fertigungsbedingte Abweichungen in den Gelenken, aber auch durch die mit Fehlern behaftete sensorielle Wahrnehmung der Umwelt. Weiterhin muss bei humanoiden Robotern wegen der großen Anzahl an Bewegungsfreiheitsgraden damit gerechnet werden, dass sich selbst kleinste Abweichungen in den Gelenken zu einem merklichen Fehler akkumulieren können. Bei dem humanoiden Roboter ARMAR–III liegen beispielsweise 14 Gelenke zwischen den zwei Referenzsystemen der Kamera und des Endeffektors (engl. *Tool Center Point (TCP)*). Soll eine Manipulationsaufgabe ausgeführt werden, wird bei der Lokalisierung des Objektes im Kamerasystem und der anschließenden Positionierung des Endeffektorsystems der akkumulierte Fehler in den Gelenktransformationen zwischen den Gelenken zu einer fehlerhaften Positionierung führen. Um mit dem Roboter, trotz dieser Abweichung, greifen bzw. manipulieren zu können, ist es notwendig, die zwei Referenzsysteme abzugleichen.

Verfahren zur Hand-Auge Kalibrierung ermöglichen es, eine feste Transformation zwischen Sensor- und Aktuatorsystem zu ermitteln (siehe [Tsai 88, Daniilidis 98]). Dieser Ansatz eignet sich, um Kamera-in-Hand-Systeme zu kalibrieren, bei denen ein Kamerasystem auf dem Endeffektor montiert ist und eine feste Transformation X zwischen Kamera und TCP gefunden werden muss. Es können Lernverfahren zur Ermittlung der Roboterkinematik eingesetzt werden, um die dynamischen Fehler in einem solchen System abzubilden. In [Guez 89] wird ein künstliches Neuronales Netz (engl. *Artificial Neural Network (ANN)*) trainiert, um approximative Lösungen für die inverse Kinematik eines 6-DoF Roboterarmes zu berechnen. In [Walter 00] werden *Parameterized Selforganizing Maps (PSOM)* eingesetzt, um sowohl die direkte als auch die inverse Kinema-

tik eines Robotersystems zu lernen. Ein Lernverfahren zur Ermittlung der ki-
nemtischen Zusammenhänge eines humanoiden Roboters wird in [D'Souza 01]
beschrieben. Ulbrich et al. verwenden *Kinematic Bézier Maps*, um das Körper-
Schema und somit auch die Hand-Auge Kalibrierung, für humanoide Robotern
durch Lernverfahren zu ermitteln [Ulbrich 09]. Durch Lernverfahren lassen sich
nichtlineare Fehler eines Robotersystems sehr gut abbilden, allerdings ist ein Vorverarbeitungsschritt notwendig, um diese Abbildung zu trainieren. Ändern sich
die Parameter des Systems, beispielsweise durch Abnutzung, muss die Kalibrierung erneut stattfinden. Verfahren zur bildbasierten Regelung (engl. *Visual Servoing*) nutzen visuell ermittelte Informationen über die Lage von Merkmalen, um
einen Endeffektor bzw. die Lage einer Kamera auszurichten. Diese Ansätze eignen sich gut für den Einsatz auf humanoiden Robotern, da keine Vorverarbeitung
notwendig ist und da das Kamerasystem auch zur Erkennung und Lokalisierung
von Manipulationszielen genutzt wird.

2.2.1 Visual Servoing

Verfahren der Bildverarbeitung können eingesetzt werden, um Zielvorgaben für
Manipulatoren oder für die Navigation zu bestimmen. Hierbei wird zwischen *open
loop* und *closed loop* Ansätzen unterschieden. Bei *open loop* Ansätzen wird die
Zielvorgabe in einem ersten Schritt durch Verfahren der Bildverarbeitung ermittelt
und an die Steuerungskomponente des Roboters übergeben, welche die Vorgaben
ausführt. Es findet keine Rückkopplung statt, so dass das System gut kalibriert sein
muss. Bei *closed loop* Verfahren werden die Zielvorgaben kontinuierlich während
der Ausführung bestimmt und an die Ausführungskomponente übergeben, so dass
sich die Ausführung überwachen lässt. Es sind aber auch reaktive Verhaltenswei-
sen realisierbar, da die interne Repräsentation der Situation, in der sich der Roboter bewegt, ständig aktualisiert wird. Hill und Park führten 1979 den Term *Visual
Servoing* ein, um die bildgestützte Regelung eines Manipulators zu beschreiben
[Hill 79]. Hierbei wird die Positionierung des Endeffektors visuell überwacht und
Bewegungsvorgaben aus der aktuellen und der gewünschten Lage berechnet.

Die Literatur zu *Visual Servoing* unterteilt die Ansätze in drei Kategorien, welche
im Folgenden näher erläutert werden.

Bildbasiertes Visual Servoing

Bei bildbasiertem Visual Servoing (engl. *Image-Based Visual Servoing (IBVS)*)
werden Bildmerkmale im Kamerabild bestimmt und aus den Bewegungen die-

ser Merkmale wird eine lokale Bild-Jacobi-Matrix (*Image Jacobian, Feature-Sensitivity Matrix, Interaction Matrix, B Matrix*) erstellt [Weiss 87, Hosoda 94, Won 00]. In vielen Arbeiten werden IBVS-Ansätze untersucht, um einen *Kamera-In-Hand* Aufbau anzusteuern. Hierbei ist die Kamera an dem Endeffektor eines Roboterarms montiert und die Bewegung des Roboters resultiert in einer Positionsänderung der Kamera. Diese Art des Aufbaus kann äquivalent betrachtet werden zu einer Problemstellung mit unbeweglicher Kamera, bei der die Position des Endeffektors über Bildmerkmale ermittelt wird (siehe [Kragic 02]).

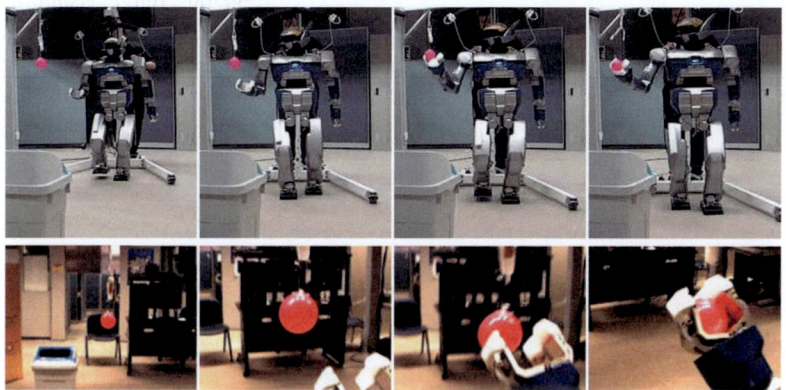

Abbildung 2.7: Bildbasiertes Visual Servoing ermöglicht das bildgestützte Greifen während einer Laufbewegung des humanoiden Roboters HRP-2. Nachdruck aus [Mansard 07], ©2007 IEEE.

In Gleichung 2.1 stellt die Bild-Jacobi-Matrix J einen Zusammenhang her zwischen den Bewegungen der Bildmerkmale $f = (f_1, \ldots, f_k)$ und den Bewegungen der Endeffektorposition x. Dabei beschreibt x eine geeignete Darstellung der Lage des Endeffektors im Arbeitsraum.

$$J(x) = \frac{\partial f}{\partial x} = \begin{pmatrix} \frac{\partial f_1(q)}{\partial x_1} & \cdots & \frac{\partial f_1(x)}{\partial x_m} \\ \vdots & \ddots & \vdots \\ \frac{\partial f_k(q)}{\partial x_1} & \cdots & \frac{\partial f_k(x)}{\partial x_m} \end{pmatrix} \qquad (2.1)$$

Der Zusammenhang zwischen der Dyname (auch Kraftschraube, engl. *velocity screw*) des Manipulators $\dot{x} = (t_x, t_y, t_z, \omega_x, \omega_y, \omega_z)^T$ und der Geschwindigkeit der Bewegung der Bildmerkmale $\dot{f}$ kann folgendermaßen angegeben werden:

$$\dot{f} = J\dot{x}.$$

Ein Merkmal mit den 3D-Koordinaten (X,Y,Z) resultiert in projizierten 2D Ko-
ordinaten $(u,v)^T$ in der Bildebene, welche wie in (2.2) unter Zuhilfenahme der
intrinsischen Kameraparameter $(\alpha_u, \alpha_v, u_0, v_0)$ berechnet wird [Azad 09].

$$
\begin{aligned}
u &= \alpha_u \frac{X}{Z} + u_0 \\
v &= \alpha_v \frac{Y}{Z} + v_0
\end{aligned}
\tag{2.2}
$$

Über die Anwendung klassischer perspektivischer Projektionsmodelle wird der
Zusammenhang zwischen der Geschwindigkeit eines Bildmerkmals $\dot{f} = (\dot{u}, \dot{v})^T$
und der Geschwindigkeit einer dreidimensionalen Lageänderung hergestellt (sie-
he z. B. [Chaumette 06]). Mit $X' = \frac{X}{Z}$ und $Y' = \frac{Y}{Z}$ ergibt sich die Bild-Jacobi-
Matrix zu:

$$
J = \begin{pmatrix} \frac{1}{Z} & 0 & -\frac{X'}{Z} & -X'Y' & 1+X'^2 & -Y' \\ 0 & \frac{1}{Z} & -\frac{Y'}{Z} & -1-Y'^2 & X'Y' & X' \end{pmatrix}.
$$

Da die Entfernung Z des Merkmals unbekannt ist, werden oft Schätz- oder Ap-
proximationsverfahren eingesetzt, um $\widehat{J} \approx J$ zu bestimmen.

Über die Pseudoinverse der Bild-Jacobi-Matrix (bzw. $\widehat{J}$) kann aus den gewünschten Bewegungen der 2D-Features im Bild eine Bewegung der Gelenke abgeleitet werden. 3D-Modelle der Objekte und des Roboters werden nicht benötigt,
da nur die Bildmerkmale genutzt werde, allerdings können Singularitäten auftreten sowie einige Problemstellungen nicht gelöst werden (*Chaumette Conundrum*
[Malis 99]). In [Mansard 07] werden IBVS-Techniken verwendet, um mit einem
laufenden humanoiden Roboter einen roten Ball zu greifen (siehe Abbildung 2.7).

Bei vielen Ansätzen wird eine Kalibrierung der Zusammenhänge zwischen Bewegungen im Bildraum und der Arbeitsraumbewegung des Roboters bzw. der
Kameras benötigt. Sind diese visuomotorischen Zusammenhänge nicht bekannt,
gibt es Ansätze, um sie zu lernen. Diese Kalibrierung kann entweder während
der Ausführung der Aufgabe (also online) oder in einem Vorverarbeitungsschritt
(offline) durchgeführt werden. In [Hosoda 94] wird ein Verfahren vorgestellt, das
es ermöglicht, ohne Kenntnis der Roboterkinematik, die Bild-Jacobi Matrix zu
berechnen. Allerdings konvergieren die Parameter in manchen Fällen nicht zu einem globalen Optimum. Jägersand et al. formulierten Visual-Servoing 1996 als
ein nichtlineares Problem der kleinsten Fehlerquadrate, das sich mittels Newton-
Verfahren schätzen lässt [Jägersand 97]. Die Schätzung findet in nur einer Dimension des Arbeitsraumes statt. Sutano et al. erweiterten die Idee durch erfor-
schende Bewegungen, um die Schätzung von $\widehat{J}$ in einem größeren Arbeitsraum

zu verbessern [Sutanto 98]. Miller machte 1989 Versuche mit neuronalen Netzen, um die Bild-Jacobi Matrix ohne Vorwissen über die Roboterkinematik zu erlernen [Miller 89]. In [Carusone 98] wird ein ähnlicher Ansatz vorgestellt, bei dem trainierte neuronale Netze eingesetzt werden, um Greifaufgaben mit einem Industriearm robust umzusetzen. In [Nori 07] wird die Auge-Hand Jacobi-Matrix autonom über Neuronale Netze gelernt, wodurch Anfahrtsbewegungen zum Greifen mit dem humanoiden Roboter James realisiert wurden. Der Ansatz aus [Kazemi 09] nutzt globale Bewegungsplanungsalgorithmen, um geeignete Trajektorien für ein Kamera-in-Hand System zu ermitteln, welche anschließend mit IBVS-Ansätzen ausgeführt werden. In [Paulin 05] werden IBVS-Techniken genutzt, um die Ausführung einer Bewegung eines Kamera-in-Hand Systems zu überwachen. Hierbei werden aus den Bewegungen der Bildmerkmale Steuerbefehle für einen Roboterarm erzeugt. Bildbasiertes Visual-Servoing wird in [Han 00, Han 02] eingesetzt, um die Bewegungen zweier Roboterarme zu steuern. In [Hynes 06] wird ein unkalibrierter IBVS-Ansatz für die Ansteuerung eines flexiblen Zwei-Arm-Manipulators genutzt.

Positionsbasiertes Visual Servoing

Beim positionsbasiertem Visual Servoing (engl. *Position-Based Visual Servoing (PBVS)*) wird die 6D-Lage des zu positionierenden Endeffektors über ein Stereokamerasystem ermittelt [Wilson 96, Martinet 99, Thuilot 02]. Die Regelung zu einer gewünschten Zielposition erfolgt im kartesischen Raum mit Hilfe der inversen Kinematik des Robotersystems. Für diesen Ansatz werden Modelle des Roboters benötigt sowie eine Sensorik, die es ermöglicht, die kartesische Lage des Endeffektors (und/oder eines Ziels) in Echtzeit zu ermitteln. Ein Vorteil des positionsbasiertem Visual Servoing liegt in der kartesischen Positionierung des Endeffektors, wodurch die Integration in eine Robotersteuerungsarchitektur erleichtert wird. Beispielsweise kann über PBVS-Ansätze die Ausführung von Manipulationstrajektorien überwacht werden.

Die bildbasierte Bestimmung der aktuellen Position des Endeffektors x'_{EEF} und der gewünschten Lage x'_{Ziel} wird i.A. fehlerbehaftet sein. In Gleichung (2.3) werden diese Fehler zu den tatsächlichen Positionen x_{EEF} und x_{Ziel} durch e_1 bzw. e_2 modelliert. Da die Messung über das selbe Sensorsystem erfolgt, kann davon ausgegangen werden, dass $e_1 \approx e_2$ und somit wird die kartesische Regelgröße Δx in Gleichung (2.4) die tatsächliche Relation zwischen x_{Ziel} und x_{EEF} sehr gut darstellen (siehe auch Abschnitt 6.1).

Abbildung 2.8: Positionsbasiertes Visual Servoing wird zum Greifen eines Objektes genutzt. Nachdruck aus [Kragic 01], ©2001 IEEE.

$$x'_{EEF} = x_{EEF} + e_1$$
$$x'_{Ziel} = x_{Ziel} + e_2 \qquad (2.3)$$

$$\Delta x = x'_{Ziel} - x'_{EEF} = x_{Ziel} - x_{EEF} + (e_1 - e_2) \approx x_{Ziel} - x_{EEF} \qquad (2.4)$$

Für kleine Änderungen der Bewegung wird $\dot{x} = \Delta x$ angenommen und somit aus der gewünschten kartesischen Bewegung Δx die Bewegung der Gelenkwinkel ermittelt. In Gleichung (2.5) ist J die Roboter-Jacobi Matrix und J^+ steht für deren Pseudoinverse (Moore-Penrose-Inverse).

$$\dot{x} = J\dot{q}$$
$$\dot{q} = J^+\dot{x} \qquad (2.5)$$
$$\Delta q = J^+\Delta x$$

In [Westmore 91] werden relative Positionen über den Erweiterten Kalman-Filter in einem bildbasierten Verfahren geschätzt, um kartesische Regelvorgaben für planare Bewegungen zu ermitteln. Eine Erweiterung auf Bewegungen in dem gesamten Arbeitsraum findet sich in [Wilson 96]. Hier werden die Bewegungen eines 6 DoF Roboterarms über die Inverse der Jacobi-Matrix J^{-1} und einem linear-quadratischen Regler (*LQR-Regler*) realisiert. In [Martinet 99] wird ein nicht-linearer Ansatz vorgestellt, mit dem die translatorischen und die rotatorischen Bewegungsvorgaben entkoppelt bestimmt werden können, was anhand eines Experiments mit einem Roboter mit sechs Bewegungsfreiheitsgraden demonstriert wird. In Abbildung 2.8 ist PBVS-basiertes Greifen mit einem Manipulator aus [Kragic 01] zu sehen.

Über PBVS-Ansätze werden in [Taylor 01] *Pick-and-Place* Aktionen mit einem humanoiden Roboter ausgeführt (siehe Abbildung 2.9).

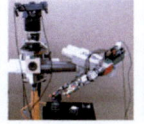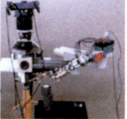

Abbildung 2.9: Bildgestütztes Greifen wird in [Taylor 01] mit einem humanoiden Roboter realisiert, um einfache *Pick-and-Place* Aktionen auszuführen (Nachdruck aus [Taylor 01]).

2.5D Visual Servoing

Das in [Malis 99] vorgestellte Verfahren zur visuell überwachten Positionierung entkoppelt die translatorische und die rotatorische Komponente der Bewegung. Da die Position und die Orientierung des Endeffektors durch zwei getrennte Regelkreise beeinflusst werden, ergeben sich einige Vorteile gegenüber Ansätzen des bildbasierten Visual Servoing. So konvergiert das Verfahren immer und es können keine Singularitäten auftreten. Allerdings können, wie auch beim bildbasierten Visual Servoing, die Merkmale das Bild verlassen, was zu einem Abbruch der Regelung führt. In [Fang 02] wird ein Regelungskonzept basierend auf 2.5D Visual Servoing-Ansätzen beschrieben und die Stabilität der Regelung mittels Lyapunov-basierter Stabilitätsanalyse bewiesen. In Abbildung 2.10 sind Resultate der in [Malis 03] beschriebenen Ansätze zur entkoppelten bildbasierten Regelung eines Kamera-in-Hand Aufbaus zu sehen.

Abbildung 2.10: 2 1/2 D Visual Servoing aus [Malis 03] zur Regelung eines Kamera-in-Hand Systems. ©2003, SAGE Publications

2.3   Zusammenfassung und Bewertung

Mit den aus der Literatur bekannten Methoden zur Bewegungsplanung können
kollisionsfreie Greifbewegungen für einen humanoiden Roboter erstellt werden.
Allerdings werden bei klassischen Ansätzen zur Bewegungsplanung die Ziele im Konfigurationsraum und nicht im Arbeitsraum vorgegeben, so dass zunächst eine Zielkonfiguration für den Greifvorgang ermittelt werden muss, indem das IK-Problem gelöst wird. Hierdurch wird die Zielkonfiguration festgelegt und somit werden alle weiteren gültigen IK-Lösungen verworfen und stehen nicht für weitere Berechnungen zur Verfügung. Eine ungünstige Wahl der
IK-Lösung kann hierbei in einer Zielkonfiguration resultieren, welche nicht oder
nur schwer durch eine kollisionsfreie Bewegung erreichbar ist. In dieser Arbeit werden deshalb effiziente IK-basierte Ansätze entwickelt, bei denen die
IK-Suche mit den Algorithmen zur Bewegungsplanung kombiniert werden. Im
Gegensatz zu bereits vorhanden Arbeiten zur IK-basierten Bewegungsplanung
[Bertram 06, Weghe 07, Drumwright 06, Wang 09] können mit den in dieser Ar-
beit entwickelten Algorithmen hochdimensionale Problemstellungen für ein- oder
zweiarmige Greifaufgaben effizient gelöst werden. Dies wird durch die effiziente
Abtastung der IK-Lösungsmenge und den dadurch ermöglichten bidirektionalen
Aufbau der Suchbäume erreicht (siehe Kapitel 4).

In dieser Arbeit wird die Bewegungsplanung für das zweihändige Greifen und
Umgreifen mit humanoiden Robotern untersucht. Die aus der Literatur bekannten
Ansätze zu diesem Thema zeigen, dass bislang keine effizienten Algorithmen für
solch hochdimensionale Planungsprobleme zur Verfügung stehen, so dass in dieser Arbeit neuartige Lösungsansätze, wie der *Regrasp–IK–RRT*, entwickelt werden.

In der Literatur finden sich keine Ansätze, bei denen die Greif- und Bewegungsplanung in einem integrierten Planungsalgorithmus behandelt wird. Eine Kombination von Greif- und Bewegungsplanung wird bisher nur über zweistufige Ansätze, wie beispielsweise in [Berenson 07] oder [Gienger 08], realisiert. Hierbei
wird zunächst eine Repräsentation erreichbarer Griffe bestimmt und anschließend
eine kollisionsfreie Greifbewegung ermittelt. Im Gegensatz zu solch zweistufigen Verfahren, wird in dieser Arbeit mit dem *Grasp–RRT*-Ansatz ein integriertes
Konzept zur kombinierten Greif- und Bewegungsplanung entwickelt (siehe Kapitel 5). Dieser neuartige Ansatz ermöglicht die Kombination der Suche nach einem
anwendbaren Griff mit der Planung von kollisionsfreien Bewegungen.

In der Literatur finden sich wenige Arbeiten zur sensorgestützten Ausführung von
zweiarmigen Bewegungen. Vorhandenen Ansätze nutzen bildbasiertes Visual Ser-

voing, um die Bewegung zweier Arme anzusteuern [Han 00, Hynes 06]. Demgegenüber wird in dieser Arbeit positionsbasiertes Visual Servoing für die sensorgestützte Bewegungsausführung eingesetzt, da die Bewegungen hierbei im Arbeitsraum vorgegeben werden können und somit die visuell überwachte Ausführung von geplanten Greifbewegungen ermöglicht wird. Hierzu werden in Kapitel 6 neuartige Algorithmen entwickelt, bei denen der aktive Kopf eines humanoiden Roboters genutzt wird, um zweiarmige Bewegungen im kompletten Arbeitsraum eines humanoiden Roboters simultan auszuführen.

Kapitel 3

Erreichbarkeitsverteilungen für die Inverse Kinematik

In diesem Kapitel werden Algorithmen zur effizienten Lösung des IK-Problems für redundante Manipulatoren vorgestellt und es wird gezeigt, wie Erreichbarkeitsverteilungen genutzt werden können, um IK-Anfragen für ein- und zweiarmige Aufgabenstellungen zu beschleunigen. Es werden IK-Ansätze für folgende Problemstellungen behandelt:

- **Ein- und zweihändig:** Ein- und zweihändiges Greifen von Gegenständen unter Berücksichtigung mehrerer anwendbarer Griffe.

- **Übergabe:** Ermittlung von Übergabekonfigurationen zum Umgreifen von Objekten.

- **Roboterposition:** Integration der Suche nach einer für das Greifen geeigneten Position des Roboters.

Alle entwickelten IK-Algorithmen haben folgende Eigenschaften:

- **Kollisionsfreie Lösungen:** Selbstkollisionen sowie Kollisionen mit der Umgebung werden vermieden.

- **Greiftabellen:** Es können mehrere potentielle Griffmöglichkeiten behandelt werden, ohne dass der anzuwendende Griff vorab spezifiziert werden muss. Die Auswahl eines erreichbaren Griffes erfolgt implizit durch den IK-Algorithmus.

- **Abtastung:** Die entwickelten IK-Algorithmen basieren auf randomisierten Konzepten, so dass unterschiedliche Konfigurationen der Lösungsmenge des entsprechenden IK-Problems ermittelt werden können. Dadurch lässt sich die Lösungsmenge abtasten, wodurch eine Integration dieser Ansätze in randomisierte Bewegungsplanungsalgorithmen ermöglicht wird.

3.1 Inverse Kinematik für Greifaufgaben

Die Stellung einer kinematischen Kette eines Roboters wird über die Gelenkwinkel $c = (c_0, \ldots, c_{n-1})^T$ beschrieben. Die Lage T_{TCP} des Endeffektors kann über die direkte Kinematik ermittelt werden, indem für jedes Gelenk i die Transformation $T_i(c_i)$ als homogene Matrix bestimmt wird und die entsprechenden Matrizen multipliziert werden:

$$T_{TCP} = T_0(c_0) \cdot T_1(c_1) \cdot \ldots \cdot T_{n-1}(c_{n-1}).$$

Beim inversen kinematischen Problem wird zu einer gegebenen Lage des Endeffektors eine entsprechende Konfiguration der Gelenkwinkel gesucht. Bei redundanten Systemen kann es keine, eine oder mehrere Lösungen der inversen Kinematik geben. Liegen bis zu sechs Bewegungsfreiheitsgrade vor, kann die IK analytisch, in geschlossener Form gelöst werden [Craig 89], bei Systemen mit mehr Gelenken können algebraische Verfahren zum Einsatz kommen [Asfour 03]. Numerische Methoden können genutzt werden, um eine generische IK-Suche zu realisieren. Problematisch bei diesem Ansatz sind eventuell auftretende lokale Minima sowie Effizienznachteile verglichen mit anderen Verfahren [Siciliano 90]. Ein auf numerischen Verfahren basierender probabilistisch-vollständiger Algorithmus zur Lösung des IK-Problems ist im Anhang A.4.3 zu finden.

3.1.1 Definition von Griffen

Für ein Objekt können Griffe für einen speziellen Endeffektor definiert werden. Die Definition eines Griffs umfasst zwingend die kartesische Relation von Objektmittelpunkt und Handmittelpunkt (engl. *Tool Center Point (TCP)*) und die Art des Griffs. Optional können weiterführende Informationen wie z.B. Annäherungsvektor oder Maße für die Griffbewertung in der Griffdefinition enthalten sein [Morales 06].

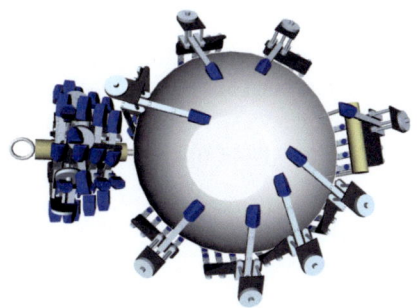

Abbildung 3.1: 3D-Modell eines Woks mit 15 assoziierten Griffen für die rechte Hand von ARMAR-III.

Die Erstellung von Griffen kann in einem Offline-Schritt erfolgen und die so ermittelten Greifinformationen können in einer Greiftabelle abgelegt werden. Werkzeuge zum Erstellen solch einer Greiftabelle sind beispielsweise *GraspIt!* [Miller 01], *OpenRave* [Diankov 08a] oder die Bibliothek *Grasp Studio* als Teil der im Rahmen dieser Arbeit entwickelte Simulations-Toolbox *Simox* [Vahrenkamp 10b] (siehe auch Anhang C). Die Visualisierung eines Objektes mit zugehörigen Griffen ist exemplarisch in Abbildung 3.1 dargestellt. Die folgenden Algorithmen zu Lösung des IK-Problems nutzen entweder einen Griff aus dieser Greiftabelle, oder es wird die komplette Greiftabelle zusammen mit der Objektposition an die Algorithmen übergeben, so dass die Auswahl, welcher Griff erreichbar ist, durch die randomisierten Ansätze implizit getroffen werden kann.

3.2 Erreichbarkeit im Arbeitsraum

Um die Manipulierbarkeit einer Gelenkwinkelkonfiguration c auszudrücken, wird in [Yoshikawa 85] die *manipulability measure* eingeführt:

$$w = \sqrt{detJ(c)J^T(c)} = \sigma_1\sigma_2\cdots\sigma_m. \tag{3.1}$$

Dabei steht σ_i für den i-ten Singulärwert, welcher zusammen mit den Hauptachsen durch Singulärwertzerlegung von J bestimmt werden kann. Die Hauptachsen und Singulärwerte spannen das *manipulability ellipsoid* im Arbeitsraum auf, welches die Möglichkeit zur Manipulation repräsentiert. Das Volumen dieses Ellipsoids ist proportional zu w, und kann als Distanz zu einer singulären Konfiguration aufgefasst werden (siehe auch [Yoshikawa 90]). Im umgekehrten Fall wird zu einer gegebenen Position $p \in \mathbb{R}^3$ bzw. Lage $p' \in SE(3)$ die Existenz einer IK-Lösung im Gelenkwinkelraum abgeleitet. Es sind allerdings keine Verfahren bekannt, um den erreichbaren Raum eines Manipulators analytisch zu bestimmen, so dass stichprobenbasierte Verfahren für die Erstellung eingesetzt werden.

3.2.1   Erreichbarkeitsindex

In dieser Arbeit beschreibt der Erreichbarkeitsindex für eine kartesische Pose $p \in SE(3)$ die Erreichbarkeit mit einem Endeffektor und zugehöriger kinematischer Kette. Die Verteilung des Erreichbarkeitsindex im Arbeitsraum wird als Erreichbarkeitsverteilung bezeichnet. Eine approximative Berechnung der Erreichbarkeitsverteilung wird über eine Diskretisierung des Arbeitsraum realisiert, indem die kartesischen Posen auf eine 6D Voxelstruktur abgebildet werden. Für jeden Voxel des Arbeitsraumes wird der durchschnittliche Erreichbarkeitsindex gespeichert und somit kann eine schnelle Schätzung der Erreichbarkeit einer Pose realisiert werden. In [Kee 02] wird ein Verfahren zur analytischen Erstellung von Erreichbarkeitsverteilungen für einen menschlichen Oberkörper vorgestellt. In [Zacharias 07] wird eine 3D-Gitter im Arbeitsraum abgetastet, und für jeden Voxel wird die Erreichbarkeit über die Anzahl an IK-Lösungen für Formprimitive ermittelt. Die so erstellte *Capability Map* wird eingesetzt, um für eine Position $p \in \mathbb{R}^3$ die Manipulierbarkeit zu bestimmen. Die Erreichbarkeitsverteilung kann auch durch stichprobenbasierte Verfahren ermittelt und somit approximiert werden [Badler 93, Guilamo 05, Diankov 08b, Vahrenkamp 10a].

3.2.2   Approximation der Erreichbarkeitsverteilung

Die Erstellung einer approximierten Erreichbarkeitsverteilung kann auf zwei Arten in einem Vorverarbeitungsschritt realisiert werden. Entweder werden für zufällige kartesische Positionen Lösungen der inversen Kinematik gesucht und, falls eine Lösung existiert, wird der Erreichbarkeitsindex des korrespondierenden Voxels erhöht. Eine zweite Möglichkeit, die Erreichbarkeitsverteilung zu erstellen, kann mittels der Vorwärtskinematik des Roboters realisiert werden. Hierbei werden für zufällig erzeugte Stichproben der Gelenkwinkel die korrespondierenden TCP-Positionen und somit die entsprechenden Voxel ermittelt. Eine 3D-Visualisierung der 6D-Erreichbarkeitsverteilung für den linken sowie den rechten Endeffektor ist in Abbildung 3.2 dargestellt. Um die 6D-Struktur visualisieren zu können, wurde in jedem 3D-Voxel die Summe aus allen Einträgen der zugehörigen Diskreti-

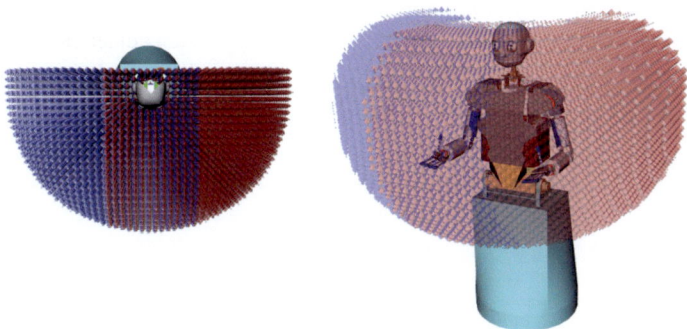

Abbildung 3.2: Eine dreidimensionale Visualisierung der approximierten 6D-Erreichbarkeitsverteilung von ARMAR-III. Die Erreichbarkeitsverteilung wurde für den linken und rechten Endeffektor erstellt, jeweils unter der Berücksichtigung des *Yaw*-Hüftgelenks und sieben Armgelenken.

sierung der Orientierungen gebildet. Jeder 3D Voxel wird als Punkt dargestellt, dessen Größe und Intensität proportional ist zu diesem so ermitteltem Wert.

Liegt die Approximation der Erreichbarkeitsverteilung vor, kann für eine Pose $p \in SE(3)$ die Erreichbarkeit bestimmt werden, indem das zu p gehörende Voxel bestimmt wird und der gespeicherte Erreichbarkeitsindex genutzt wird, um eine Vorhersage der Manipulierbarkeit zu ermitteln. Ist dieser Wert 0, kann davon ausgegangen werden, dass die Pose p nicht erreichbar ist, allerdings lässt sich mit den vorgeschlagenen Algorithmen nicht garantieren, dass für p keine Lösung der inversen Kinematik existiert. Somit eignet sich die approximierte Erreichbarkeitsverteilung besonders für den Einsatz in probabilistischen Verfahren, um durch das Aussortieren von voraussichtlich nicht erreichbaren Posen die Effizienz zu steigern (siehe Abschnitt 3.3.1).

3.3 Hybrider Ansatz zur Lösung des IK-Problems

Ist für eine Teilkomponente des Roboters bereits ein analytischer Ansatz zur Lösung des IK-Problems vorhanden, kann dieser für komplexere Anforderungen in einen probabilistischen IK-Algorithmus integriert werden. Sind beispielsweise Algorithmen zur Lösung der IK für einen Arm eines humanoiden Roboters vorhanden, wird mit dem hier vorgeschlagenen hybriden IK-Verfahren die Anzahl der zu berücksichtigenden Gelenke erweitert und somit eine Möglichkeit geschaffen, die Redundanzauflösung über randomisierte Verfahren zu realisieren.

In Algorithmus 4 wird eine IK-Lösung für die kinematische Kette K gesucht, welche aus einem freien Teil K_{free} besteht sowie aus einem Teil K_{IK}, der durch den analytischen IK-Ansatz behandelt werden kann. Im Fall von ARMAR-III wird für die kinematische Kette eines Armes (K_{IK}) der analytische IK-Ansatz aus [Asfour 03] verwendet und optional können weitere Gelenke, wie beispielsweise die Hüfte, durch K_{free} abgedeckt werden.

Algorithmus 4: *SolveIkHybrid($K_{free}, K_{IK}, p_{target}$)*

1 **while** (!*TimeOut*()) **do**
2      $c_{free} \leftarrow SampleFreeParameters(K_{free})$;
3   *SetRobotConfiguration*(K_{free}, c_{free});
4      $c_{IK} \leftarrow AnalyticIK(K_{IK}, p_{target})$;
5   **if** (c_{IK}) **then**
6          $c_{result} \leftarrow \{c_{free}, c_{IK}\}$;
7   **if** (!*Collision*(c_{result})) **then**
8   **return** c_{result};
9   **end**
10 **end**
11 **return** *NULL*;

Algorithmus 5: *AnalyticIK(K_{IK}, p_{target})*

1 **if** *(Reachability(K_{IK}, p_{target}) == 0)* **then**
2   **return** *NULL*;
3 $c_{IK} \leftarrow CallIKSolver(K_{IK}, p_{target})$;
4 **return** c_{IK};

Algorithmus 5 nutzt eine Erreichbarkeitsverteilung für die Gelenke von K_{IK}, um effizient nicht erreichbare Teilkonfigurationen des Roboters zu erkennen. In diesen Fällen muss der analytische IK-Algorithmus nicht aufgerufen werden, was zu einer Geschwindigkeitssteigerung führt. Die Anfragen an die Erreichbarkeitsverteilung führen zu einem Verlust der probabilistischen Vollständigkeit, falls die Erreichbarkeit über diskretisierte Verfahren (wie in Abschnitt 3.2.1) bestimmt wird. Wird bei der Erreichbarkeitsverteilung auf approximative Ansätze verzichtet, ist der hybride IK-Ansatz weiterhin probabilistisch vollständig. In der praktischen

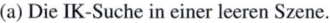

(a) Die IK-Suche in einer leeren Szene.   (b) Das rote Hindernis wird von dem
                                              IK-Algorithmus berücksichtigt.

Abbildung 3.3: Exemplarische Ergebnisse der randomisierten IK-Suche für 10 Bewegungsfreiheitsgrade von Armar-III. Der hybride IK-Ansatz erweitert den analytischen IK-Algorithmus für sieben Armgelenke (K_{IK}) aus [Asfour 03] um drei Hüftgelenke (K_{Free}).

Anwendung werden die Vorteile einer hocheffizienten IK-Lösung die theoretischen Nachteile eines nicht probabilistisch-vollständigen Ansatzes überwiegen, so dass in den folgenden Ansätzen diskretisierte Erreichbarkeitsverteilungen genutzt werden.

3.3.1 Greifen mit dem hybriden IK-Ansatz

Der bisher vorgestellte Algorithmus zur Lösung der inversen Kinematik ist in der Lage, für ein Ziel $p \in SE(3)$ eine Lösung des IK-Problems zu ermitteln. Existiert für p keine IK-Lösung, kann dies nicht direkt durch die randomisierten Algorithmen ermittelt werden, allerdings kann die Suche zeitlich beschränkt und damit ein Abbruchkriterium, wie folgt, definiert werden: Wird innerhalb der Zeitvorgabe t keine Lösung gefunden, kann darauf entsprechend reagiert werden, indem die Pose beispielsweise als nicht erreichbar deklariert wird. Da die Bestimmung von nicht erreichbaren Posen mindestens die Zeit t benötigt, kann dies bei der Integration in einen stichprobenbasierten Planungsansatz zu Effizienzproblemen führen. Um solche Fälle behandeln zu können, werden in dem folgenden IK-Ansatz diskretisierte Erreichbarkeitsverteilungen (siehe Abschnitt 3.2.1) genutzt, um vorab entscheiden zu können, ob eine Greifpose mit hoher Wahrscheinlichkeit nicht erreichbar ist.

In Algorithmus 6 wird für einen Satz an Griffen G und der Objektposition p_{object} eine Lösung des IK-Problems für die aus K_{free} und K_{IK} zusammengesetzte kinematische Kette ermittelt. Zu Beginn werden die kartesischen Positionen der möglichen Griffe ermittelt und über die Erreichbarkeitsverteilungen wird überprüft, ob die Greifpositionen erreichbar sind. Nur diejenigen Griffe, für die ein positiver Erreichbarkeitsindex existiert, werden in die Menge der Zielposen P aufgenommen. Konnte für keinen Griff eine Erreichbarkeit festgestellt werden, bricht der Algorithmus ab und es wird angezeigt, dass keine Lösung existiert. Anderenfalls wird für eine zufällig ausgewählte Greifpose p_{grasp} eine IK-Lösung mit dem hybriden IK-Algorithmus gesucht. Exemplarische Ergebnisse des IK-Ansatzes sind in Abbildung 3.3 zu sehen.

Algorithmus 6: $GraspIK(K_{free}, K_{IK}, G, p_o)$

1   $P \leftarrow \emptyset$;
2   $K \leftarrow K_{free} \bigcup K_{IK}$;
3   **foreach** *(g ∈ G)* **do**
4      $p_{grasp} \leftarrow g \cdot p_{object}$;
5   **if** *(Reachability$(K, p_{grasp}) > 0$)* **then**
6         $P \leftarrow P \bigcup \{p_{grasp}\}$;
7   **end**
8   **if** *($P == \emptyset$)* **then**
9   **return** *NULL*;
10 **while** *(!TimeOut())* **do**
11      $p_{grasp} \leftarrow SampleRandomPose(P)$;
12      $c_{Result} \leftarrow SolveIkHybrid(K_{free}, K_{IK}, p_{grasp})$;
13   **if** *(c_{Result})* **then**
14   **return** c_{result};
15 **end**
16 **return** *NULL*;

3.3.2 Inverse Kinematik für zwei Arme

Um das inverse kinematische Problem für zwei Arme eines humanoiden Roboters zu lösen, können die vorgestellten Ansätze zur Lösung der inversen Kinematik für einen Arm erweitert werden. Hierzu werden die kinematischen Ketten beider Arme (K_{left} und K_{right}) und eine optionale kinematische Kette (K_{free}) definiert. K_{free} beschreibt zusätzliche Bewegungsfreiheitsgrade des Roboters, welche bei der IK-Suche berücksichtigt werden. Die probabilistischen Ansätze aus Anhang A.4.3 werden in Algorithmus 7 für zweiarmige IK-Problemstellungen erweitert, indem für K_{free} zufällige Stichproben c_{free} ermittelt und IK-Lösungen für K_{left} und K_{right} gesucht werden. Existieren diese, wird die Lösungskonfiguration aus den Teilkomponenten c_{free}, c_{left} und c_{right} zusammengesetzt. Die Lösung wird zusätzlich auf Kollision mit der Umwelt sowie auf Selbstkollisionen untersucht.

Algorithmus 7: $DualArmIk(K_{free}, K_{left}, K_{right}, G_{left}, G_{right}, p_o)$

---

1   **while** $(!TimeOut())$ **do**

2       $g_{left} \leftarrow RandomGrasp(G_{left})$;

3       $g_{right} \leftarrow RandomGrasp(G_{right})$;

4       $p_{left} \leftarrow g_{left} \cdot p_o$;

5       $p_{right} \leftarrow g_{right} \cdot p_o$;

6       $c_{free} \leftarrow SampleFreeParameters(K_{free})$;

7       $SetRobotConfiguration(K_{free}, c_{free})$;

8       $c_{left} \leftarrow AnalyticIK(K_{left}, p_{left})$;

9       $c_{right} \leftarrow AnalyticIK(K_{right}, p_{right})$;

10      $c_{result} \leftarrow \{c_{free}, c_{left}, c_{right}\}$;

11   **if** $(c_{left}$ & c_{right} & $!Collision(c_{result}))$ **then**

12   **return** c_{result};

13 **end**

14 **return** $NULL$;

3.3.3 Inverse Kinematik für die Objektübergabe

Um ein Objekt von einer Hand in die andere übergeben zu können, muss eine Umgreifkonfiguration gefunden werden. Diese Konfiguration beinhaltet die kartesische Lage des Objektes p_o sowie die zugehörigen Gelenkwinkelstellungen der Arme und optional weiterer Gelenke des Roboters. Wird die Lage des Objektes vorgegeben, können die kartesischen Greifpositionen aus p_0 ermittelt und mit einem Algorithmus zur IK-Lösung bei zweiarmigen Aufgaben die Gelenkwinkelstellungen bestimmt werden (siehe Abschnitt 3.3.2). Allerdings schränkt die Festlegung auf eine definierte Objektlage den Lösungsraum unnötig ein, da alle anderen möglichen Lagen des Objekts nicht berücksichtigt werden.

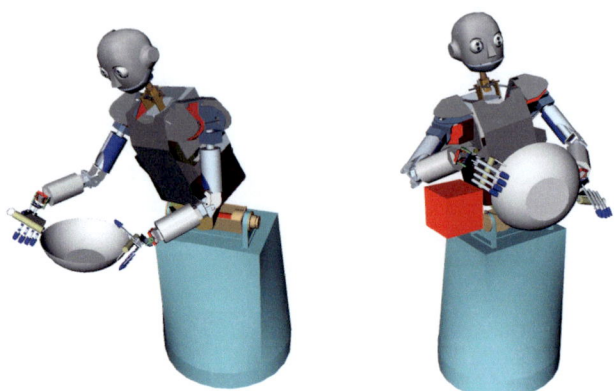

Abbildung 3.4: Exemplarische Ergebnisse der zweiarmigen IK-Suche für 17 Bewegungsfreiheitsgrade von Armar-III. Es wurden drei Hüft- und jeweils sieben Armgelenke berücksichtigt,

---

Algorithmus 8: RegraspIK($K_{free}, K_{left}, K_{right}, G_{left}, G_{right}$)

---

1 **while** *(!TimeOut())* **do**

2      $p_o \leftarrow SampleRandomObjectPose()$;

3      $(c, p'_o, g_{left}, g_{right}) \leftarrow$
       $SearchReachableGrasps(K_{free}, K_{left}, K_{right}, p_o, G_{left}, G_{right})$;

4   **if** *(c)* **then**

5   **return** $(c, p'_o, g_{left}, g_{right})$;

6 **end**

7 **return** NULL;

Der in Algorithmus 8 vorgestellte probabilistische Ansatz zur Suche einer zum Umgreifen geeigneten Objektlage ermittelt die kartesische Pose des Objektes, die anzuwendenden Griffe sowie die Lösung der inversen Kinematik für beide Hände. Hierzu werden zufällige Posen für eine potentielle Objektlage bestimmt und zu dieser Lage eine erreichbare Griffkombination gesucht (siehe Algorithmus 9). Dabei werden erreichbare Griffe für die linke und die rechte Hand gesucht. Anschließend wird über ein Gradientenabstiegsverfahren die kartesische Lage des Objekts optimiert, so dass die Erreichbarkeit lokal maximiert wird. Für die resultierende Objektlage p'_o wird anschließend versucht, eine Lösung der inversen Kinematik für beide Griffe zu ermitteln.

Algorithmus 9: SearchReachableGrasps($K_{free}, K_{left}, K_{right}, p_o, G_{left}, G_{right}$)

1 **while** (*!TimeOut()*) **do**
2      $g_{left} \leftarrow RandomGrasp(G_{left})$;
3      $g_{right} \leftarrow RandomGrasp(G_{right})$;
4   **if** ($Reachability(K_{left}, g_{left} \cdot p_o) > t_{EV}$ &
         $Reachability(K_{right}, g_{right} \cdot p_o) > t_{EV}$) **then**
5          $p'_o \leftarrow OptimizeGraspingPose(K_{left}, K_{right}, p_o, g_{left}, g_{right})$;
6          $c \leftarrow DualArmIk(K_{free}, K_{left}, K_{right}, g_{left} \cdot p'_o, g_{right} \cdot p'_o)$;
7   **if** (c) **then**
8   **return** $(c, p'_o, g_{left}, g_{right})$;
9   **end**
10 **end**
11 **return** *NULL*;

Algorithmus 10: OptimizeGraspingPose($K_{left}, K_{right}, p_o, g_{left}, g_{right}$)

1 $v_l \leftarrow GetReachabilityVoxel(g_{left} \cdot p_o)$;
2 $v_r \leftarrow GetReachabilityVoxel(g_{right} \cdot p_o)$;
3 $l_{max} \leftarrow RV(K_{left}, v_l)$;
4 $r_{max} \leftarrow RV(K_{right}, v_r)$;
5 **while** (*!Timeout()*) **do**
6      $d \leftarrow \underset{s \in \{-1,0,1\}^6}{argmax} \; E(s, (RV(K_{left}, v_l + s), RV(K_{right}, v_r + s)), (l_{max}, r_{max}))$;
7   **if** $(d == (0,0,0,0,0,0)^T)$ **then**
8   **return** p_o;
9      $p_o \leftarrow MovePose(p_o, d)$;
10     $v_l \leftarrow GetReachabilityVoxel(g_{left} \cdot p_o)$;
11     $v_r \leftarrow GetReachabilityVoxel(g_{right} \cdot p_o)$;
12     $l_{max} \leftarrow RV(K_{left}, v_l)$;
13     $r_{max} \leftarrow RV(K_{right}, v_r)$;
14 **end**
15 **return** p_o;

Die Optimierung der Objektlage wird in Algorithmus 10 durchgeführt. Es wird zu einer gegebenen Objektlage p_o sowie jeweils einem Griff für die linke und die rechte Hand (g_{left} und g_{right}) eine optimierte Lage p'_o gesucht. Hierzu werden die Methoden *GetReachabilityVoxel*(p) zur Ermittlung des zu p gehörenden Voxels und $RV(K, v)$ zur Bestimmung des Eintrages aus Voxel v benötigt. Die Suche nach einer optimierten Pose wird iterativ durchgeführt, solange eine Richtung $d \in \{-1,0,1\}^6 \neq (0,0,0,0,0,0)^T$ existiert, so dass die Voxeleinträge (und somit die Erreichbarkeitsindizes) für die linke Hand an der Position $v_l + d$ und für die rechte Hand an der Position $v_r + d$ größer sind als die Einträge der aktuellen Voxel v_l bzw. v_r. Dies wird in Gleichung (3.2) getestet: Der Erreichbarkeitsindex (l und r) muss für die linke und rechte Hand mindestens so groß sein wie der aktuelle Wert (l_{max} und r_{max}) und zusätzlich muss sich eine Verbesserung ergeben:

$$E : \{-1,0,1\}^6 \times \mathbb{R}^2 \times \mathbb{R}^2 \to \mathbb{R},$$

$$(s,(l,r),(l_{max},r_{max})) \mapsto \begin{cases} (l+r), & l \geq l_{max} \,\& \\ & r \geq r_{max} \,\& \\ & (l+r) > (l_{max}+r_{max}) \\ 0, & s == (0,0,0,0,0,0)^T \\ -1, & sonst \end{cases} \tag{3.2}$$

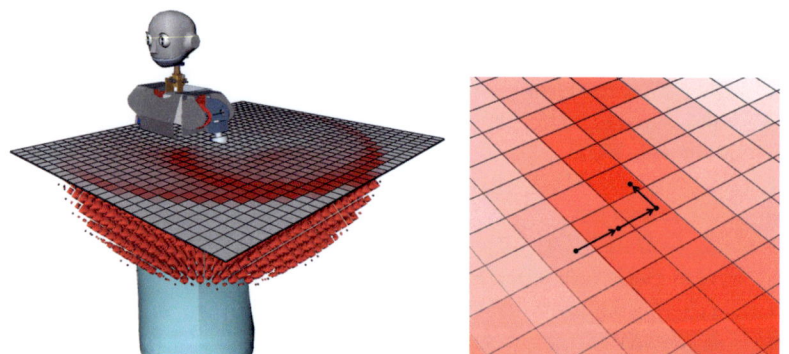

Abbildung 3.5: Eine Schnitt durch die Visualisierung der 6D-Erreichbarkeitsverteilung von ARMAR-III (links). In der 2D-Projektion ist die Farbintensität proportional zu der Wahrscheinlichkeit, dass eine Lage innerhalb des Voxels erreichbar ist (rechts).

In Abbildung 3.5 ist links ein Schnitt durch die 3D-Visualisierung der Erreichbarkeitsverteilung des Armes dargestellt. Dabei ist die Farbintensität proportional zu dem Erreichbarkeitsindex des Voxels. Im rechten Bild ist eine vereinfachte 2D-Visualisierung der Lageoptimierung zu sehen.

3.4 IK-Bestimmung unter Berücksichtigung der Roboterposition

Im Kontext der mobilen Manipulation werden IK-Algorithmen benötigt, welche die Position des Roboters berücksichtigen, da die Position des Roboters relativ zu dem Objekt, das manipuliert werden soll, wichtig ist für die erfolgreiche Ausführung von Greifaktionen [Stulp 09]. Bei den bisher vorgestellten Algorithmen zur Lösung des inversen kinematischen Problems wurde von einer festen Basisposition des Roboters ausgegangen. In den folgenden Abschnitten werden weiterführende Ansätze vorgestellt, mit denen es möglich ist, die Basisposition des Roboters in die IK-Berechnung mit einzubeziehen. Das Basissystem des Roboters beschreibt hierbei die Translation und die Rotation in der Ebene und spiegelt somit die Lage des Roboters in der Welt wieder[1]. Das Basissystem ist hierbei roboterspezifisch und ist im Fall von ARMAR-III in der Plattform definiert.

Die IK-Ansätze aus den vorigen Abschnitten können direkt zur Bestimmung von Basispositionen des Roboters eingesetzt werden, indem die Position (x, y, α) in K_{free} aufgenommen wird, um durch zufällige Abtastung gültige Konfigurationen zu ermitteln. Allerdings sind die Ausmaße der zwei Dimensionen des Konfigurationsraumes, welche die Position (x, y) beschreiben, i.A. sehr groß, so dass ein naives Abtasten zu langen Laufzeiten führen wird. Deshalb wird in diesem Abschnitt die Nutzung von Erreichbarkeitskarten vorgestellt, um die Abtastung von Basispositionen des Roboters zu unterstützen.

3.4.1 Erreichbarkeitskarten

In [Diankov 08b, Diankov 10] wird die Erreichbarkeitsverteilung eines Armes benutzt, um Äquivalenzklassen zu erzeugen, welche die rotierten Lagen eines Griffes in der Ebene repräsentieren. Aus diesen Äquivalenzklassen werden Erreichbarkeitskarten als diskrete Wahrscheinlichkeitsverteilungen in der Ebene erstellt. Diese 2D-Karte wird genutzt, um Roboterpositionen zu finden, so dass eine Zielposition mit dem TCP erreicht wird. Der hier vorgestellte Ansatz basiert auf der Idee, eine 2D Erreichbarkeitskarte zu nutzen, um potentielle Roboterpositionen zum Greifen zu finden. Anstatt der in [Diankov 08b] vorgeschlagenen Äquivalenzklassen zur Repräsentation der Orientierung wird in dem folgenden Ansatz die Erreichbarkeitskarte direkt aus einer Erreichbarkeitsverteilung erzeugt, welche

---

[1]Es wird von einer flachen 2D-Weltebene ausgegangen, auf der sich der Roboter bewegt, so dass sich die Roboterposition über die drei Werte (x, y, α) beschreiben lässt.

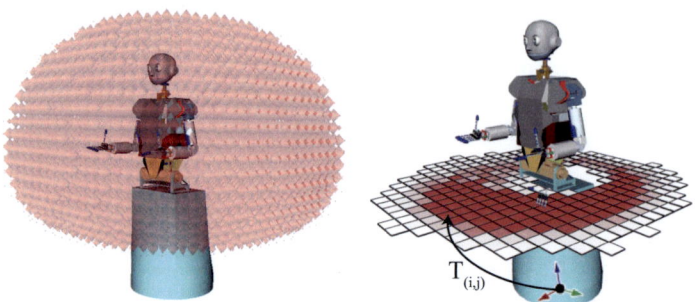

Abbildung 3.6: Eine 3D-Visualisierung der diskretisierten 6D Erreichbarkeitsverteilung für die linke Hand von ARMAR-III. Es wurden 11 DoF berücksichtigt: Drehung der Plattform (1 DoF), Hüfte (3 DoF), Arm (7 DoF) (links). Die Höhe und die Orientierung eines Griffes definieren eine zweidimensionale Untermenge der Erreichbarkeitsverteilung. Die Farbintensität ist proportional zum Erreichbarkeitsindex einer Greifpose in der Höhe und mit der Orientierung des angezeigten Griffs (rechts).

die Orientierung des Roboters umfasst. Somit ist der Zusammenhang zwischen Greifpose und Roboterorientierung bereits in der Erreichbarkeitsverteilung repräsentiert und es müssen keine Äquivalenzklassen erzeugt werde, wodurch auch eine weitere Diskretisierung vermieden wird.

Ein Beispiel für eine Erreichbarkeitsverteilung, welche die Orientierung des Roboters beinhaltet, ist in Abbildung 3.6 (links) zu sehen. Die kinematische Kette, welche zur Erstellung der Erreichbarkeitsverteilung benutzt wurde, umfasst die Orientierung der Plattform, drei Gelenke der Hüfte und sieben Armgelenke, so dass insgesamt 11 Gelenke von ARMAR-III zur Erstellung genutzt wurden.

Sei $g = (t_g, o_g)$ eine Greifpose, welche sich aus einem translatorischen Teil $t_g = (g_x, g_y, g_z)$ und einer Orientierung $o_g = (g_\alpha, g_\beta, g_\gamma)$ zusammensetzt. Eine zweidimensionale Verteilung in der 6D Erreichbarkeitsverteilung kann definiert werden, wenn g_z, g_α, g_β und g_γ konstant gewählt werden. Eine solche 2D-Erreichbarkeitsverteilung beschreibt die Erreichbarkeit von Griffen mit der Höhe g_z und der Orientierung o_g im Basissystem des Roboters. Eine exemplarische Visualisierung dieser Verteilung ist zusammen mit dem erzeugenden Griff in entsprechender Höhe und Orientierung in Abbildung 3.6 (rechts) dargestellt.

Zur Berechnung der Erreichbarkeitskarte werden zunächst für jeden Gitterpunkt der zuvor für g bestimmten 2D-Erreichbarkeitsverteilung die Transformationen

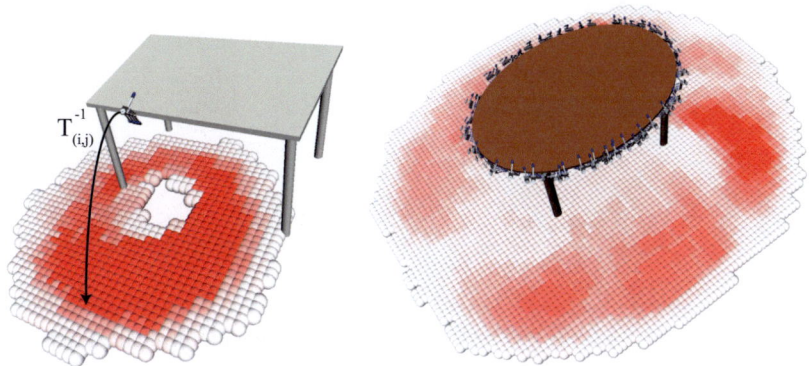

Abbildung 3.7: Die Erreichbarkeitskarte für den angezeigten Griff in der (x, y)-Ebene des Roboters (links). Die vereinigte Erreichbarkeitskarte über mehrere Griffe für den linken Endeffektor (rechts).

$T_{(i,j)}$ im Basissystem des Roboters bestimmt (siehe Abbildung 3.6 (rechts)). Ausgehend von der Position des Griffs g definieren nun die invertierten Transformationen $T_{(i,j)}^{-1}$ die 2D Erreichbarkeitskarte in der Ebene (siehe Abbildung 3.7 (links)).

Somit wird statt der Erreichbarkeit von Griffen im Basissystem des Roboters die Verteilung der Basispositionen in der (x, y)-Ebene beschrieben, welche die Wahrscheinlichkeit repräsentiert, dass ein spezifischer Griff g erreichbar ist. In Abbildung 3.7 (links) ist eine Erreichbarkeitskarte für die Basispositionen des Roboters zusammen mit dem erzeugenden Griff zu sehen. Die Erreichbarkeitskarten lassen sich online bestimmen, da durch die diskretisierten Datenstrukturen eine effiziente Bearbeitung möglich ist.

Wird eine Menge $\{g_1, \ldots, g_k\}$ von k Griffen betrachtet, kann die resultierende Erreichbarkeitskarte durch Vereinigung der k Erreichbarkeitskarten erstellt werden. In Abbildung 3.7 (rechts) ist die Vereinigung der Erreichbarkeitskarten für die angezeigten Griffe des linken Endeffektors zu sehen.

3.4.2 Erreichbarkeitskarten für zweiarmige Aufgaben

Werden Lösungen für zweiarmige Aufgaben gesucht, können Erreichbarkeitskarten für eine Kombination aus jeweils einem Griff für den linken und den rechten Endeffektor erstellt werden. Liegen jedoch eine Menge möglicher Griffe für den

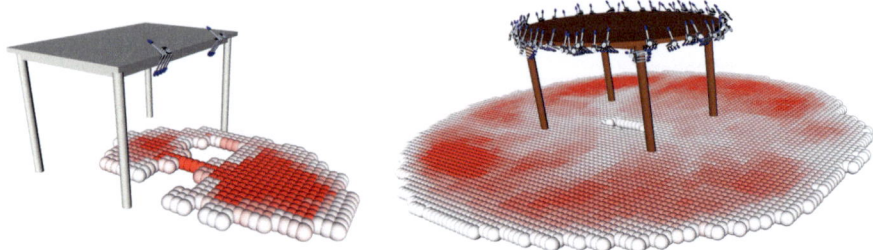

Abbildung 3.8: Die Erreichbarkeitskarte für zwei Griffe (links). Die Erreichbarkeitskarte für beide Endeffektoren und 60 Griffe (rechts).

linken G_l und den rechten G_r Endeffektor vor, müssen für alle $|G_l| \cdot |G_r|$ Kombi-
nationen die jeweiligen Erreichbarkeitskarten erstellt werden. Somit wären viele
Daten zu halten und eine Anfrage müsste an alle vereinigten Erreichbarkeitskarten gestellt werden, was zu einem ineffizienten Laufzeitverhalten führen würde.
Dies kann vermieden werden, indem eine gemeinsame Erreichbarkeitskarte EK_{bi}
aus den beiden Erreichbarkeitskarten EK_l und EK_r ermittelt wird. Die Erreichbarkeitskarten EK_l und EK_r beschreiben hierbei jeweils die Erreichbarkeit aller
Griffe aus G_l bzw. G_r. Die resultierende Erreichbarkeitskarte EK_{bi} kann effizient
(und somit online) ermittelt werden und liefert einen guten Hinweis auf potentielle
Roboterpositionen, von denen aus ein zweihändiger Griff erreichbar ist:

$$EK_{bi}(x,y) = \min(EK_l(x,y), EK_r(x,y)). \qquad (3.3)$$

In Gleichung (3.3) wird der Minimalwert gewählt, da die resultierenden Werte
eine Wahrscheinlichkeit repräsentieren sollen, die widerspiegelt, ob ein zweihändiger Griff erfolgreich angewendet werden kann. Zusätzlich zu den Erreichbar-
keitswerten, werden in den Zellen von EK_{bi} alle erreichbaren Griffe aus G_l und
G_r indiziert, um beim späteren Zugriff potentielle Griffe effizient ermitteln zu
können. Abbildung 3.8 (links) zeigt die Erreichbarkeitskarte für zwei Griffe und
in Abbildung 3.8 (rechts) ist EK_{bi} für mehrere Griffe zu sehen.

3.4.3 Lösen des inversen kinematischen Problems

Der Einsatz von Erreichbarkeitskarten ermöglicht die effiziente Bestimmung von
IK-Lösungen unter Berücksichtigung der Roboterposition. In Algorithmus 11
wird hierzu die Erreichbarkeitskarte aus den Griffen G erstellt, um geeignete Po-

sitionen des Roboters zu ermitteln. Aus dieser Erreichbarkeitskarte werden geeignete Basispositionen (x, y) des Roboters zusammen mit der jeweilen Untermenge $G' \subseteq G$ an erreichbaren Griffen stichprobenartig ermittelt (auch *gesampelt*). Auch für die freien Parameter werden wie in Algorithmus 6 Zufallswerte genutzt, um anschließend für die so entstandenen Teilkonfiguration des Roboters eine Lösung der inversen Kinematik für den Arm zu suchen. Kann diese für einen Griff $g \in G'$ gefunden werden und liegt keine (Selbst-)Kollision vor, ist mit c_{result} eine gültige Lösung für das IK-Problem gefunden.

Algorithmus 11: *IkArmRobotPose(K_{free}, K_{IK}, G, p_o)*

---

1   $EK_{arm} \leftarrow ReachabilityMap(G)$;
2   **while** *(!TimeOut())* **do**
3      $(x, y, G') \leftarrow SampleBasePosition(EK_{arm})$;
4      $c_{free} \leftarrow SampleFreeParameters(K_{free})$;
5      $SetRobotConfiguration(x, y, c_{free})$;
6   **forall the** $(g \in G')$ **do**
7          $c_{arm} \leftarrow AnalyticIK(K_{IK}, g \cdot p_o)$;
8          $c_{result} \leftarrow \{x, y, c_{free}, c_{arm}\}$;
9   **if** $(c_{arm} \& !Collision(c_{result}))$ **then**
10   **return** c_{result};
11   **end**
12 **end**
13 **return** *NULL*;

3.4.4 Inverse Kinematik für zweiarmige Aufgaben

Soll ein Objekt mit beiden Endeffektoren gegriffen und eine geeignete Roboterposition zum Greifen ermittelt werden, kann über eine vereinigte Erreichbarkeitskarte ein integrierter IK-Ansatz realisiert werden. Hierzu wird zunächst aus den definierten Griffen für den linken G_{left} und rechten G_{right} Endeffektor die vereinigte Erreichbarkeitskarte EK_{bi} bestimmt. Analog zu dem IK-Ansatz für einen Arm wird EK_{bi} genutzt, um geeignete Positionen des Roboters zufallsbasiert zu wählen und erfolgversprechende Teilkonfigurationen des Roboters zu ermitteln. Hierbei werden beide Arme berücksichtigt, sowie weitere Bewegungsfreiheitsgrade des Roboters, wie beispielsweise die Hüfte (siehe Algorithmus 12). Ein exemplarisches Ergebnis für ein- sowie zweiarmigen Aufgaben ist in Abbildung 3.9 zu sehen.

Algorithmus 12: $IkDualArmRobotPose(K_{free}, K_{left}, K_{right}, G_{left}, G_{right}, p_o)$

---

1 $EK_{bi} \leftarrow ReachabilityMap(G_{left}, G_{right})$;

2   **while** *(!TimeOut())* **do**

3 $(x, y, G'_{left}, G'_{right}) \leftarrow SampleBasePosition(EK_{bi})$;

4 $c_{free} \leftarrow SampleFreeParameters(K_{free})$;

5 $SetRobotConfiguration(x, y, c_{free})$;

6   **forall the** $(g_l \in G'_{left}$ and $g_r \in G'_{right})$ **do**

7 $c_{arm}^{left} \leftarrow AnalyticIK(K_{left}, g_l \cdot p_o)$;

8 $c_{arm}^{right} \leftarrow AnalyticIK(K_{right}, g_r \cdot p_o)$;

9 $c_{result} \leftarrow \{x, y, c_{free}, c_{arm}^{left}, c_{arm}^{right}\}$;

10   **if** $(c_{arm}^{left}$ & c_{arm}^{right} & $!Collision(c_{result}))$ **then**

11   **return** c_{result};

12   **end**

13 **end**

14 **return** *NULL*;

Abbildung 3.9: Exemplarische Ergebnisse des IK-Algorithmus für einen (13 DoF) und für zwei (20 DoF) Arme. Es wurden die Position des Roboters (3 DoF), die Hüfte (3 DoF) sowie die Armgelenke (je 7 DoF) berücksichtigt.

3.5 Evaluation: IK-Bestimmung für ARMAR-III

Zur Evaluation der vorgestellten IK-Algorithmen wird zunächst von einer festen Basisposition des Roboters ausgegangen, um die Effizienz der IK-Ansätze für ein- und zweiarmige IK-Probleme zu bewerten. Anschließend werden die IK-Ansätze evaluiert, bei denen zusätzlich zu den Hüft- bzw. Armgelenken auch die Basisposition des Roboters berücksichtigt wird.

3.5.1 IK-Bestimmung bei fester Basisposition des Roboters

Die Laufzeiten der IK-Algorithmen werden in Tabelle 3.1 jeweils für einen Endeffektor von ARMAR-III (10 DoF) und für zweiarmige (17 DoF) Problemstellungen evaluiert. Hierzu wird das Zielobjekt an eine zufällige Lage vor den Roboter positioniert und mit Hilfe der entwickelten Algorithmen eine Lösung gesucht, wobei für jeden Endeffektor 15 Greifpositionen vordefiniert sind (siehe Abschnitt 3.1.1). Die Ansätze werden jeweils ohne Umgebungshindernisse evaluiert (siehe Spalte *Ohne Hindernis*) sowie in einer Szene mit Hindernissen, welche den gültigen Arbeitsraum einschränken und somit die Anzahl an kollisionsfreien Lösungen limitiert (siehe Spalte *Mit Hindernis*). In beiden Fällen werden Selbstkollisionen durch die vorgestellten Algorithmen ausgeschlossen.

	Ohne Hindernis		Mit Hindernis	
	Laufzeit	IK Aufrufe	Laufzeit	IK Aufrufe
A: 10 DoF *GraspIK* ohne Erreichbarkeitsanalyse	1 404 ms	101,9	2 880 ms	217,3
B: 10 DoF *GraspIK* mit Erreichbarkeitsanalyse	60 ms	6,1	144 ms	13,6
C: 17 DoF *RegraspIK*	162 ms	3,2	220 ms	4,3
D: 17 DoF *RegraspIK*	47 ms	3,3	161 ms	6,5

Tabelle 3.1: Laufzeitanalyse der IK-Algorithmen für ARMAR-III.

Zur Ermittlung der Durchschnittswerte wurden für jeden Algorithmus mindestens 30 Testläufe durchgeführt. In Zeile (A) wird auf die Nutzung der diskretisierten Erreichbarkeitsverteilung verzichtet, und somit keine Analyse der Erreichbarkeit durchgeführt. In Zeile (B) sind die Laufzeiten bei Verwendung der Erreichbarkeitsverteilungen zu sehen. Es zeigt sich, dass die Analyse der Erreichbarkeit zu einer erheblichen Beschleunigung führt. Die Ergebnisse in Zeile (C) beschreiben die Laufzeit für das IK-Problem, bei dem ein Objekt bereits mit einer Hand gegriffen wurde und eine Übergabeposition gesucht wird. Hierbei wurde der *RegraspIK* Algorithmus aus Abschnitt 3.3.3 eingesetzt und die Anzahl möglicher Griffe für die rechte Hand von 15 auf 1 reduziert, da vorausgesetzt wird, dass das Objekt bereits mit diesem Griff in der Hand liegt. Stehen für beide Hände jeweils 15 Griffe zur Verfügung, profitiert der *RegraspIK* Algorithmus von der größeren Anzahl an möglichen zweihändigen Greifkombinationen (Zeile D). In Abbildung 3.3 und 3.4 sind exemplarische Ergebnisse der IK-Algorithmen zu sehen.

3.5.2   IK-Bestimmung   unter   Berücksichtigung   der Roboterposition

Durch Einsatz der IK-Algorithmen aus Abschnitt 3.4 kann das IK-Problem unter Einbeziehung der Roboterposition gelöst werden. Hierbei wird zusätzlich zu den Hüft- bzw. Armgelenken die Position und Orientierung des Roboters betrachtet, so dass die effiziente Bestimmung von Zielkonfigurationen für mobile Manipulatoren im Kontext von Greif- und Manipulationsaufgaben ermöglicht wird. Zur Evaluation der Algorithmen *IKArmRobotPose* (Algorithmus 11) und *IKDualArmRobotPose* (Algorithmus 12) wird der Tisch aus Abbildung 3.10 mit jeweils 22 vordefinierten Griffen für den linken und rechten Endeffektor als Zielobjekt genutzt. Die IK-Algorithmen sind so konfiguriert, dass die Position und Orientierung des Roboters (3 DoF) zusammen mit den Gelenkwerten für Hüfte (3 DoF) und Arme (jeweils 7 DoF) ermittelt werden, um den Tisch kollisionsfrei greifen zu können. Hierbei dürfen keine Selbstkollisionen oder Kollisionen zwischen Tisch und Roboter auftreten. Die Ergebnisse der Evaluation sind in Tabelle 3.2 zusammengefasst. Es wurden die Mittelwerte aus jeweils 100 Durchläufen bestimmt, wobei bei jedem Durchlauf eine gültige Lösung bestimmt werden konnte. Für die verschiedenen Aufgabenstellungen sind jeweils die durchschnittliche Laufzeit und die durchschnittliche Anzahl an kollisionsbehafteten Lösungen angegeben. Lösungen die zu Kollisionen mit der Umwelt oder zu Selbstkollisionen führen werden durch den IK-Algorithmus verworfen, so dass nur kollisionsfreie Ergebnisse berechnet werden. Die Anzahl an Stichproben, die benötigt wurde, bis eine Roboterposition gefunden wurde, die zu einer gültigen und kollisionsfreien IK-Lösung führt, ist in der rechten Spalte zu sehen. Der Unterschied zwischen rechtem und linkem Arm resultiert aus den unterschiedlichen Griffen, da die Positionen der Griffe in dieser Szene nicht symmetrisch definiert sind. Es zeigt sich, dass der Einsatz von Erreichbarkeitskarten zu effizienten Algorithmen führt, mit denen ein- und zweiarmige IK-Lösungen für bis zu 20 DoF in akzeptabler Zeit bestimmt werden können.

	Laufzeit	Wegen Kollision verworfen	Anzahl an erzeugten Roboterpositionen
Linker EEF: 13 DoF *IKArmRobotPose*	60,0 ms	54,3 %	3,6
Rechter EEF: 13 DoF *IKArmRobotPose*	65,8 ms	58,7 %	4,3
Beidhändig: 20 DoF *IKDualArmRobotPose*	388,0 ms	59,0 %	4,0

Tabelle 3.2: Laufzeitanalyse der IK-Algorithmen für ARMAR-III unter Einbeziehung der Roboterposition.

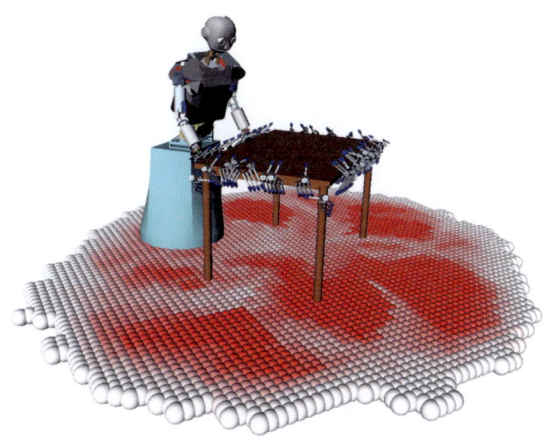

Abbildung 3.10: Evaluation des *IKDualArmRobotPose* Ansatzes. Ein Tisch mit jeweils 22 vordefinierten Griffen für den linken und rechten Endeffektor sowie die vereinigte Erreichbarkeitskarte sind dargestellt. Der Algorithmus findet kollisionsfreie IK-Lösungen für die Roboterposition (3 DoF), Hüfte (3 DoF) und beide Arme (je 7 DoF).

3.6   Bewertung der Ansätze

Die in diesem Kapitel vorgestellten Algorithmen zur Lösung des inversen Kinematischen Problems basieren auf randomisierten Ansätzen, wodurch komplexe Aufgaben effizient gelöst werden können. Es wurde gezeigt, dass für redundante kinematische Ketten, mit bis zu 20 DoF, Lösungen der IK effizient berechnet werden können, wobei Selbstkollisionen sowie Kollisionen mit der Umwelt berücksichtigt werden. Durch den Einsatz vorberechneter Erreichbarkeitsverteilungen und die Integration bestehender analytischer IK-Algorithmen können einarmige und zweiarmige Aufgaben effizient gelöst werden. Weiterhin wurden durch den Einsatz von Erreichbarkeitskarten Ansätze vorgestellt, um das IK-Problem unter Berücksichtigung der Roboterposition effizient zu lösen. Durch den randomisierten Ansatz eignen sich die Algorithmen sehr gut, um eine implizit gegebene Zielmenge im Konfigurationsraum abzutasten (siehe IK-RRT in Kapitel 4.2). Da das Lösen des IK-Problems von der kinematischen Struktur des Roboters abhängt, wurden die hier vorgestellten Algorithmen für den humanoiden Roboter ARMAR-III realisiert und evaluiert. Es ist allerdings leicht möglich, diese Ansätze für andere kinematische Strukturen umzusetzen. Sowohl die Erreichbarkeitsverteilungen als auch die Integration von analytischen IK-Methoden für einen Arm stellen generische Konzepte dar und lassen sich auch für andere Roboter implementieren. Somit wurden generelle Konzepte zur randomisierten Lösung des inversen kinematischen Problems für einarmige und zweiarmige Greifaufgaben, für das Umgreifen sowie zur Positionierung des Roboters entwickelt und anhand verschiedener Beispiele evaluiert.

Kapitel 4

IK-basierte Bewegungsplanung

Bei klassischen Algorithmen zur Bewegungsplanung, wie beispielsweise den PRM- oder RRT-Ansätzen, wird eine kollisionsfreie Bewegung von einer vorgegebenen Startkonfiguration $c_{start} \in \mathbf{C}$ zu einer Zielkonfiguration $c_{goal} \in \mathbf{C}$ gesucht. Im Kontext mobiler Manipulation werden Ziele jedoch meist nicht als Konfigurationswerte, sondern als kartesische Position, als Griffdefinition oder als Greiftabelle angegeben. Um aus diesen Zielwerten eine Vorgabe für die Bewegungsplanung zu erzeugen, können IK-Algorithmen zur Berechnung von c_{goal} eingesetzt werden. Hierbei muss aus der möglichen Zielmenge, welche implizit durch die im Arbeitsraum definierten Manipulationsziele gegeben ist, eine einzelne IK-Lösung bestimmt werden. Die Einschränkung auf eine explizite Zielkonfiguration kann dazu führen, dass ein nicht oder nur schwer erreichbares Ziel für die Bewegungsplanung vorgegeben wird. Falls für ein Objekt mehrere mögliche Griffe vorliegen, muss außerdem entscheiden werden, welcher Griff für die Zielermittlung eingesetzt werden soll. Auch diese Entscheidung führt zu einer Einschränkung der potentiell nutzbaren Lösungsmenge.

Ansätze, bei denen das Ziel der Bewegungsplanung im Arbeitsraum definiert werden kann sind in [Bertram 06], [Weghe 07] und [Wang 09] zu finden. Bei diesen RRT-basierten Algorithmen werden Erweiterungen des unidirektionalen Suchbaums im Konfigurationsraum beeinflusst, so dass mögliche Zielkonfigurationen erreicht werden. Dies geschieht in [Bertram 06] und [Wang 09] durch randomisierte Erweiterungsschritte und einer Zielfunktion. In [Weghe 07] hingegen werden den Bewegungen des Endeffektors im Arbeitsraum über die transponierte Jacobi-Matrix J^T erzeugt, um eine kartesische Position zu erreichen. Dieser Ansatz wird durch den hier vorgestellten J^+–RRT Algorithmus erweitert, so dass komplette 6D Posen vorgegeben werden können. Weiterhin wird die Pseudoinverse J^+ der

Jacobi-Matrix eingesetzt und es können mehrere Zieldefinitionen, beispielsweise aus einer Greiftabelle, verwendet werden.

Ein weiterer unidirektionaler RRT-ähnlicher Ansatz ist in [Drumwright 06] zu finden. Hier wird ein iterativer IK-Algorithmus genutzt, um die Lösungsmenge des IK-Problems während der Planung zu approximieren. Auch in [Berenson 09b] wird ein IK-Algorithmus eingesetzt, um während der Bewegungsplanung potentielle Ziele zu ermitteln, allerdings wird hier ein bidirektionaler RRT-Ansatz genutzt, was zu einer Leistungssteigerung führt. Berenson nutzt IK-Algorithmen, um für kontinuierliche Intervalle im Arbeitsraum Lösungskonfigurationen zu finden. Dies ermöglicht beispielsweise für rotationssymmetrische Objekte eine einfache Zieldefinition im Arbeitsraum, allerdings ist eine solche Intervall-Definition der Zielbereiche bei komplexen Objekten aufwendig. Deshalb nutzt der hier vorgestellte *IK–RRT* Greiftabellen zusammen mit probabilistischen IK-Algorithmen, um die drei Hauptaufgaben für das Greifen in einem integrierten Konzept zu lösen:

- Suche nach einem möglichen Griff

- Lösung des IK-Problems

- Planung einer kollisionsfreien Bewegung

Es wird gezeigt, dass das *IK–RRT* Konzept zur Bewegungsplanung vielfältig einsetzbar ist. Mit dem Ansatz können Bewegungen zum Greifen von Gegenständen, zur Objektübergabe von einer Hand in die andere oder kooperative Greifbewegungen für mehrere Roboter effizient erstellt werden.

4.1   Bewegungsplanung mit dem J^+–RRT Ansatz

Der entwickelte J^+–RRT Algorithmus ist eine Erweiterung des in [Weghe 07] vorgestellten RRT–J^T Ansatzes, mit dem kollisionsfreie Greif- und Annäherungsbewegungen ohne explizite Nutzung von IK-Methoden geplant werden können. Der J^+–RRT Planer erweitert dieses unidirektionale RRT-Konzept, indem anstatt 3D-Positionen komplette 6D-Posen als Ziel im Arbeitsraum genutzt werden können. Weiterhin werden mehrere aufgabenabhängige Ziele benutzt, um somit mehrere Möglichkeiten zum Greifen eines Zielobjekts bei der Bewegungsplanung zu berücksichtigen [Vahrenkamp 09b].

Beim J^+–RRT Algorithmus wird, ausgehend von einer Startkonfiguration c_{start}, ein Suchbaum mit kollisionsfrei erreichbaren Konfigurationen in $\mathbf{C}$ aufgebaut. Im Gegensatz zu einem klassischen unidirektionalem RRT-Ansatz, bei dem versucht wird eine vordefinierte Zielkonfiguration mit dem Suchbaum zu verbinden, werden beim J^+–RRT Ansatz, zusätzlich zu dem Suchbaum im Konfigurationsraum, Bewegungen des Endeffektors zu vorgegebenen Greifpositionen im Arbeitsraum erzeugt. Zur Generierung dieser Annäherungsbewegungen werden vielversprechenden Konfigurationen des Suchbaumes ausgewählt. Dies sind Konfigurationen des Suchbaumes bei denen sich die korrespondierende Endeffektorposition in der Nähe zu dem kartesisch definiertem Ziel befindet. Eine schematische Übersicht des J^+–RRT ist in Abbildung 4.1 zu sehen.

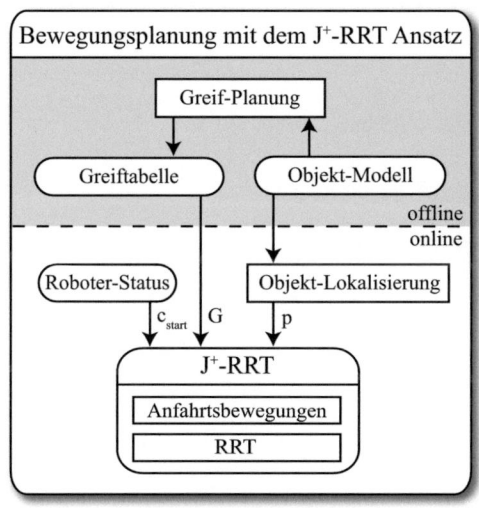

Abbildung 4.1: Der J^+–RRT zur Planung von Greifbewegungen.

Umsetzung

Die Algorithmen 13 und 14 zeigen den Ablauf des Ansatzes. Es werden eine Startkonfiguration c_{start}, die kartesische Lage des Zielobjektes p_{obj} sowie G, eine Menge von möglichen Griffen, benötigt.

Während in Algorithmus 13 der Suchbaum mit klassischen RRT-Methoden aufgebaut wird, wird mit der Wahrscheinlichkeit $r_{ExtendToGoal} \in [0, 1]$ über die Methode *ExtendToGoal* der Endeffektor in Richtung einer Zielpose bewegt. Dies wird in

---

Algorithmus 13: J^+–RRT (c_{start}, p_{obj}, G)

1 $AddConfig(RRT, c_{start})$;
2 **while** *(!TimeOut())* **do**
3     $Extend(RRT)$;
4   **if** *(rand() < $r_{ExtendToGoal}$)* **then**
5         $Solution \leftarrow ExtendToGoal(RRT, p_{obj}, G)$;
6   **if** *(Solution $\neq$ NULL)* **then**
7   **return** $PrunePath(Solution)$;
8   **end**
9 **end**
10 **return** $NULL$;

Algorithmus 14: $ExtendToGoal(RRT, p_{obj}, G)$

1 $g \leftarrow GetRandomGrasp(G)$;
2 $c \leftarrow GetNearestNeighbor(RRT, g, p_{obj})$;
3 **repeat**
4     $p \leftarrow ForwardKinematics(c)$;
5     $\Delta_p \leftarrow g \cdot p_{obj} - p$;
6     $\Delta_c \leftarrow J^+(c) \cdot LimitCartesianStepSize(\Delta_p)$;
7     $c' \leftarrow c + \Delta_c$;
8   **if** *(Collision(c') || !InJointLimits(c'))* **then**
9         $MarkNode(c, g)$;
10   **return** $NULL$;
11   **end**
12     $c \leftarrow AddConfig(RRT, c')$;
13     $MarkNode(c, g)$;
14 **until** *($|\Delta_p| < \varepsilon$)*;
15 **return** $BuildSolutionPath(c)$;

Algorithmus 14 realisiert, indem ein vielversprechender Eintrag des Suchbaums ausgewählt wird und, ausgehend von der korrespondierenden Roboterkonfiguration, der Endeffektor über die Pseudoinverse der Jacobi-Matrix iterativ in Richtung einer zufällig gewählten Griffdefinition $g \in G$ bewegt wird. Vielversprechende Einträge sind hierbei Konfigurationen des Suchbaumes deren korrespondierende Endeffektorposition in der Nähe zu dem ausgewähltem Griff g liegt (siehe Algorithmus 15). Wird das Ziel im Arbeitsraum (bis auf eine vorgegebene Abweichung

---

Algorithmus 15: GetNearestNeighbor(RRT,g,p_{obj})

1   $d \leftarrow MAXVALUE$;

2   $c_{result} \leftarrow NULL$;

3   **foreach** $(c \in RRT)$ **do**

4   **if** $(!NodeMarked(c,g))$ **then**

5         $p_{tcp} \leftarrow ForewardKinematics(c)$;

6         $dist \leftarrow Metric(p_{tcp}, g \cdot p_{obj})$;

7   **if** $(dist \leq d)$ **then**

8            $d \leftarrow dist$;

9            $c_{result} \leftarrow c$;

10   **end**

11   **end**

12 **end**

13 **return** c_{result};

ε) erreicht, treten keine Kollisionen auf und werden keine Gelenkwinkelgrenzen überschritten, konnte eine Lösung ermittelt werden und es kann eine kollisionsfreie Greifbewegung bestimmt werden.

In Algorithmus 15 wird eine geeignete Startkonfiguration zur Erzeugung der Annäherungsbewegung gesucht. Es wird zu einem Griff g der nächste Nachbar des RRT im Arbeitsraum gesucht. Hierbei kommt eine spezielle Funktion $Metric(p_{tcp}, g \cdot p_{obj})$ zur Bestimmung der Distanz zweier Posen zum Einsatz. Diese Metrik vereint die euklidische Metrik zur Bestimmung des Abstands der Positionen mit der Metrik zur Bestimmung des Abstandes von Rotationen (siehe Anhang A.3.2).

In Abbildung 4.2 ist eine Visualisierung eines mit dem J^+–RRT Algorithmus entstandenen Suchbaumes im Arbeitsraum zu sehen. Die rot markierten Bereiche des Suchbaums sind durch die Annäherungsbewegungen aus Algorithmus 14 entstanden. Der Planer hat einen 10-dimensionalen Konfigurationsraum genutzt, welcher durch die drei DoF der Hüfte und sieben DoF des Arms von ARMAR-III aufgespannt ist.

4.2   Bewegungsplanung mit dem *IK–RRT* Ansatz

Das in dieser Arbeit entwickelte *IK–RRT* Konzept ist an die Ansätze aus [Drumwright 06] und [Berenson 09b] angelehnt. Bei [Drumwright 06] und

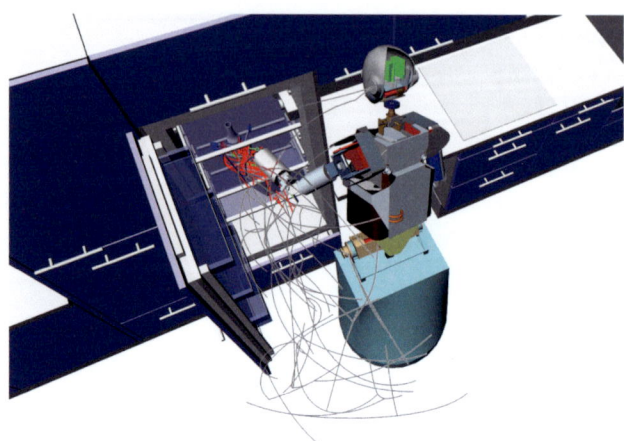

Abbildung 4.2: Planung einer kollisionsfreien Greifbewegung mit dem J^+–RRT Ansatz. Der Suchbaum ist im Arbeitsraum visualisiert.

[Berenson 09b] wird eine feste Zielregion im Arbeitsraum definiert und Lösungen der inversen Kinematik für diese Zielregion werden während der Planung der Bewegung ermittelt. Die Ermittlung von Zielkonfigurationen ist bei diesen Ansätzen auf eine statische Zielregion festgelegt, welche durch eine Position im Arbeitsraum und vordefinierte Abweichungen definiert wird. Der *IK–RRT* Ansatz erweitert dieses Konzept, so dass beliebige dynamische Zielregionen (beispielsweise eine Greiftabelle) eingesetzt werden können [Vahrenkamp 09b]. Dies ermöglicht den Einsatz des *IK–RRT* Konzepts für komplexere Planungsprobleme, wie beispielsweise das zweihändige Greifen oder die Planung von Umgreifbewegungen.

Der *IK–RRT* Ansatz kann genutzt werden, um eine kollisionsfreie Greiftrajektorie zu ermitteln, ohne im Voraus zu spezifizieren, welcher Griffpunkt ausgewählt werden soll und welche IK-Lösung benutzt werden soll. Somit wird nicht eine Konfiguration als Ziel der Planung angegeben, sondern es werden mögliche Zielkonfigurationen aus einer Zielregion $\mathbf{C}_{goal}$ während dem Planungsprozess ermittelt. $\mathbf{C}_{goal}$ muss hierbei nicht bekannt sein, es wird lediglich eine Funktion benötigt, mit der Konfigurationen der Zielregion ermittelt werden können. Hierzu werden randomisierte Algorithmen zur Lösung des IK-Problems eingesetzt (siehe Abschnitt 3). Durch den randomisierten Aufbau der Verfahren kann die Laufzeit für eine Suche nicht garantiert werden und falls keine Lösung existiert, kann dies nicht direkt ermittelt werden. Allerdings bieten solche Ansätze den Vorteil, dass

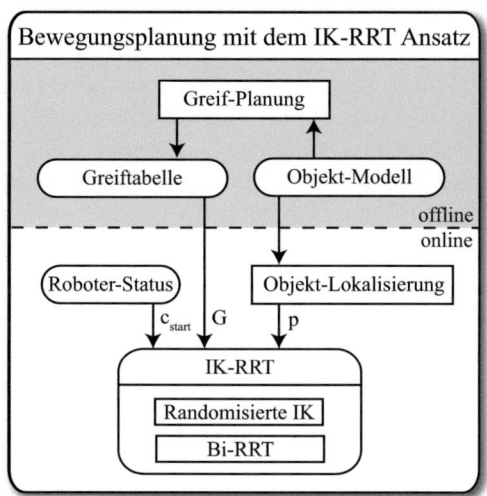

Abbildung 4.3: Der *IK–RRT* zur Planung von Greifbewegungen. Im Gegensatz zum J^+–*RRT* wird ein randomisierter IK-Algorithmus eingesetzt, wodurch ein bidirektionaler Aufbau des Suchbaums ermöglicht wird.

unterschiedliche Konfigurationen aus der Lösungsmenge ermittelt werden können, so dass eine Abtastung der Zielregion ermöglicht wird. Dies bietet gerade bei redundanten Systemen den Vorteil, dass keine explizite Repräsentation der Zielkonfigurationen gegeben sein muss. Weiterhin lässt sich eine Integration in randomisierte Bewegungsplanungsalgorithmen leicht realisieren. Sind die Algorithmen zur IK-Suche probabilistisch vollständig, kann ein probabilistisch vollständiger Algorithmus zur Bewegungsplanung entwickelt werden, welcher die IK-Suche mit der Suche nach einer kollisionsfreien Trajektorie vereint. Das Konzept des *IK–RRT* ist in Abbildung 4.3 zu sehen.

Umsetzung

Der *IK–RRT* Planer basiert auf einem bidirektionalen RRT-Ansatz (siehe z. B. [Kuffner 00]) und ist in Algorithmus 16 dargestellt. Übergeben werden die Startkonfiguration c_{start}, die kartesische Lage des Zielobjekts p_{obj} sowie eine Anzahl an möglichen Griffen G. Zu Beginn werden die zwei Suchbäume RRT_1 und RRT_2 initialisiert und die Suchschleife wird solange ausgeführt, bis entweder eine Lösung gefunden wird oder eine Zeitvorgabe überschritten wird. Über den Parameter r_{IK} kann die IK-Suche adaptiert werden, indem die Wahrscheinlichkeit angegeben

wird, dass in einem Schleifendurchlauf eine weitere IK-Lösung gesucht werden
soll. Sind noch keine IK-Lösungen vorhanden, wird die IK-Suche in jedem Fall
ausgeführt, da mindestens eine Zielkonfiguration benötigt wird, um zu einer Lösung zu gelangen. Wird in einem Schleifendurchlauf keine IK-Lösung gesucht,
wird der klassische RRT-Ansatz genutzt, um beide Suchbäume zu erweitern. Falls
sich hierbei eine Konfiguration mit beiden Suchbäumen kollisionsfrei verbinden
lässt, kann eine Lösung ermittelt werden. In diesem Fall wird die kollisionsfreie
Trajektorie zusammen mit der erreichten Griffdefinition g und der IK-Lösung c_{IK}
zurückgegeben.

Algorithmus 16: *IK–RRT* (c_{start}, p_{obj}, G)

1 $AddConfig(RRT_1, c_{start})$;
2 $c_{goal} \leftarrow CreateVirtualGoalConfig()$;
3 $AddConfig(RRT_2, c_{goal})$;
4 **while** *(!TimeOut())* **do**
5   **if** *(RRT_2 == \emptyset \ || \ rand() < r_{IK})* **then**
6          $g \leftarrow GetRandomGrasp(G)$;
7          $c_{IK} \leftarrow ComputeIK(g \cdot p_{obj})$;
8   **if** *(c_{IK} \ \&\& \ !Collision(c_{IK}))* **then**
9              $AddConfig(RRT_2, c_{IK})$;
10   **else**
11         $c_r \leftarrow SampleRandomConfiguration()$;
12   **if** *(Connect(RRT_1, c_r) \ \& \ Connect(RRT_2, c_r))* **then**
13             $\{Solution, g, c_{IK}\} \leftarrow BuildSolutionPath(RRT_1, RRT_2, c_r)$;
14   **return** $\{Solution, g, c_{IK}\}$;
15   **end**
16   **end**
17 **end**
18 **return** *NULL*;

Ein exemplarischer Planungsablauf ist in Abbildung 4.4 zu sehen. In dem zweidimensionalen Konfigurationsraum sind eine Hindernisregion C_{obst} sowie drei Ziel-
regionen $\mathbf{C}_1$, $\mathbf{C}_2$ und $\mathbf{C}_3$ eingezeichnet. Die Zielregionen resultieren aus den drei
Greifpositionen und müssen, wie die Hindernisregion, nicht bekannt sein, da mit
dem IK-Algorithmus potentielle Zielkonfigurationen aus diesen Regionen während der Planung ermittelt werden. Weiterhin ist die Startkonfiguration c_{start} in
rot und eine virtuelle Zielkonfiguration c_{goal} in grau markiert. Der Suchbaum
RRT_2 wird zu Beginn der Planung mit c_{goal} initialisiert und während der Pla-

nung ermittelte IK-Lösungen werden direkt mit c_{goal} verbunden. Somit kann eine Baumstruktur für den Lösungssuchbaum auch bei mehreren Zielregionen erhalten bleiben. Die Abbildung links unten zeigt die Baumstruktur, nachdem vier IK-Lösungen gefunden (blau markiert) und die Suchbäume erweitert wurden. Kann, wie in der Abbildung rechts unten, eine Verbindung der zwei Suchbäume ermittelt werden, lässt sich eine Lösungstrajektorie zusammen mit der IK-Lösung und der Griffauswahl bestimmen.

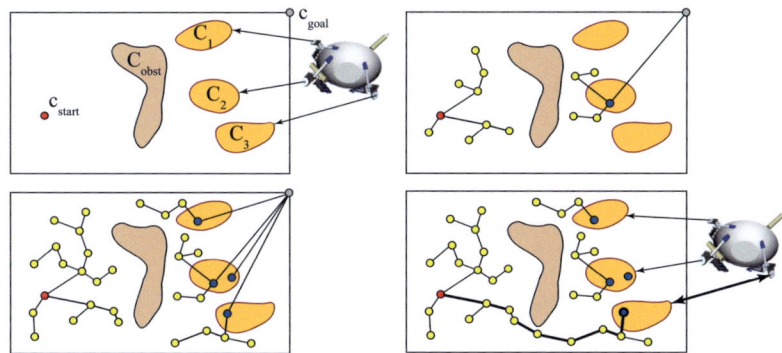

Abbildung 4.4: Ein zweidimensionaler Konfigurationsraum mit einer Hindernis-region C_{obst} sowie drei Zielregionen C_1, C_2 und C_3. Die Startkonfiguration ist rot markiert, die virtuelle Zielkonfiguration grau. Erst wenn IK-Lösungen gefunden wurden, wird der Lösungssuchbaum durch den bidirektionalen RRT-Algorithmus erweitert. Die Abbildung rechts unten zeigt einen gefundenen Lösungspfad, der eine kollisionsfreie Greiftrajektorie für den rechten Griff widerspiegelt.

4.3 Endeffektorwahl mit dem *Multi–EEF–RRT*

Für manche Aufgaben stehen beide Endeffektoren für die Ermittlung einer Greif-trajektorie zur Verfügung. Dies kann z. B. der Fall sein, wenn keine Beschrän-kungen durch weiterführende Aktionen vorliegen und beide Hände für den Greif-vorgang eingesetzt werden können. Eine Möglichkeit, derartige Situationen zu behandeln, besteht darin, die Auswahl des Endeffektors mit dem die Greifaktion ausgeführt werden soll vor dem Planungsschritt zu treffen. Für Systeme mit meh-reren Armen muss somit über eine Analyse der Situation derjenige Arm ermittelt

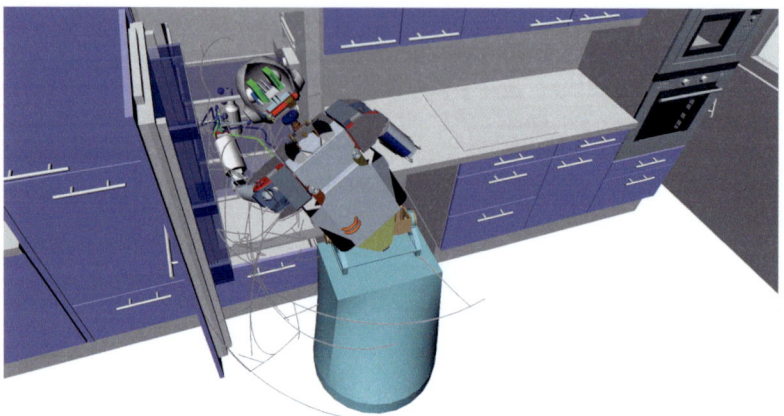

Abbildung 4.5: Planung einer kollisionsfreien Greifbewegung mit dem *IK–RRT* Ansatz. Der Suchbaum ist im Arbeitsraum visualisiert.

werden, für den eine kollisionsfreie Trajektorie existiert und der zum Greifen benutzt werden soll.

Im Folgenden wird ein Ansatz vorgestellt, mit dem es möglich ist, das Problem der Endeffektorwahl implizit durch die Bewegungsplanung zu lösen. Mit dem *Multi–EEF–RRT* Ansatz werden die folgenden vier Problemstellungen für das Greifen von Gegenständen auf einem Roboter mit mehreren Armen gelöst:

- Auswahl des Endeffektors zum Greifen

- Suche nach einem möglichen Griff

- Lösung des IK-Problems

- Planung einer kollisionsfreien Bewegung

Der *Multi–EEF–RRT* Planer ist eine Erweiterung des *IK–RRT* Ansatzes, bei dem mehrere Endeffektoren eines Robotersystems berücksichtigt werden [Vahrenkamp 09a]. Der Planer parallelisiert die Suche nach einem möglichen Griff, indem für jeden Endeffektor ein *IK–RRT* Planer instanziiert wird und nach dem *winner-takes-all* Prinzip die gleichzeitige Suche nach einer Greiftrajektorie realisiert wird. Liefert eine der Planungsinstanzen eine Lösung, werden die restlichen Planer gestoppt. Die resultierende Lösung des *Multi–EEF–RRT* Planers setzt

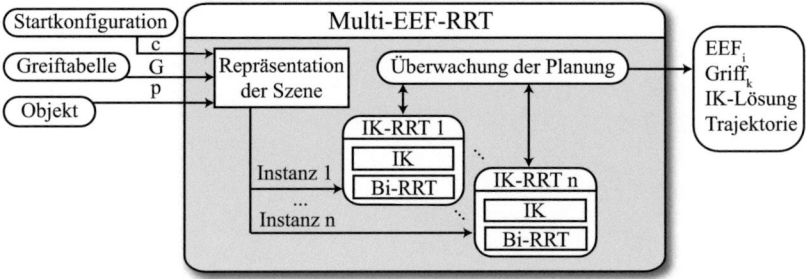

Abbildung 4.6: Der *Multi–EEF–RRT* Ansatz.

sich aus der Wahl des Endeffektors, des Griffs, der IK-Lösung sowie der Greiftrajektorie zusammen.

In Abbildung 4.6 ist eine schematische Übersicht des *Multi–EEF–RRT* für n Endeffektoren zu sehen. Die Initialisierung der Planungsinstanzen erfolgt mit einer internen Kopie der Umgebungsrepräsentation, um den Algorithmen zur Kollisionsermittlung exklusiven Zugriff auf die Daten zu gewähren. Die Überwachung der Planung ermöglicht den Zugriff und die Steuerung der einzelnen Planungsprozesse. Zwei Beispiele zur der Planung mit dem *Multi–EEF–RRT* Ansatz sind in Abbildung 4.7 zu sehen. Für das Zielobjekt sind für beide Endeffektoren jeweils drei Griffe definiert und ein Hindernis blockiert jeweils die linke bzw. die rechte Seite. Im linken Bild wurde eine Lösung für den linken Endeffektor gefunden, das rechte Bild zeigt die ermittelte Bewegung für den rechten Arm.

4.4 IK-basierte Bewegungsplanung für zweiarmige Manipulationsaufgaben

Stichprobenbasierte Algorithmen zur kollisionsfreien Bewegungsplanung können auch für zweiarmige Problemstellungen eingesetzt werden, indem der Konfigurationsraum erweitert wird, so dass die Gelenke beider Arme berücksichtigt werden. Dies resultiert allerdings in einem größeren Suchraum, so dass für einen effizienten Einsatz angepasste Algorithmen erforderlich sind. Der im Folgenden vorgestellte *Bimanual–IK–RRT* Algorithmus erweitert das Konzept des *IK–RRT* Ansatzes aus Abschnitt 4.2 und ermöglicht somit die Planung von zweihändigen

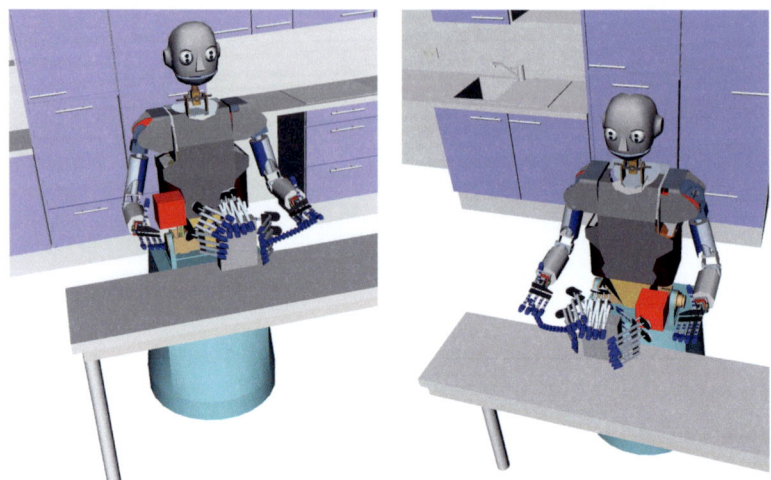

Abbildung 4.7: Zwei Beispiele, in denen der *Multi–EEF–RRT* Planer jeweils eine Greiftrajektorie für den linken bzw. rechten Arm erstellt. Für das Zielobjekt sind mehrere Greife dargestellt, wobei das rote Hindernis jeweils eine Seite blockiert.

Greifbewegungen. Weiterhin werden Ansätze vorgestellt, mit denen kollisionsfreie Umgreifbewegungen effizient geplant werden können.

4.4.1 Planung von zweiarmigen Greifbewegungen

Um kollisionsfreie zweihändige Greifbewegungen zu planen, kann der Bi-RRT Ansatz [Kuffner 00] im Konfigurationsraum beider Arme eingesetzt werden. Für zweiarmige Greifbewegungen muss hierbei zuerst eine Zielkonfiguration c_{IK} für den Planungsalgorithmus durch Lösen des inversen kinematischen Problems für zwei Arme ermittelt werden. Randomisierte IK-Algorithmen für zweiarmige Problemstellungen sind in Abschnitt 3 beschrieben. Durch die Festlegung auf eine IK-Lösung c_{IK} wird im Allgemeinen nur ein Teil der möglichen Lösungsmenge des Problems für die Planung der Bewegung genutzt. Weiterhin kann a-priori nicht garantiert werden, dass c_{IK} durch eine kollisionsfreie Trajektorie erreichbar ist. Aus diesen Gründen führt die Integration der IK-Suche in die Planungsalgorithmen auch bei zweiarmigen Problemstellungen zu einer effizienteren Planung [Vahrenkamp 09b].

Der *Bimanual–IK–RRT* Algorithmus ist eine Erweiterung des *IK–RRT* Konzepts aus Abschnitt 4.2, mit der eine kollisionsfreie Greiftrajektorie für beide Arme zu einer Griffkombination (g_l, g_r) mit $g_l \in G_l$ und $g_r \in G_r$ ermittelt werden kann. Hierbei werden lediglich die Mengen an anwendbaren Griffen G_l und G_r für beide Endeffektoren, sowie die Objektposition p_{obj} vorgegeben. Weiterhin wird ein Algorithmus zur Abtastung von IK-Lösungen für beide Arme benötigt.

Umsetzung

In Algorithmus 17 werden für eine Startkonfiguration des Roboters c_{start}, die kartesische 6D-Lage des Objektes p_{obj} und jeweils eine Menge an Griffen für die linke und die rechte Hand (G_{left} und G_{right}), eine Lösung des IK-Problems c_{IK} und eine kollisionsfreie Trajektorie zu dieser Konfiguration gesucht. Hierbei umfassen die Konfigurationen c_{start} und c_{IK} jeweils die Gelenke beider Arme des Roboters.

Algorithmus 17: *Bimanual–IK–RRT* $(c_{start}, p_{obj}, G_{left}, G_{right})$

---

1 $AddConfig(RRT_1, c_{start})$;
2 **while** *(!TimeOut())* **do**
3   **if** *(|RRT_2| = 0 || rand() < r_{IK})* **then**
4          $g_{left} \leftarrow GetRandomGrasp(G_{left})$;
5          $g_{right} \leftarrow GetRandomGrasp(G_{right})$;
6          $c_{IK} \leftarrow ComputeDualArmIK(g_{left} \cdot p_{obj}, g_{right} \cdot p_{obj})$;
7   **if** $(c_{IK}$ && !$Collision(c_{IK}))$ **then**
8              $AddConfig(RRT_2, c_{IK})$;
9   **else**
10         $c_r \leftarrow GetRandomConfiguration()$;
11   **if** $(Connect(RRT_1, c_r)$ & $Connect(RRT_2, c_r))$ **then**
12         $\{Solution, g_{left}, g_{right}, c_{IK}\} \leftarrow$
           $BuildSolutionPath(RRT_1, RRT_2, c_r)$;
13   **return** $\{Solution, g_{left}, g_{right}, c_{IK}\}$;
14   **end**
15   **end**
16 **end**

Die Suche nach einer Lösung des IK-Problems für einen zweihändigen Griff kann mit den probabilistischen Ansätzen aus Abschnitt 3.3.2 realisiert werden. Somit wird durch den *Bimanual–IK–RRT* Algorithmus eine erlaubte und erreichbare zweihändige Griffkombination zusammen mit der IK-Lösung für beide Arme und einer kollisionsfreien Trajektorie ermittelt.

4.4.2 Planung von Umgreifbewegungen

Um mit einem humanoiden Roboter Objekte von einer Hand in die andere zu übergeben, müssen kollisionsfreie Bewegungen zur Übergabe geplant werden. Hierbei ist das Objekt mit einer Hand gegriffen und es stehen im Allgemeinen mehrere Greifmöglichkeiten für die andere Hand zur Verfügung. Die Position der Übergabe ist hierbei entscheidend für den Erfolg der Planung. Zum einen muss das Objekt an der Übergabeposition mit der Zielhand gegriffen werden können. Zum anderen müssen kollisionsfreie Trajektorien existieren, um beide Arme an die Übergabeposition zu bewegen. Da die Position der Übergabe meist nicht von Bedeutung ist, kann die Suche nach einer geeigneten Konfiguration zur Übergabe in den Planungsprozess integriert und somit die Lösungsmenge deutlich vergrößert werden.

Zur Planung von Umgreifbewegungen werden im Folgenden zwei Ansätze vorgestellt, welche an den J^+–*RRT* bzw. den *IK–RRT* Algorithmus angelehnt sind. Die Algorithmen *Regrasp–J^+–RRT* und *Regrasp–J^+–RRT* vereinen die Suche nach einem geeigneten Griff zur Übergabe, die Übergabekonfiguration (somit auch die Lage des Objektes bei der Übergabe) und die Suche nach zwei kollisionsfreien Trajektorien für den linken und den rechten Arm. Der *Regrasp–J^+–RRT* Planer kann ohne expliziten IK-Algorithmus eingesetzt werden und beschreibt somit ein generelles Konzept zur Planung von Umgreifbewegungen. Eine effizientere Lösung des Planungsproblems kann mit dem *Regrasp–IK–RRT* Ansatz realisiert werden, allerdings wird ein effizienter Algorithmus zur Lösung des zweiarmigen IK-Problems benötigt [Vahrenkamp 09b].

Regrasp–J^+–RRT für Umgreifbewegungen

Der J^+–*RRT* Ansatz aus Abschnitt 4.1 nutzt die Pseudoinverse der Jacobi-Matrix, um den Endeffektor zu einer Greifposition im Arbeitsraum zu bewegen. Dieses Konzept wird für den *Regrasp–J^+–RRT* Planer erweitert, so dass Umgreifbewegungen geplant werden können. Da das Objekt bereits mit einer Hand gegriffen wurde und der entsprechende Arm bewegt werden kann, existieren keine festen Greifpositionen im Arbeitsraum, sondern die potentiellen Greifpositionen sind abhängig von der Lage des Objektes.

Der *Regrasp–J^+–RRT* Algorithmus basiert auf einem unidirektionalem RRT-Ansatz, bei dem ein Baum aus kollisionsfreien und erreichbaren Konfigurationen aufgebaut wird. Zusätzlich wird versucht, ausgehend von einer geeigneten Konfiguration des Suchbaums, eine kollisionsfreie Umgreifbewegung zu erzeugen. Die Suche nach einer Umgreifbewegung wird realisiert, indem abwechselnd der linke und der rechte Arm in Richtung der gerade gültigen Umgreifposition bewegt wird. Da das Zielobjekt mit einer Hand gegriffen ist, bewegt es sich während dieser Annäherungsbewegung und somit muss die Zielkonfiguration, welche das Umgreifen ermöglicht, bei jedem Annäherungsschritt bestimmt werden. Für die Zielvorgabe für die Armbewegungen sind zwei Fälle zu unterscheiden:

- Soll die haltende Hand bewegt werden, so wird das kartesische Ziel der Objektlage aus der aktuellen Lage des Endeffektors des anderen Arms und der Anwendung der Transformation, die der ausgewählte Griff g beschreibt, ermittelt. Das kartesische Ziel definiert somit die Lage des Objektes, zum Zeitpunkt der Objektübergabe.

- Der zweite Fall liegt vor, wenn die nicht haltende in Richtung der Umgreifposition bewegt werden soll. Hierbei wird die kartesische Lage des Ziels aus der aktuellen Lage des Objektes und dem Griff g ermittelt.

Die beschriebenen Bewegungen werden abwechselnd in kleinen Schritten ausgeführt, um eine Aufteilung der Annäherungsbewegung auf beide Arme zu gewährleisten.

Umsetzung des *Regrasp–J^+–RRT*

In Algorithmus 18 werden RRT-basierte Erweiterungen des Suchbaumes durchgeführt und mit Wahrscheinlichkeit r_{Re} wird versucht eine Umgreifbewegung zu ermitteln.

Algorithmus 18: *Regrasp–J^+–RRT (c_{start},G)*

---

1    $AddConfig(RRT, c_{start})$;
2   **while** *(!TimeOut())* **do**
3   Extend(*RRT*);
4   **if** *(rand() < r_{Re})* **then**
5   Solution $\leftarrow$ *ExtendToReGraspPose(RRT, G)*;
6   **if** *(Solution $\neq$ NULL)* **then**
7   **return** *PrunePath(Solution)*;
8   **end**
9 **end**
10 **return** *NULL*;

Die Umgreifbewegung wird in Algorithmus 19 gesucht, indem zunächst in Zeile 2 für einen zufällig ausgewählten Griff $g \in G$ eine geeignete Startkonfiguration gesucht wird. Dies ist diejenige Konfiguration $c_{NN} = \{c_{left}, c_{right}\}$ des RRT, bei der die kartesische Relation der Endeffektoren der Relation bei Anwendung des resultierenden zweihändigen Griffs (bestehend aus g und dem Griff, mit dem das Objekt bereits gegriffen ist) am nächsten kommt. Hierzu wird die Position des linken und rechten Endeffektors an der Konfiguration c_{NN} durch Vorwärtskinematik bestimmt und der Abstand zu der gewünschte Relation ermittelt. Ausgehend von dieser Konfiguration $\{c_{left}, c_{right}\}$ werden beide Arme alternierend in Richtung einer möglichen Umgreifpose bewegt. Die Bewegung der Arme in Richtung einer möglichen Umgreifpose wird abgebrochen, falls eine Kollision auftritt, Gelenkwinkelgrenzen überschritten werden oder ein Zeitlimit nicht eingehalten werden kann. In diesen Fällen wird die ausgewählte Konfiguration des Suchbaums markiert, so dass sie nicht für weitere Suchen mit dem ausgewählten Griff g verwendet wird. Wird durch die Bewegungen eine Pose erreicht, welche ein sicheres Umgreifen ermöglicht, so kann eine gültige Lösung ermittelt werden.

Algorithmus 19: $ExtendToReGraspPose(RRT, G)$

1   $g \leftarrow GetRandomGrasp(G)$;

2   $\{c_{left}, c_{right}\} \leftarrow GetNodeMinDistanceTCPs(RRT, g)$;

3   **while** $(!Timeout())$ **do**

4      $c_{left} \leftarrow MoveLeftArm(c_{left}, g)$;

5      $c_{right} \leftarrow MoveRightArm(c_{right}, g)$;

6   **if** $(!c_{left} \,||\, !c_{right})$ **then**

7   **return** $NULL$;

8      $AddConfig(RRT, \{c_{left}, c_{right}\})$;

9   **if** $(HandOverPoseReached(c_{left}, c_{right}, g))$ **then**

10   **return** $BuildSolutionPath(c_{left}, c_{right})$;

11 **end**

In Algorithmus 20 wird die Bewegung des linken Armes zur Umgreifpose umgesetzt. Aus der aktuellen Konfiguration c und dem ausgewählten Griff g wird in Zeile 2 die aktuell gültige Zielpose p'_{left} für den linken Arm bestimmt. Über Methoden der differentiellen Kinematik wird anschließend eine Konfiguration des Arms erzeugt, mit der der Endeffektor in die gewünschte Richtung bewegt wird. Die Bewegung des rechten Armes findet analog zu Algorithmus 20 statt.

Regrasp–IK–RRT für Umgreifbewegungen

In Abschnitt 4.2 wurde bereits auf die Effizienzvorteile der Integration eines expliziten IK-Algorithmus eingegangen. Diese Vorteile ergeben sich aus der Möglichkeit, bidirektionale Suchbäume für die Planung einzusetzen, wodurch der Einsatz

---

Algorithmus 20: MoveLeftArm(c, g)

1   $p_{left} \leftarrow ForwardKinematics(c)$;
2   $p'_{left} \leftarrow TargetPoseLeft(c, g)$;
3   $\Delta_p \leftarrow p'_{left} - p_{left}$;
4   $\Delta_c \leftarrow J^+(c) \cdot LimitCartesianStepSize(\Delta_p)$;
5   $c \leftarrow c + \Delta_c$;
6   **if** $(Collision(c) \ || \ !InJointLimits(c))$ **then**
7   **return** $NULL$;
8   **return** c;

---

auch in komplexeren Szenen in akzeptabler Zeit möglich wird. Somit kann ein Algorithmus zum Lösen des inversen kinematischen Problems auch für die Planung von Umgreifbewegungen eingesetzt werden. Zur Umsetzung kann der *IK–RRT* Ansatz (Algorithmus 16) zusammen mit einem *RegraspIK*-Ansatz zur Suche von Umgreifkonfigurationen aus Abschnitt 3.3.3 (Algorithmus 8) verwendet werden. Ein exemplarisches Ergebnis dieses sowie des *Regrasp–J⁺–RRT* Ansatzes, ist in Abbildung 4.8 zu sehen.

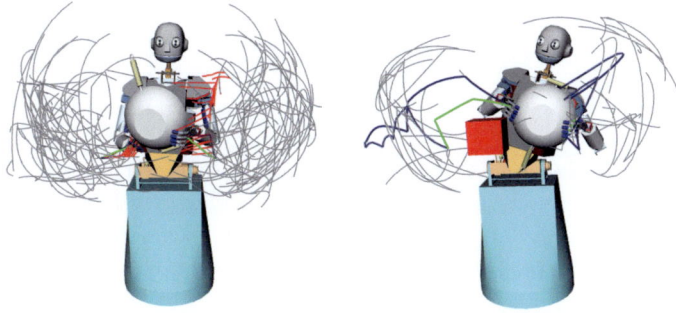

Abbildung 4.8: Ein kollisionsfreie Trajektorie zur Objektübergabe wird mit dem *Regrasp–J⁺–RRT* (links) bzw. mit dem *Regrasp–IK–RRT* (rechts) gefunden. In der rechten Szene ist zusätzlich ein Hinderniss in rot gegeben.

4.5 Planung kooperativer Greifaufgaben für mehrere Roboter

In diesem Abschnitt wird ein Ansatz zur Planung kollisionsfreier Greifbewegungen für mehrere Roboter vorgestellt. Die hierzu ermittelten Trajektorien umfassen somit die Bewegungen eines Mehr-Roboter-Systems, mit denen ein Gegenstand stabil gegriffen werden kann, um im Anschluss beispielsweise einen Transport des Objektes durchzuführen. Ähnlich zu dem *IK–RRT* Ansatz (siehe Abschnitt 4.2) werden hierbei keine vorbestimmten IK-Lösungen benutzt, sondern der Ansatz ermittelt diese während der Planung der Bewegung aus einem Satz an objektspezifischen Greifpunkten. Der *Multi-Robot-RRT* basiert auf einem parallelisierten Planungskonzept, bei dem in einem ersten Schritt Greiftrajektorien separat für jeden Roboter geplant werden (siehe Abbildung 4.9). Weiterhin wird in einem Validierungsschritt sicher gestellt, dass diese Trajektorien zumindest hintereinander ausführbar sind und keine gegenseitigen Blockaden entstehen. In einem nachgeschalteten Planungsschritt wird über eine stichprobenbasierte Suche im sogenannten Phasenraum der Lösungstrajektorien eine Geschwindigkeitsverteilung der Trajektorien ermittelt, welche eine kollisionsfreie simultane Ausführung der Lösungstrajektorie ermöglicht (siehe [Vahrenkamp 10d]).

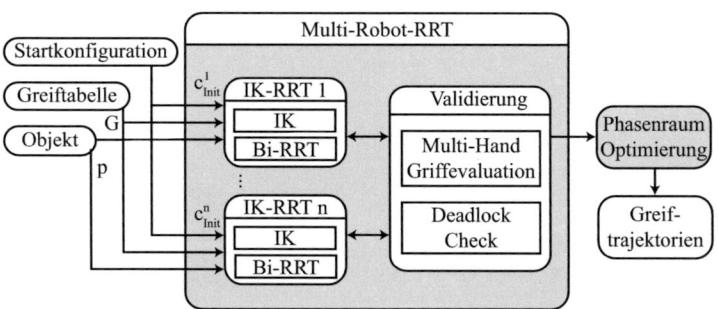

Abbildung 4.9: Der *Multi-Robot-RRT* Ansatz.

4.5.1 Greifen mit mehreren Robotern: Der *Multi-Robot-RRT*

Um für n Roboter kollisionsfreie Greiftrajektorien zu planen, werden mit dem *Multi-Robot-RRT* Ansatz n Instanzen des *Bimanual–IK–RRT* Algorithmus verwaltet. Diese Instanzen sind so konfiguriert, dass der *IkDualArmRobotPose* Algorithmus aus Abschnitt 3.4.4 genutzt wird, um IK-Lösungen zu suchen, welche zweiarmige Greifkonfigurationen zusammen mit der Position des Roboters ermitteln. Weiterhin werden über die *Bimanual–IK–RRT* Instanzen solange Lösungen für die einzelnen Roboter ermittelt, bis eine global gültige Lösung gefunden wird. Eine Lösung des *Bimanual–IK–RRT* besteht dabei für einen Roboter i aus einem zweihändigen Griff (g_i^l, g_i^r), einer IK-Lösung c_i^{IK}, und einer kollisionsfreien Bewegung t_i. Zu beachten ist, dass bei dieser Bewegung keine anderen Roboter als Hindernisse betrachtet werden. Potentielle gegenseitige Kollisionen der Roboter werden, zusammen mit der Bewertung des resultierenden mehrhändigen Griffs, im Validierungsschritt behandelt. Hier werden die aktuell vorliegenden Einzelergebnisse der *Bimanual–IK–RRT* Instanzen verarbeitet, indem für alle Kombinationen folgende Berechnungen durchgeführt werden:

- Der resultierende mehrhändige Griff wird aus den $2n$ Griffen (g_i^l, g_i^r) erzeugt und die Kontaktinformationen werden aus den $2n$ Endeffektoren der Roboter fusioniert. Die Griffqualität wird anschließend über eine Online-Griffbewertung durch Berechnung des *Grasp-Wrench-Space* ermittelt (siehe Abschnitt 5.1). Es muss zumindest ein stabiler Griff vorliegen. Weitere Anforderungen an die Greifqualität können auch vorgegeben werden. Exemplarische Resultate eines bewerteten Griffs zweier Roboter sind in Abbildung 4.10 zu sehen.

- Die resultierenden Einzelbewegungen dürfen zu keinen Konflikten bei der gemeinsamen Ausführung führen. D. h. es muss eine Ausführungskonfiguration existieren, die zu keinen Kollisionen zwischen den Robotern führt. Dies ist gegeben, wenn folgende Bedingung erfüllt ist:

  Die Einzelbewegungen $t_k, k \in \{1, \dots, n\}$ von n Robotern sind simultan ausführbar, wenn für jeden Roboter die Start- (c_{start}^k) sowie die Zielkonfiguration (c_{goal}^k) mit keiner Konfiguration der Lösungstrajektorie t_j eines anderen Roboters $j, j \neq k$ kollidiert und somit folgende Aussage gültig ist:

  $$\forall k : \forall j \neq k : \forall c_j \in t_j : !Collision(c_{start}^k, c_j) \wedge !Collision(c_{goal}^k, c_j)$$

  Ist diese Bedingung erfüllt, so ist eine spätere Ausführung in jedem Fall möglich, da zumindest eine Ausführung der einzelnen Roboterbewegungen hintereinander zu keinen Konflikten führt. Dies ist garantiert, da bei dieser Art der Ausführung jeweils nur ein Roboter k bewegt wird und die anderen Roboter in der Start- oder Zielkonfiguration fixiert sind. Da die Start- und

Zielkonfigurationen zu keinen Kollisionen führen, ist die Ausführung der
Bewegung vom k-ten Roboter kollisionsfrei möglich.

Da die resultierenden Trajektorien nur in statischer Umgebung, ohne Berücksichtigung der Bewegungen der anderen Roboter, kollisionsfrei sind, müssen zur simultanen Ausführung potentielle gegenseitige Kollisionen der Roboter ermittelt
werden. Eine einfache Strategie besteht darin, dass die Trajektorien hintereinander ausgeführt werden, da der Validierungsschritt des *Multi-Robot-RRT* Planers
diese Art der Ausführung ermöglicht. Einen weitergehender Ansatz zur Planung
der simultanen Ausführung von Multi-Roboter-Trajektorien wird in dieser Arbeit mit der stichprobenbasierten Suche im Phasenraum vorgestellt (siehe Abschnitt 4.5.3).

4.5.2 Realisierung des *Multi-Robot-RRT*

In Algorithmus 21 werden n Instanzen des *Bimanual–IK–RRT* Ansatzes erzeugt.
Anschließend werden für alle Kombinationen der aktuell vorliegenden Ergebnisse
der *Bimanual–IK–RRT* Planer die zwei Validierungsschritte durchgeführt (Zeile
7 und 8). Konnte die Validierung für eine Kombination erfolgreich durchgeführt
werden, kann eine Gesamtlösung bestimmt werden.

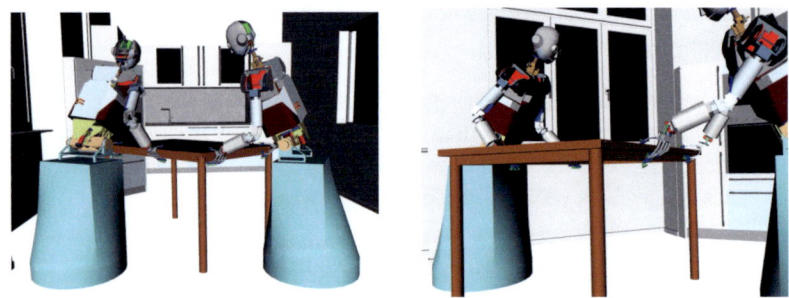

Abbildung 4.10: Der Tisch wird von zwei Robotern gegriffen und die Qualität
der resultierenden Griffkonstelation wird über den *Grasp-Wrench-Space*-Ansatz
bewertet.

4.5.3 Planung im Phasenraum

Eine entkoppelte Methode, um Robotertrajektorien simultan auszuführen, wird in
[Erdmann 87] vorgestellt. Es wird eine Priorisierung für jede Trajektorie vorge-

---

Algorithmus 21: Multi-Robot-RRT($c_1, \ldots, c_k, p_{obj}, G_l, G_r$)

1 **for** $l = 1$ **to** k **do**
2    $RRT_l \leftarrow StartThread(\text{Bimanual–IK–RRT}(c_l, p_{obj}, G_l, G_r))$;
3 **end**
4 **while** $(!TimeOut())$ **do**
5   **if** *(NewSolution($RRT_1, \ldots, RRT_k$))* **then**
6   **foreach** $(s_1 \in Solutions(RRT_1), \ldots, s_k \in Solutions(RRT_k))$ **do**
7   **if** $(!Deadlock(s_1, \ldots, s_k) \,\&$
8          $GraspScore(s_1, \ldots, s_k) > minScore)$ **then**
9             $StopAllPlanners()$;
10   **return** $PrunePaths(s_1, \ldots, s_k)$;
11   **end**
12   **end**
13   **end**
14 **end**
15 $StopAllPlanners()$;
16 **return** $NULL$;

---

nommen, um deren Ausführungen nacheinander zu planen. In [Peng 05] werden Verfahren der linearen Optimierung benutzt, um simultane Bewegungen zu ermöglichen. Der Ansatz aus [Yamamoto 02] plant die kollisionsfreie Bewegung mehrere mobiler Manipulatoren unter Berücksichtigung einer gegebenen Aufgabe. In [Aronov 98] wird ein Koordinationsdiagramm zur parametrischen Darstellung von mehreren Robotertrajektorien verwendet, um eine gültige Ausführung zu ermitteln. Durch Zerlegung des Koordinationsdiagramms in Scheiben wird eine simultane Ausführungskonfiguration der Trajektorien bestimmt. Der im Folgenden eingeführte Phasenraum $\mathbb{P}^m = [0,1]^m$ zur Beschreibung von mehreren Roboterbewegungen basiert auf dieser von Aronov vorgeschlagenen Betrachtungsweise.

Der Phasenraum $\mathbb{P}^n$

Es sei für einen Roboter eine kollisionsfreie Lösungstrajektorie t gegeben, welche sich aus m Tupeln $(c, \varphi) \in (\mathbf{C} \times [0,1])$ zusammensetzt. Diese Tupel bestehen jeweils aus einem Stützpunkt $c_i \in \mathbf{C}$ und der Phase $\varphi_i \in [0,1]$ welche die relative zeitliche Konfiguration der Trajektorie beschreibt. Die Bezeichnung Phase leitet sich aus dem in der Physik genutzten Phasenraum ab, welcher durch zeitlich veränderliche Variablen eines dynamischen Systems aufgespannt wird. Damit t eine gültige Ausführungskonfiguration beschreibt, muss eine chronologische Ordnung der Konfigurationen bezüglich des Ausführungszeitpunktes sichergestellt werden:

$$\forall \left(c_j, \varphi_j\right), \left(c_k, \varphi_k\right) \in t : j < k \leftrightarrow \varphi_j < \varphi_k.$$

Zu beachten ist, dass φ in einem kontinuierlichen Intervall definiert, aber nur durch eine endliche Anzahl von Stützstellen in t explizit gegeben ist. Deshalb muss φ gegebenenfalls auf eine Zwischenkonfiguration abgebildet werden. Dafür wird eine (z. B. lineare) Interpolationsfunktion I_t benötigt:

$$I_t : \begin{cases} [0,1] & \rightarrow & \mathbf{C} \\ \varphi & \mapsto & c = c_j + \frac{c_{j+1} - c_j}{\varphi_{j+1} - \varphi_j}\left(\varphi - \varphi_j\right) \\ & \text{mit} & \left(c_j, \varphi_j\right), \left(c_{j+1}, \varphi_{j+1}\right) \in t \\ & \text{und} & \varphi_j \leq \varphi < \varphi_{j+1} \end{cases}$$
$$I_t(1) := c_m.$$

Seien die Trajektorien $t_1, \ldots, t_n$ für n Roboter gegeben, so ist das Ziel eine Konfiguration zur simultanen Ausführung zu finden, so dass keine Kollisionen auftreten. Da jede Konfiguration c_i in jeder Trajektorie über einen Phasenwert φ_i adressiert werden kann, beschreibt der Vektor $\varphi \in \mathbb{P}^n := [0,1]^n$ den kompletten Ausführungszustand aller Robotertrajektorien. Die Trajektorien müssen weder die gleiche Länge besitzen, noch muss der zugrunde liegende Konfigurationsraum identisch sein. Deshalb werden die Konfigurationsräume sowie die entsprechenden Trajektorien mit dem Index des korrespondierenden Roboters indiziert.

Für alle Trajektorien t_k wird vorausgesetzt, dass sie für sich kollisionsfrei sind, d. h. $\forall \varphi \in [0,1] : I_{t_k}(\varphi) \in \mathbf{C}_{k,\text{free}}$, wobei $\mathbf{C}_{k,\text{free}}$ den hindernisfreien Konfigurationsraum des Roboters k bezeichnet. Da die Roboter paarweise als Hindernisse agieren, muss sichergestellt werden, dass zwei Konfigurationen $c_i \in \mathbf{C}_{i,\text{free}}$ und $c_j \in \mathbf{C}_{j,\text{free}}$ welche zu Kollisionen der Roboter i und j bei einer bestimmten Phase φ führen, nicht gleichzeitig angewendet werden. Dies wird über die Funktion V realisiert, welche eine Phasenkonfigurationen $\varphi \in \mathbb{P}^n$ als zulässig oder nicht zulässig klassifiziert:

$$V(\varphi) = true, wenn \bigcap_{k \in \{1, \ldots, n\}} (\Pi_k \circ I_{t_k})(\varphi_k) = \emptyset.$$

Hierbei ist Π_i die Abbildung vom Konfigurationsraum des Roboters i, welche die Menge aller räumlichen Punkte liefert (siehe Abbildung 4.11).

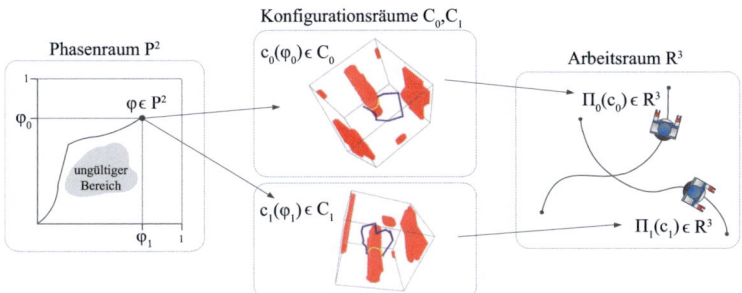

Abbildung 4.11: Die doppelte Indirektion der Phasenraumvalidierung. Links ist $\mathbb{P}^2$ abgebildet. In der Mitte sind die Konfigurationsräume der Lösungstrajektorien dargestellt und rechts ist der Arbeitsraum visualisiert.

Satz 4.1 *Um die Bewegungen von n Robotern mit einem Pfad $\Phi = (\varphi_1, \ldots, \varphi_s) \in \mathbb{P}^n$ simultan und kollisionsfrei ausführen zu können, müssen folgende Bedingungen erfüllt sein:*

$$\forall \varphi \in \Phi : V(\varphi) = true,$$
$$\varphi_1 = (0, \ldots, 0)^T,$$
$$\varphi_s = (1, \ldots, 1)^T.$$

Umsetzung der Planung im Phasenraum

Die *RRT-Connect* Methode kann angewendet werden, um einen Lösungspfad nach Satz 4.1 mit randomisierten Verfahren zu ermitteln. Zu beachten ist, dass hierbei der Phasenraum $\mathbb{P}^n$ anstelle des Konfigurationsraums $\mathbf{C}$ betrachtet wird und dass die Funktion zum Testen auf Kollisionen durch die Validierungsfunktion V ersetzt wird. Algorithmus 22 zeigt den Ablauf der RRT-basierten Suche im Phasenraum. Der Suchbaum RRT_p wird zunächst mit der Startkonfiguration $(0, \ldots, 0)^T$ initialisiert. In der Planungsschleife wird der Suchbaum entweder in Richtung der Zielphase $(1, \ldots, 1)^T$ oder einer zufällig bestimmten Phasenkonfiguration erweitert. Hierzu wird in den Algorithmen 23 und 24 das RRT-Connect und RRT-Extend Konzept auf den Phasenraum angewendet (siehe Abschnitt 2.1.3). Über den Parameter ε_P kann die Länge der Erweiterungsschritte im Phasenraum konfiguriert werden.

Algorithmus 22: RRT-Phase-Space(ε_P)

1 $AddConfig(RRT_p, (0, \ldots, 0)^T)$;
2 **while** *(!TimeOut())* **do**
3   **if** $(rand() < p_{goal})$ **then**
4          $\varphi \leftarrow (1, \ldots, 1)^T$;
5   **else**
6          $\varphi \leftarrow SampleRandomPhase()$;
7   **end**
8      $\varphi' \leftarrow ConnectPhase(RRT_p, \varphi, \varepsilon_P)$;
9   **if** $(|\varphi' - (1, \ldots, 1)^T| == 0)$ **then**
10   **return** $PrunePhase(BuildPhaseSolution(RRT_p))$;
11 **end**
12 **return** $NULL$;

Algorithmus 23: ConnectPhase($RRT_p, \varphi, \varepsilon_P$)

1 **repeat**
2      $\varphi' \leftarrow$ ExtendPhase$(RRT_p, \varphi, \varepsilon_P)$;
3   **if** $(\varphi' == \varphi)$ **then**
4   **return** φ;
5 **until** (φ');
6 **return** $NULL$;

Abbildung 4.12 stellt eine Momentaufnahme eines Problems mit drei Robotern dar. Es wird der Unterschied zwischen einer gleichmäßigen Ausführung und der Ausführung einer im Phasenraum geplanten Simultantrajektorie gezeigt. Rechts ist eine durch Abtastung des dreidimensionalen Phasenraums gewonnene Visualisierung zu sehen. Hierbei wurde der komplette Phasenraum gleichmäßig abgetastet und ungültige Phasen wurden rot markiert. Der grün dargestellte Lösungspfad wurde durch die hier vorgestellte Planung im Phasenraum bestimmt und beschreibt eine simultane kollisionsfreie Ausführung der drei Robotertrajektorien.

Algorithmus 24: ExtendPhase($RRT_p, \varphi, \varepsilon_P$)

1   $\varphi_{nn} \leftarrow NearestNeighbor(RRT_p, \varphi)$;
2   $l \leftarrow |\varphi - \varphi_{nn}|$;
3   **if** $(l == 0)$ **then**
4   **return** φ;
5   **if** $(l > \varepsilon_P)$ **then**
6      $\varphi' = \varphi + \frac{\varepsilon}{l}(\varphi_{nn} - \varphi)$;
7   **else**
8      $\varphi' = \varphi_{nn}$;
9   **end**
10   **if** $(V(\varphi'))$ **then**
11      $AddConfig(RRT_p, \varphi')$;
12   **return** φ';
13   **end**
14   **return** $NULL$;

Abbildung 4.12: Ein Beispielszenario für drei humanoide Roboter. Links kommt es zu einer Kollision bei der Ausführung, die durch eine Phasenraumplanung vermieden werden kann (mitte). Rechts ist eine Abtastung des entsprechenden Phasenraumes zu sehen. Die Phasen, welche zu Kollisionen im Arbeitsraum führen, sind rot markiert. Ein gefundener Pfad ist grün markiert.

4.6 Evaluation

In diesem Abschnitt werden die J^+–RRT und IK–RRT Ansätze aus diesem Kapitel anhand verschiedener Szenarien evaluiert. Da die Performance der IK–RRT Ansätze stark von den verwendeten IK-Algorithmen abhängt, wird zusätzlich auf die Laufzeitanalyse der IK-Ansätze verwiesen (siehe Abschnitt 3.5).

4.6.1 Vergleich von J^+–RRT und IK–RRT

Die Laufzeitanalyse der IK-Algorithmen zeigt, dass sich die randomisierten Ansätze aus Abschnitt 3 gut für die Abtastung der IK-Zielmenge eignen und somit der IK–RRT Algorithmus effizient eingesetzt werden kann (siehe Abschnitt 4.2). Die Evaluation der beiden Ansätze J^+–RRT und IK–RRT wurde anhand des humanoiden Roboters ARMAR-III für ein- und zweiarmigen Problemstellungen durchgeführt. In Tabelle 4.1 sind die Ergebnisse der Testläufe, jeweils in einem Szenario mit und einem Szenario ohne Hindernis, angegeben. Die entsprechenden Planungsszenarien sind in Abbildung 4.13 zu sehen, wobei die ermittelten Trajektorien blau und die optimierten Bewegungen grün dargestellt sind (links: J^+–RRT, rechts: IK–RRT, jeweils oben für einhändige Bewegungsplanung und unten für die Bewegungsplanung zur Objektübergabe). Die Ergebnisse in Tabelle 4.1 zeigen, dass der IK–RRT Ansatz, je nach Situation, bis zu 38-fach effizienter ist als der J^+–RRT. Dieser Vorteil erklärt sich hauptsächlich durch die bidirektionale RRT Struktur, welche eine bessere Abtastung des Konfigurationsraumes ermöglicht.

	Ohne Hindernis ∅ *Laufzeit*	Mit Hindernis ∅ *Laufzeit*
J^+–RRT (10 DoF)	2 032 ms	18 390 ms
IK–RRT (10 DoF)	140 ms	480 ms
Regrasp–J^+–RRT (17 DoF)	1 662 ms	5 192 ms
Regrasp–IK–RRT (17 DoF)	278 ms	469 ms

Tabelle 4.1: Evaluation der zwei Algorithmen: J^+–RRT und IK–RRT.

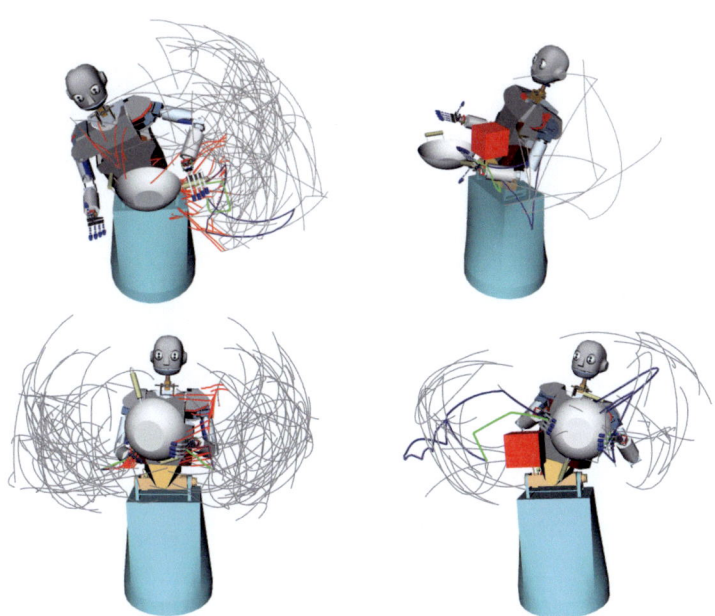

Abbildung 4.13: Ergebnisse der J^+–RRT (links) und IK–RRT (rechts) Algorithmen für ein- und zweihändige Problemstellungen.

4.6.2 Ausräumen der Spülmaschine

In diesem Testfall soll ein realistischer Ablauf in einer Küche simuliert werden, wobei ein Wok mit der rechten Hand von ARMAR-III gegriffen ist und in die linke Hand übergeben werden soll, um ihn anschließend in einen Schrank abzustellen (siehe Abbildung 4.14). Die komplette Bewegung für 17 DoF kann für ARMAR-III mit den IK–RRT Ansätzen in durchschnittlich 7,1 Sekunden geplant werden (siehe Tabelle 4.2). Hierbei sind lediglich die Start- sowie die Zielposition des Objektes und 15 mögliche Greifpositionen vorgegeben.

Die Bewegung wird in drei Planungsschritten erstellt, wobei im ersten Planungsschritt 10 DoF (Hüfte und rechter Arm) zum Greifen des Gegenstandes durch den IK–RRT Algorithmus berücksichtigt werden. Anschließend wird die kollisionsfreie Bewegung zum Umgreifen für 17 DoF mit dem $Regrasp$–IK–RRT Ansatz bestimmt und die Bewegung zum Abstellen in den Schrank wird mit einem Bi–RRT Ansatz für 17 DoF ermittelt. In Tabelle 4.2 sind die anteiligen Zeiten für die

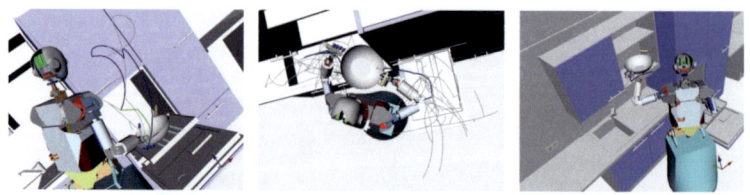

Abbildung 4.14: Es werden kollisionsfreie Bewegungen zum Greifen mit dem *IK–RRT* Ansatz, zum Umgreifen mit dem *Regrasp–IK–RRT* Ansatz und zum Abstellen mit dem *BiRRT* Algorithmus ermittelt.

IK-Suche und die Bewegungsplanung der *IK–RRT* Algorithmen angegeben. Die Zeiten der IK-Suche beziehen sich auf die Gesamtzeit, die während der Planung benötigt wurde, um Zielkonfigurationen mit den randomisierten IK-Algorithmen zu sampeln.

	IK Bestimmung	Bewegungs- planung	Gesamt
Greifen	19,6 ms	345 ms	365 ms
Umgreifen	760,7 ms	4 702 ms	5 463 ms
Abstellen	22,6 ms	1 263 ms	1 286 ms
Gesamt	802,9 ms	6 310 ms	**7 113 ms**

Tabelle 4.2: Laufzeiten der *IK–RRT*-basierten Ansätze in einem Küchenszenario. In der linken Spalte ist der Anteil der IK-Suche an der Laufzeit der *IK–RRT* Ansätze angegeben, in der mittleren Spalte ist der Anteil an der Laufzeit angegeben, der für die RRT-basierte Erweiterung der Suchbäume benötigt wird.

4.6.3   Umgreifen eines Tellers

Mit diesem Experiment soll gezeigt werden, dass geplante Trajektorien zum Umgreifen eines Tellers auf dem humanoiden Roboter ARMAR-III ausgeführt werden können. In Abbildung 4.15 ist links die geplante Trajektorie zu sehen und die restlichen drei Abbildungen zeigen die Ausführung der Bewegung. Das Hindernis (in der Planungsumgebung rot markiert) und die teilweise geöffnete Tür werden von dem Algorithmus berücksichtigt.

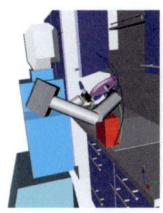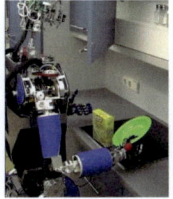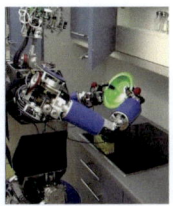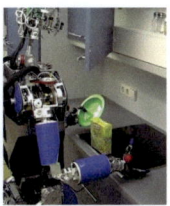

Abbildung 4.15: Der *Regrasp–IK–RRT* Ansatz wird genutzt, um kollisionsfreie Übergabetrajektorien für ARMAR-III zu planen. Das Hindernis sowie die geöffnete Tür werden von dem Algorithmus berücksichtigt.

4.6.4   Evaluation des *Multi–EEF–RRT*

In Abbildung 4.16 ist ein Setup zur Evaluation des *Multi–EEF–RRT* dargestellt. In diesem Szenario sind jeweils drei Griffe für die linke und rechte Hand von ARMAR-III für das Zielobjekt vorgegeben. In Tabelle 4.3 sind die Ergebnisse der Evaluation zu sehen. Im Durchschnitt wurden 1,3 IK-Lösungen ermittelt, bis eine kollisionsfreie Greifbewegung gefunden ist. Dieser Wert resultiert aus dem *IK–RRT* Ansatz, bei dem die Menge an potentiellen IK-Lösungen abgetastet wird, bis eine globale Lösung gefunden wurde. Die durchschnittliche Planungszeit des *Multi–EEF–RRT* wurde mit 449 ms evaluiert. Zusammen mit der Zeit, welche für die Optimierung der gefundenen Lösung benötigt wird (siehe Anhang B.3), ergibt sich eine durchschnittliche Laufzeit von 1,1 Sekunden für das gegebene Planungsproblem.

# IK Lösungen	Laufzeit	Pfadoptimierung	Gesamtzeit
1.3	449 ms	659 ms	1108 ms

Tabelle 4.3: Ergebnisse des *Multi–EEF–RRT* Ansatzes.

4.6.5   Evaluation des *Multi-Robot-RRT*

Zur Evaluation der Planung von kooperativen Greifaufgaben werden zwei Szenarien in Simulation untersucht. In dem ersten Szenario werden zwei Greiftrajektorien für jeweils 20 DoF von ARMAR-III gesucht, so dass das Planungsproblem 40 DoF umfasst. In dem zweiten Szenario werden für drei Roboter in einer Szene mit zufällig positionierten Hindernissen Greiftrajektorien gesucht, wobei insgesamt 60 DoF berücksichtigt werden. Der *Multi-Robot-RRT* ist in den beiden

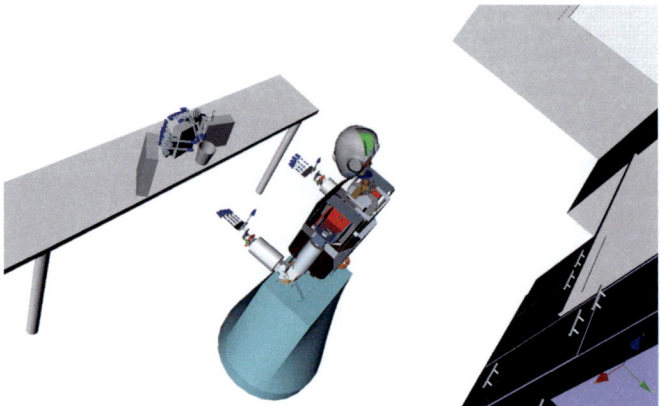

Abbildung 4.16: Evaluation des *Multi–EEF–RRT*.

Beispielen so konfiguriert, dass die IK-Algorithmen zusätzlich zu den Lösungskonfigurationen der Arme und der Hüfte die Position des Roboters ermitteln (siehe Algorithmus 11 aus Abschnitt 3.4.4)

Zwei Roboter in der Küche: 40 DoF

In der Startkonfiguration stehen die beiden Roboter außerhalb der Küche und als Ziel ist lediglich der Tisch mit 60 potentiellen Griffen gegeben (siehe Abbildung 4.17). Die Ergebnisse aus Tabelle 4.4 zeigen, dass der *Multi-Robot-RRT* in der Lage ist, gültige Greiftrajektorien in durchschnittlich 9, 5 Sekunden zu ermitteln. Durch den Validierungsschritt des *Multi-Robot-RRT* ist gewährleistet, dass die Trajektorien in einem stabilen vierhändigen Griff resultieren und dass sie zumindest hintereinander kollisionsfrei ausführbar sind. Die Ermittlung einer kollisionsfreien Ausführungskonfiguration im Phasenraum, welche die simultane Ausführung der Robotertrajektorien erlaubt, benötigt durchschnittlich weitere 1, 0 Sekunden. Es werden durchschnittlich 2, 8 vierhändige Greifkonfigurationen ermittelt, bis eine kollisionsfreie und stabile IK-Lösung zum Greifen gefunden ist. Die durchschnittliche Anzahl berechneter Greiftrajektorien ist 7, 8. Da nicht jede IK-Lösung zu einer Greiftrajektorie führt (da beispielsweise Kollisionen auftreten können), ist der Wert für die Anzahl an gefundenen IK-Lösungen mit 16, 8 höher als die Anzahl an gefundenen IK-Trajektorien.

Planungs-zeit	# IK Lösungen	# Lösungs-Traj.	# Kol.-Tests	# Vier-Hand Greif-Konfig.	Phasenraum Planung
9,5s	16,8	7,8	7 028	2,8	1,0s

Tabelle 4.4: Evaluation des *Multi-Robot-RRT* in dem Küchenszenario mit zwei Robotern (40 DoF).

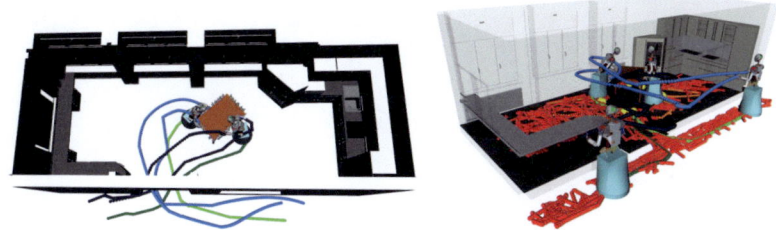

Abbildung 4.17: Die Ergebnisse der *Multi-Robot-RRT* Planung für insgesamt 40 DoF von zwei ARMAR-III Robotern. Die kartesische Bewegung der Plattform und beider Hände sind links visualisiert. Rechts sind die kartesische Darstellung des Suchbaums in der (x, y)-Ebene und die gefundenen IK-Lösungen zu sehen.

Drei Roboter: 60 DoF

In diesem Szenario wird der *Multi-Robot-RRT* genutzt, um Greiftrajektorien für drei humanoide Roboter in einer Szenen mit zufällig positionierten Hindernissen zu suchen (siehe Abbildung 4.18). Der Konfigurationsraum eines Roboters umfasst 20 DoF (Plattform, Hüfte und beide Arme), so dass der kombinierte Konfigurationsraum für dieses Beispiel die Dimension 60 hat. Für jeden Durchlauf wurden 30 Quader zufällig in der Szene so positioniert, dass initial keine Kollisionen auftraten. Durch die zufällige Positionierung der Quader können Situationen auftreten, in denen keine Lösung gefunden werden kann. Solche Situationen können nicht direkt beobachtet werden, allerdings wurde die Suche abgebrochen, wenn die Planungszeit fünf Minuten überschritt (dies wurde ein mal während der 30 Durchläufe beobachtet). Die Evaluation fand auf einem Multi-Core-System mit vier CPU-Kernen statt, so dass das parallelisierte Konzept des *Multi-Robot-RRT* Algorithmus drei Kerne für die *Bimanual–IK–RRT* Planer sowie einen weiteren Kern für die Berechnung der Greifqualitäten zur Verfügung hatte. Wie in Tabelle 4.5 zu sehen, liegt die durchschnittliche Planungszeit bei 8,9 Sekunden. Die Planung der simultanen Ausführung benötigt im Mittel weitere 7,0 Sekunden, so dass die Gesamtplanungszeit bei 15,9 Sekunden liegt.

Planungs-zeit	# IK Lösungen	# Lösungs-Traj.	# Kol.-Tests	# Vier-Hand Greif-Konfig.	Phasenraum Planung
8,9s	20,2	13,0	19 434	37,1	7,0s

Tabelle 4.5: Evaluation des *Multi-Robot-RRT* in einem Szenario mit drei Robotern (60 DoF).

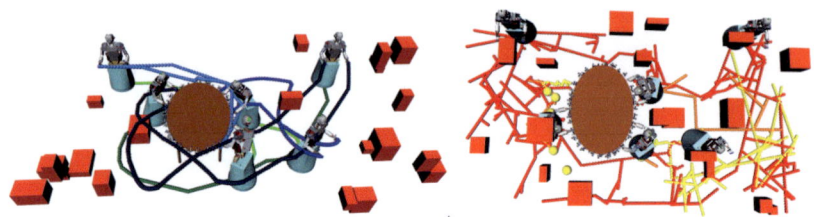

Abbildung 4.18: Ergebnisse des *Multi-Robot-RRT* Planers für drei Roboter mit insgesamt 60 DoF. Es sind die Start- sowie die durch den Planer ermittelten Zielkonfigurationen dargestellt. Links sind die Lösungstrajektorien beider Hände sowie der Plattform in blau bzw. grün dargestellt. Rechts sind die potentiellen IK-Lösungen, welche während der Planung berechnet wurden, gelb markiert und es ist eine 2D-Visualisierung der Suchbäume als Plattformbewegung zu sehen.

4.7   Bewertung der Ansätze

Die in diesem Kapitel vorgestellten Ansätze zur Planung kollisionsfreier Greifbewegungen ermöglichen die integrierte Planung von Griffauswahl und Lösung des IK-Problems zusammen mit der Ermittlung kollisionsfreier Bewegungen. Die Zielvorgaben werden hierbei nicht explizit im Konfigurationsraum definiert, sondern implizit im Arbeitsraum. Die dadurch definierte Zielmenge des Konfigurationsraumes muss nicht vorab berechnet werden, sondern es wird während der Planung der Bewegung eine Abtastung dieser Menge durchgeführt, um potentielle Zielkonfigurationen zu ermitteln. Der J^+–RRT Ansatz benötigt hierzu keine expliziten Methoden zum Lösen des inversen kinematischen Problems und kann somit universell eingesetzt werden. Allerdings können mit dem Ansatz nur unidirektionale RRT-Ansätze realisiert werden, da Zielkonfigurationen nicht explizit ermittelt werden können. Da eine bidirektionale Umsetzung im Allgemeinen zu effizienteren Algorithmen führt, sind, falls möglich, Algorithmen mit integrierter IK-Suche zu bevorzugen. Der *IK–RRT* Ansatz lässt sich bidirektional implementieren und profitiert somit von der Integration der IK-Algorithmen. Die durchgeführten Evaluationen zeigen, dass sich beide Ansätze effizient realisieren lassen, in komplexen Szenen kann mit Ansätzen, welche auf dem *IK–RRT* Konzept basieren, allerdings ein deutlicher Geschwindigkeitsvorteil erzielt werden.

Aufbauend auf dem *IK–RRT* Ansatz wurden Erweiterungen für zweiarmige Planungsprobleme vorgestellt. Der *Multi–EEF–RRT* integriert, zusätzlich zu Griffauswahl und IK-Suche, die Entscheidung, welcher Arm für das Greifen eines Objektes benutzt werden kann. Somit muss dieser Schritt nicht mehr in der Szenenanalyse durchgeführt werden, da der *Multi–EEF–RRT* automatisch den entsprechenden Arm zusammen mit dem Griff, der IK-Lösung und der kollisionsfreien Trajektorie ermittelt. Weiterhin wurden Algorithmen zur Bestimmung von zweihändigen Greif- und Umgreifbewegungen vorgestellt und evaluiert. Der *Regrasp-RRT* kann eingesetzt werden, um Objekte von einer Hand in die andere zu übergeben, ohne, dass eine explizite Konfiguration der Übergabe vorliegen muss. Dadurch ist es möglich, in komplexen Szenen kollisionsfreie Bewegungen zum Umgreifen eines Objektes zu ermitteln. Der *Multi-Robot-RRT* Ansatz ermöglicht die effiziente Planung von kooperativen Greifaufgaben für mehrere Roboter. Hierbei wird durch eine nachträgliche RRT-basierte Suche im Phasenraum eine Geschwindigkeitsverteilung zur simultanen kollisionsfreien Ausführung aller Greifbewegungen ermittelt.

Kapitel 5

Kombinierte Greif- und Bewegungsplanung

Die in Kapitel 4 vorgestellten Ansätze zur IK-basierten Bewegungsplanung ermöglichen die Kombination der Suche nach einem anwendbaren Griff mit entsprechender IK-Lösung mit der Planung kollisionsfreier Bewegungen. Hierzu werden vorberechnete Griffe genutzt, um objektspezifische Zielkonfigurationen zu ermitteln und somit wird eine Diskretisierung der Menge an anwendbaren Griffen vorgenommen. Für Situationen, in denen keine Griffdefinitionen vorliegen, da beispielsweise nur eine approximierte 3D-Darstellung eines unbekannten bzw. teilweise bekannten Objektes vorhanden ist, oder in denen die gespeicherte Greiftabelle nicht dicht genug besetzt ist, können die Bewegungsplanungsalgorithmen erweitert werden, so dass Greifhypothesen während der Planung ermittelt und evaluiert werden. Hierzu wird in diesem Kapitel der *Grasp–RRT* Ansatz vorgestellt [Vahrenkamp 10c].

In Abbildung 5.1 sind die Komponenten des *Grasp–RRT* Planers dargestellt, welche in den folgenden Abschnitten erläutert werden. Zu sehen ist, dass für den Planungsansatz weder eine vorberechnete Greiftabelle noch ein IK-Algorithmus benötigt wird. Die Objektdefinition kann im Voraus bekannt sein, es ist allerdings auch denkbar für ein unbekanntes Objekt, für welches online eine approximierte 3D-Darstellung ermittelt wird, eine Greifbewegung zu bestimmen.

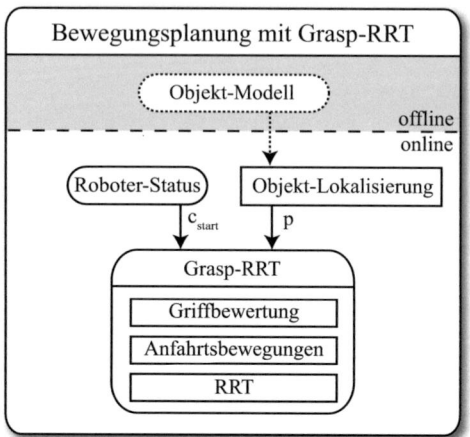

Abbildung 5.1: Der *Grasp–RRT* zur Planung von Greifbewegungen.

5.1 Griffdefinition und -bewertung

Um Objekte greifen und manipulieren zu können, muss ein Roboter entweder über eine interne Datenbank mit objektspezifischen Griffdefinitionen verfügen oder es müssen Greifhypothesen autonom erzeugt und bewertet werden können. Somit wird zwischen *Offline-* und *Online*-Ansätzen unterschieden, wobei zur Erzeugung der Griffdefinitionen in beiden Fällen ein Algorithmus zur Bewertung von Greifhypothesen benötigt wird. Eine Datenbank mit möglichen Griffen kann durch Abtastung von Greifhypothesen und Bestimmung des *Grasp-Wrench-Space* ermittelt werden [Pollard 94, Miller 01, Borst 04]. In der *KIT Object Models Database* sind Informationen zu einer Vielzahl von Objekten zu finden [Becher 06, Kasper 07].

Erweiterung der Endeffektordefinition

Im Kontext der Greifplanung wird eine erweiterte Definition des Endeffektors benötigt. Diese Definition enthält in Anlehnung an [Morales 06, Asfour 08a] einen *Grasp Center Point (GCP)*, welcher ein Hand-internes Referenzsystem für das Greifen beschreibt, sowie eine Annäherungsrichtung. Wie in Abbildung 5.2 links zu sehen ist, wird über den *GCP* eine Referenzposition sowie die bevorzugte Annäherungsrichtung für Greifaktionen definiert.

Abbildung 5.2: Links: Der *Grasp Center Point* für die linke Hand von ARMAR-III definiert einen Referenzpunkt sowie die bevorzugte Annäherungsrichtung (rot) zum Greifen. Mitte und Rechts: Kontaktpunkte und Reibungskegel für zwei Griffe der Fünf-Fingerhand von ARMAR-III.

Erzeugung von Greifhypothesen

Um in einem *Offline*-Schritt eine Datenbank mit Greifinformationen aufzubauen, müssen eine Vielzahl von potentiellen Griffen erzeugt und bewertet werden. Hierzu kann die Oberfläche des Objektes abgetastet werden, um aus der Normaleninformation eine Annäherungsrichtung zu erzeugen. Wird der *GCP* auf diese Annäherungsrichtung ausgerichtet, kann über zwei freie Parameter (die Entfernung zum Objekt und die Rotation um die Annäherungsrichtung) eine Abtastung der möglichen Annäherungen vorgenommen werden.

Approximiert man das Objekt durch ein vereinfachtes Modell (z. B. als Kugel oder *Bounding Box*) können die Annäherungsrichtungen analytisch, ohne Abtastung der Oberfläche, gewonnen werden. Bei komplexen Objekten bietet sich eine Dekomposition des Modells an (siehe z. B. [Miller 03] und [Huebner 08]).

Kontaktpunkte

Um die Griffqualität bewerten zu können, werden in einem ersten Schritt die Kontaktpunkte der Hand auf der Oberfläche des Objektes ermittelt, indem die Hand geschlossen wird bis eine Kollision der Finger mit dem Objekt auftritt. Ein Kontaktpunkt c_i setzt sich dann aus der Kontaktposition $p = (p_x, p_y, p_z)$ und der Kontaktnormalen $f = (f_x, f_y, f_z)$ zusammen:

$$c_i = (p_i, f_i). \qquad (5.1)$$

Grasp-Wrench-Space als Qualitätsmaß

Um die Qualität eines Griffs zu bewerten können, werden aus den Kontaktinformationen der Finger Reibungskegel erzeugt und der *Grasp-Wrench-Space* berechnet. Basierend auf dem Coulombschen Reibungsmodell [Olsson 98] wird der Öffnungswinkel α der Reibungskegel mit Hilfe des materialabhängigen Reibungskoeffizienten μ berechnet:

$$\alpha = tan^{-1}\mu.$$

Wie in [Miller 03] gezeigt, umfasst der durch Kontaktpunkt, Kontaktnormale und α definierte Reibungskegel, alle Kraftvektoren, welche für die gegebenen Materialeigenschaften einen stabilen Kontakt ermöglichen. Die Reibungskegel können durch Pyramiden approximiert werden (siehe Abbildung 5.3), so dass die weitere Verarbeitung durch eine vereinfachte Struktur beschleunigt werden kann.

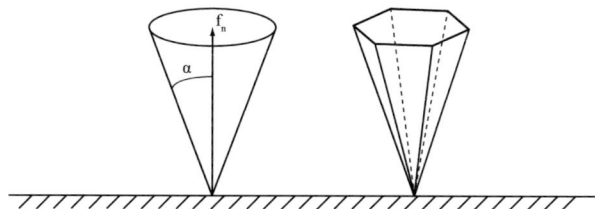

Abbildung 5.3: Der Reibungskegel an einem Kontaktpunkt (links). Eine Approximation des Reibungskegels durch eine sechsseitige Pyramide (rechts).

Durch die Approximation der Reibungskegel durch m-seitige Pyramiden werden die Kraftvektoren $f_{i,1}, \ldots, f_{i,m}$ definiert, welche den Rand der Pyramide beschreiben. Für einen solchen Kraftvektor lässt sich wie in Gleichung (5.2) ein 6D Kontakt-Wrench aufstellen, der die einwirkenden Kräfte sowie die resultierenden Momente widerspiegelt. Hierbei ist d_i der Vektor von Objektschwerpunkt zum i-ten Kontaktpunkt c_i.

$$w_{i,j} = \begin{pmatrix} f_{i,j} \\ d_i \times f_{i,j} \end{pmatrix} \tag{5.2}$$

In [Ferrari 92] werden zwei Methoden vorgestellt, um aus den 6D-Wrenches der Kontaktpunkte einen Grasp-Wrench-Space aufzuspannen. In Gleichung (5.3)

wird die konvexe Hülle der Minkowski-Summe aller *Wrenches* ermittelt und die
konvexe Hülle der *Wrenches* (Gleichung (5.4)) wird berechnet. Bei der ersten Methode wird sichergestellt, dass an jedem Kontaktpunkt maximal eine Einheitskraft
einwirkt, während bei dem zweiten Ansatz die einwirkende Kraft auf alle Kontaktpunkte verteilt wird.

$$W_{L_\infty} = ConvexHull\left(\bigoplus_{i=1}^{k}(w_{i,1},\ldots,w_{i,m})\right) \tag{5.3}$$

$$W_{L_1} = ConvexHull\left(\bigcup_{i=1}^{k}(w_{i,1},\ldots,w_{i,m})\right) \tag{5.4}$$

Für die Berechnung von W_{L_∞} müssen m^k Punkte bestimmt werden, wodurch die
Komplexität der Berechnung stark ansteigt (siehe z. B. [Borst 99]). Eine effiziente Realisierung der Griffbewertung kann über die Berechnung von W_{L_1} erreicht
werden, bei der nur $m \cdot k$ Punkte berechnet werden müssen.

5.2 Der *Grasp–RRT* Ansatz

Ziel des *Grasp–RRT* Algorithmus ist die Planung von kollisionsfreien Greiftrajektorien, wobei keine Zieldefinitionen im Gelenkwinkel- oder im Arbeitsraum
im Voraus bekannt sein müssen. Diese Information wird implizit durch den Ansatz ermittelt. Somit stellen die Lage des Objekts und die Startkonfiguration des
Roboters die einzige Information dar, mit der der Algorithmus initialisiert wird.
In Algorithmus 25 ist der *Grasp–RRT* Ansatz dargestellt. Der Algorithmus basiert
auf den folgenden drei Komponenten:

- Aufbau eines Baumes mit kollisionsfrei erreichbaren Konfigurationen

- Erzeugung von Annäherungsbewegungen

- Bestimmung und Evaluierung von Greifhypothesen

In der Hauptschleife wird der Baum der kollisionsfrei erreichbaren Konfigurationen erweitert und in Abhängigkeit vom Parameter $r_{SearchGraspPose}$ wird entschieden, ob eine Annäherungsbewegung in dem aktuellen Zyklus gesucht werden soll.
Ist dies der Fall, wird eine kollisionsfreie Annäherungsbewegung bestimmt und

---

Algorithmus 25: $GraspRRT(c_{start}, p_{obj})$

---

1 $AddConfig(RRT, c_{start})$;
2 **while** *(!TimeOut())* **do**
3   Extend(RRT);
4   **if** *(rand() < $r_{SearchGraspPose}$)* **then**
5          $n_{grasp} \leftarrow ApproachTrajectory(RRT, p_{obj})$;
6   **if** *(ScoreGrasp(n_{grasp}) > s_{min})* **then**
7   **return** $BuildSolution(RRT, n_{grasp})$;
8   **end**
9 **end**

---

falls dies wiederum erfolgreich ist, wird der resultierende Griff bewertet. Liegt ein stabiler Griff vor und liefert die Funktion zur Griffbewertung eine Griffevaluation, welche über dem definierten Minimalwert s_{min} liegt, dann kann eine kollisionsfreie Trajektorie für eine Greifbewegung ermittelt werden. Diese Trajektorie beinhaltet implizit eine gültige Greifkonfiguration mit zugehöriger Lösung der inversen Kinematik.

5.2.1   Erzeugung von Annäherungsbewegungen

Zur Erzeugung von Annäherungsbewegungen wird zunächst eine geeignete Konfiguration c_A des RRT ausgewählt, von dem aus die Annäherung des Endeffektors an das Objekt beginnt (siehe Abschnitt 5.2.2). Hierzu wird der in Abschnitt 5.2.2 eingeführte *ApproachSphere* benutzt, um eine gleichmäßige Verteilung der möglichen Annäherungsrichtungen zu erreichen. Aus der so gewählten Konfiguration c_A wird die resultierende kartesische Lage des Endeffektors bestimmt und eine Greifhypothese p_{grasp} ermittelt (siehe Abschnitt 5.2.3). Anschließend wird p_{grasp} genutzt, um diskrete Annäherungsschritte mittels der Pseudoinversen J^+ der Jacobi-Matrix zu bestimmen (siehe Algorithmus 26).

5.2.2   Repräsentation von Annäherungsrichtungen

Die Wahl der Annäherungsrichtung ist essentiell für die erfolgreiche Greifplanung, da oft nur für einen kleinen Teil aus der Menge an möglichen Annäherungsrichtungen stabile Griffe gefunden werden können. Somit sollte die Wahl der Annäherungsrichtung gleichverteilt sein, um eine gleichmäßige Abdeckung zu

---

Algorithmus 26: $ApproachTrajectory(RRT, p_{obj})$

1 $c_A \leftarrow SelectGraspExtensionNode(RRT)$;
2 $p_{grasp} \leftarrow ComputeGraspingPose(c_A, p_{obj})$;
3 **repeat**
4      $\Delta_p \leftarrow p_{grasp} \cdot (ForwardKinematics(c_A))^{-1}$;
5      $\Delta_c \leftarrow J^+(c_A) \cdot LimitCartesianStepSize(\Delta_p)$;
6      $c' \leftarrow c_A + \Delta_c$;
7   **if** $(Collision(c') \ || \ !InJointLimits(c'))$ **then**
8   **if** $(NumberOfContacts(CloseHand(c_A)) \geq 2)$ **then**
9   **return** c_A;
10   **else**
11   **return** $NULL$;
12   **end**
13   **end**
14     $AddConfig(RRT, c')$;
15     $c_A \leftarrow c'$;
16 **until** $(|\Delta_p| < \varepsilon)$;
17 **return** c_A;

---

gewährleisten. Wird, wie beim *Grasp–RRT* Algorithmus, eine zufällig gewählte Konfiguration des RRT-Suchbaumes als Startpunkt für die Annäherungsbewegung gewählt, kann i.A. nicht von einer gleichmäßigen Verteilung der Annäherungs- richtungen ausgegangen werden (in Abbildung 5.4 ist rechts eine exemplarische Verteilung der Annäherungsrichtungen dargestellt).

Damit die Annäherungsrichtungen, die durch einen RRT abgedeckt werden, re- präsentiert werden können, wird eine durch Dreiecke approximierte Kugelober- fläche, der sogenannte *ApproachSphere*, verwendet. Hierzu verwaltet jedes Drei- eck des an dem Objektmittelpunkt positionierten *ApproachSphere* eine Liste von korrespondierenden Konfigurationen des RRT-Suchbaumes. Für eine Konfigura- tion kann das entsprechende Dreieck des *ApproachSphere* ermittelt werden, in- dem dasjenige Dreieck gesucht wird, welches durch die Verbindung von GCP und Mittelpunkt des *ApproachSphere* geschnitten wird (siehe Abbildung 5.4 (links)). Während der RRT aufgebaut wird, wird für jede neue Konfiguration das entspre- chende Dreieck des *ApproachSphere* ermittelt und die Konfiguration mit diesem Dreieck assoziiert. Somit wird für eine Menge an Anfahrtsrichtungen, welche durch ein Dreieck repräsentiert wird, eine Liste von assoziierten Konfigurationen aufgebaut.

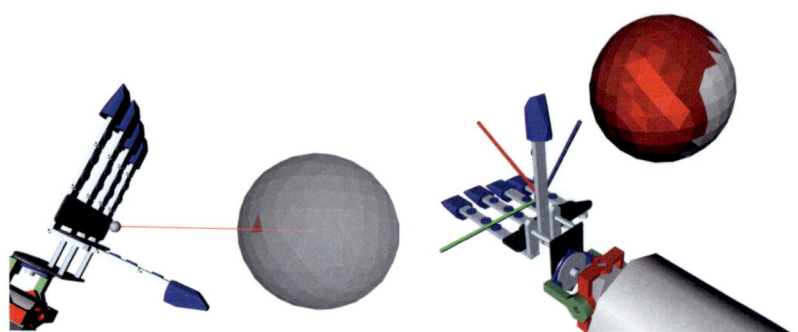

Abbildung 5.4: Für jede Konfiguration des RRT-Suchbaumes wird das entsprechende Dreieck des *ApproachSpheres* ermittelt, indem die Position des GCP auf die Oberfläche projiziert wird (links). Rechts ist die Verteilung der Annäherungsrichtungen visualisiert. Die Farbintensität eines Dreiecks ist proportional zur Anzahl der RRT-Konfigurationen in der entsprechenden Annäherungsrichtung.

Um bei der zufälligen Erzeugung einer Annäherungsrichtung eine gleichmäßige Abtastung zu realisieren, wird zunächst ein Dreieck des *ApproachSphere* zufällig ermittelt und daraufhin wiederum zufällig ein Eintrag aus der Liste der assoziierten Konfigurationen gewählt. Die so ausgewählte Konfiguration c_A wird als Startkonfiguration benutzt, um zunächst eine (temporäre) Greifhypothese p_{grasp} zu ermitteln und die Annäherungsbewegung, wie in Algorithmus 26 beschrieben, zu bestimmen.

5.2.3 Bestimmung einer Greifhypothese

Ausgehend von c_A wird in diesem Schritt eine kartesische Zielpose p_{grasp} ermittelt, um die eigentliche Anfahrbewegung zu bestimmen. In der Szene in Abbildung 5.5 ist p_{grasp} eingezeichnet. Die Position wird ermittelt, indem der Oberflächenpunkt des Objektes mit dem kürzesten Abstand zu dem GCP bestimmt wird. Die Orientierung von p_{grasp} wird bestimmt, indem das Koordinatensystem des GCP um α gedreht wird. In Gleichung (5.5) wird α bestimmt, indem der Arkuskosinus des Skalarproduktes der zwei Punkte $(1,0,0)^T$ und p'_{grasp} berechnet wird. p'_{grasp} ist hierbei der ins GCP-Koordinatensystem transformierte Punkt p_{grasp} und $(1,0,0)^T$ repräsentiert die Annäherungsrichtung im GCP-Koordinatensystem.

$$\alpha = \arccos((1,0,0)^T \cdot p'_{grasp}) \qquad (5.5)$$

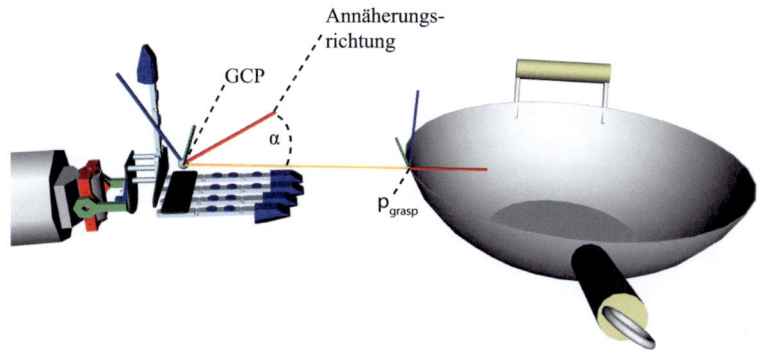

Abbildung 5.5: Bestimmung der temporären Greifhypothese p_{grasp}.

5.2.4 Evaluation der Greifqualität

Zur Griffbewertung können verschiedene Greifqualitätsmaße verwendet werden. So ist es beispielsweise möglich die *Grasp-Wrench-Space* Berechnungen hier durchzuführen (siehe Kapitel 5.1). Da der *Grasp–RRT* die Griffbewertung online durchführt, ist eine effiziente Griffbewertung wünschenswert. Deshalb wird hier ein Verfahren vorgestellt, mit dem die Berechnung der 6D-*Grasp-Wrenches* vermieden werden kann und stattdessen 3D-Strukturen ermittelt werden, welche die Kontaktkräfte repräsentieren.

Kontaktkräfte als Qualitätsmaß

Angelehnt an [Pollard 94], kann ein effizient berechenbares Qualitätsmaß für Griffe verwendet werden, welches den Betrag der Kräfte an den Kontaktpunkten so justiert, dass sich die auf das Objekt einwirkenden Momente aufheben. Somit lässt sich ein zweistufiges Verfahren realisieren, bei dem zuerst analysiert wird, ob die Kontaktkonfiguration einen stabilen Griff zulässt und gegebenenfalls im zweiten Schritt die Qualität des Griffs über den Kraftraum ermittelt wird. Hierzu werden an den durch den Griff induzierten Kontaktpunkten $c = (c_1, \ldots, c_i)$ die Reibungskegel bestimmt. Anschließend wird mittels der folgenden zwei Schritte die Griffqualität ermittelt:

- Zunächst werden über das Minimierungsproblem (5.6) die Gewichte $b = (b_1, \ldots, b_k)$ der Kontaktkräfte $f = (f_1, \ldots, f_i)$ ermittelt, so dass sich die auf das Objekt einwirkenden Momente gegenseitig aufheben:

$$min(\sum_{i=1}^{k} d_i \times b_i f_i)^2 \qquad (5.6)$$

Hierbei ist d_i der Vektor vom Objektschwerpunkt zum Kontaktpunkt c_i. Ist $b \neq 0$, so liegt das Objekt stabil in der Hand und es kann eine weitere Analyse des Griffs durchgeführt werden. Anderenfalls wird der Griff als nicht stabil klassifiziert.

• Lassen sich die Gewichte b_i für einen stabilen Griff ermitteln, so können die auf das Objekt wirkenden Momente bei der Griffbewertung unberücksichtigt bleiben. Um den anliegenden Griff zu bewerten wird der griffspezifische 3D-*Grasp Force Space (GFS)* bestimmt, indem angelehnt an die Berechnung des 6D-*Grasp Wrench Space*, die konvexe Hülle der Reibungskegel an den Kontaktpunkten bestimmt wird. Für das Objekt muss einmalig der objektspezifische 3D-*Object Force Space (OFS)* vorliegen (wiederum analog zu dem 6D-*Object Wrench Space*). Der OFS besteht aus der konvexe Hülle eines simulierten *perfekten* Griffes und wird einmalig für das Zielobjekt bestimmt, indem eine bestimmte Anzahl an Oberflächenkontakten simuliert wird und für diese Kontakte die konvexe Hülle der Reibungskegel berechnet wird.

Die Bewertung des Griffes erfolgt, indem die maximale Skalierung des *GFS* ermittelt wird, so dass jeder Punkt des *GFS* innerhalb des *OFS* liegt. In Abbildung 5.6 sind der *OFS* und der *GFS* für einen Messbecher und einen Griff dargestellt.

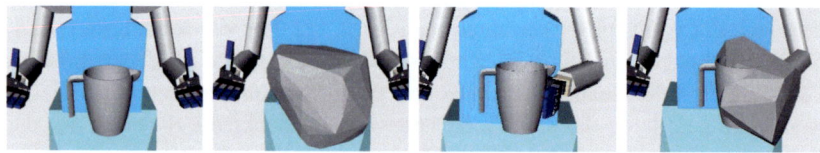

Abbildung 5.6: Die Visualisierung des approximierten *OFS* für einen Messbecher (links) sowie des *GFS* für einen Griff (rechts).

5.3 *Bimanual Grasp–RRT* für zweiarmige Greifaufgaben

Basierend auf dem *Grasp–RRT* Ansatz wird in diesem Abschnitt der *Bimanual Grasp–RRT* Algorithmus vorgestellt, mit dem zweiarmige Griffe und Bewegungen geplant werden können. In Abbildung 5.7 ist eine Übersicht des Ansatzes zu sehen. Das *Bimanual Grasp–RRT* Konzept beherbergt zwei unabhängig voneinander agierende *Grasp–RRT*-Planer für die linke und die rechte Hand. Diese Planer terminieren nach einer erfolgreichen Suche nicht, sondern es werden weitere Lösungen gesucht, bis eine globale Lösung bestimmt werden kann. Die Validierungskomponente des *Bimanual Grasp–RRT* erzeugt aus den Lösungen für die linke und rechte Hand alle potentiellen Zweihand-Kombinationen, um diese zu evaluieren. Die Evaluation wird durchgeführt, indem zunächst der entsprechende zweihändige Griff bewertet wird (siehe Abschnitt 5.3.1). Ist eine stabile zweihändige Greifkombination gefunden, muss überprüft werden, ob die Greiftrajektorien nicht zu Selbstkollisionen führen, da durch die entkoppelte Planung Kollisionen des linken und des rechten Arms auftreten können. Ist die resultierende Trajektorie zum zweihändigen Greifen kollisionsfrei, kann eine Lösung für das Planungsproblem ermittelt werden (siehe Algorithmus 27).

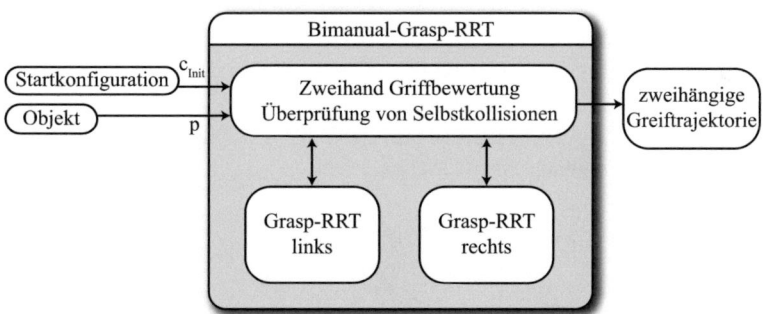

Abbildung 5.7: Der *Bimanual Grasp–RRT* Planer.

5.3.1 Bewertung zweihändiger Griffe

Um zweihändige Griffe bewerten zu können, wird der *OFS* Ansatz aus Abschnitt 5.2.4 erweitert, so dass die Greifqualität einer zweihändigen Kontaktsituation bestimmt werden kann. Sind für einen zweihändigen Griff die Kontaktdaten $C_g^l = \{c_1^l, \ldots, c_n^l\}$ für die linke Hand und $C_g^r = \{c_1^r, \ldots, c_m^r\}$ für die rechte Hand

---

Algorithmus 27: $BimanualGraspRRT(c_{start}^{left}, c_{start}^{right}, p_{obj})$

---

1 $GraspRRT_{left} \leftarrow GraspRRTInstance(c_{start}^{left}, p_{obj})$;

2 $GraspRRT_{right} \leftarrow GraspRRTInstance(c_{start}^{right}, p_{obj})$;

3 **while** *(!TimeOut())* **do**

4   /* process new results of $GraspRRT_{left}$ */

5     $s_l \leftarrow GraspRRT_{left}.GetNewSolution()$;

6   **if** *(s_l)* **then**

7        $Results_{left}.add(s_l)$;

8   **foreach** *($s_r \in Results_{right}$)* **do**

9   **if** $(BiGraspScore(s_l, s_r) > s_{min}$ & $!SelfCollision(s_l, s_r))$ **then**

10             $StopPlanners()$;

11   **return** $BuildSolution(s_l, s_r)$;

12   **end**

13   **end**

14   **end**

15   /* process new results of $GraspRRT_{right}$ */

16   ...

17 **end**

18 **return** $NULL$;

---

bestimmt worden, wird die Vereinigung $C_g' = C_g^l \cup C_g^r$ für die Berechnung der Gewichtung der Kontaktkräfte und zur Bestimmung des *GFS* verwendet. Hierzu wird die konvexe Hülle analog zu dem einarmigen Fall berechnet. In Abbildung 5.8 ist der *GFS* für einen zweihändigen Griff zu sehen.

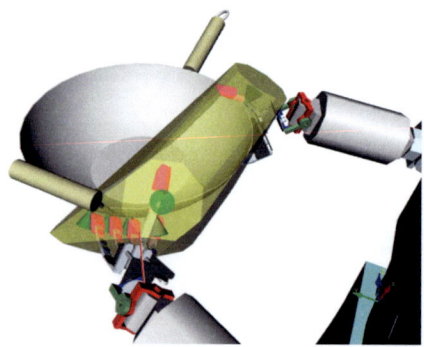

Abbildung 5.8: Visualisierung des *OFS* für einen zweihändigen Griff.

5.4 Evaluation

Zur Evaluation der integrierten Greif- und Bewegungsplanung wurden verschiedene Aufgabenstellungen für ARMAR-III realisiert und jeweils mindestens 30 Testläufe durchgeführt. Es konnte in allen Fällen eine gültige Trajektorie zum Greifen der Objekte gefunden werden, welche den Roboter in die Lage versetzt, ohne vorheriges Wissen über mögliche Greifpositionen die Objekte mit einer Hand bzw. beiden Händen zu greifen.

5.4.1 Ein- und zweihändiges Greifen von Alltagsgegenständen

Messbecher in einer Schublade

In diesem Experiment soll ARMAR-III in der Simulation einen Messbecher in einer Schublade greifen. Für den Algorithmus sind die Umgebung als Kollisionsmodell, das 3D-Modell des Messbechers und die Startkonfiguration des Roboters bekannt.

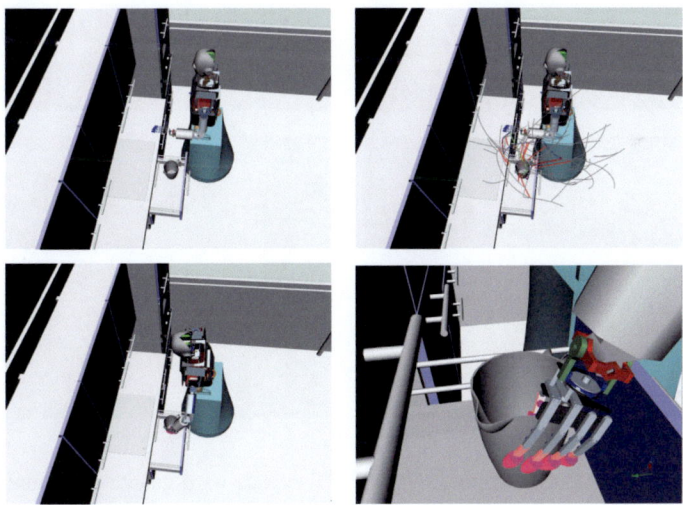

Abbildung 5.9: Der *Grasp–RRT* Algorithmus für 10 DoF von ARMAR-III.

Greifpositionen werden während der Laufzeit durch den *Grasp–RRT* Algorithmus automatisch ermittelt. Um die Aufgabe zu erfüllen, werden zehn DoF von

ARMAR-III eingesetzt (sieben DoF des Arms und drei DoF der Hüfte). Wie in
Abbildung 5.9 zu sehen, wird der verfügbare Arbeitsraum durch die Schublade
begrenzt, so dass die Möglichkeit, einen zulässigen Griff zu finden, eingeschränkt
ist. Trotzdem ist der *Grasp–RRT* Ansatz in der Lage, für diese Problemstellung in
durchschnittlich 3,7 Sekunden eine Lösung zu finden. In Abbildung 5.9 ist links
oben die Planungsszene zu sehen. Der durch den *Grasp–RRT* Ansatz ermittelte Planungsbaum ist rechts oben im Arbeitsraum visualisiert, wobei diejenigen
Verzweigungen, welche durch Annäherungsbewegungen entstanden sind (siehe
Abschnitt 5.2.1), rot markiert sind. In den unteren Bildern ist die ermittelte Zielposition zu sehen.

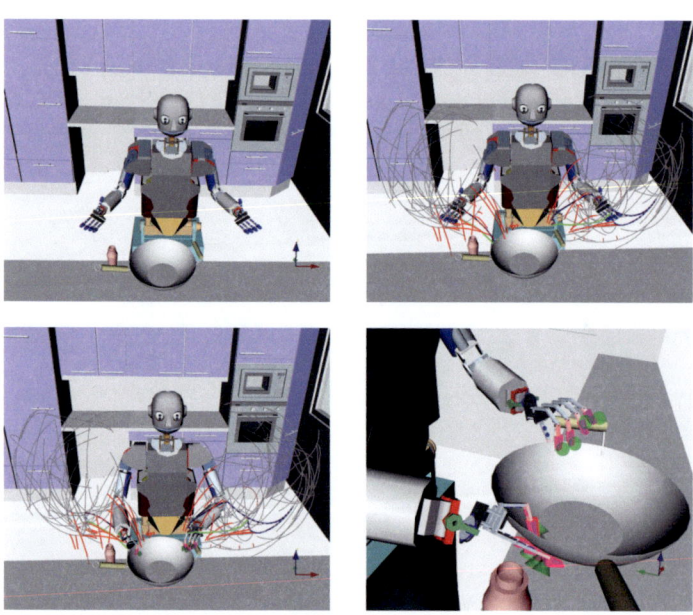

Abbildung 5.10: Der *Bimanual Grasp–RRT* Ansatz wird genutzt, um eine Greiftrajektorie für beide Arme (14 DoF) von ARMAR-III zu finden. Links oben ist
die Planungsszene dargestellt. Rechts oben ist der Suchbaum visualisiert, wobei
die Annäherungsbewegungen rot markiert sind. In den beiden Abbildungen unten
sind die ermittelten Greifpositionen dargestellt.

Zweihändiges Greifen eines Woks

In diesem Versuch wird der *Bimanual Grasp–RRT* Ansatz aus Abschnitt 5.3 eingesetzt, um einen Wok mit ARMAR-III zu greifen (siehe Abbildung 5.10). Dabei kommen 14 Bewegungsfreiheitsgrade zum Einsatz. Der Ansatz ist in der Lage, stabile zweihändige Griffe zusammen mit kollisionsfreien Greiftrajektorien in durchschnittlich 1,7 Sekunden zu ermitteln.

5.4.2 Experiment auf ARMAR-III

In diesem Experiment wird eine zweiarmige Greiftrajektorie geplant und auf dem humanoiden Roboter ARMAR-III ausgeführt. In Abbildung 5.11 sind in der oberen Reihe die Planungsszene und die ermittelte Zielkonfiguration in Simulation sowie die Startkonfiguration von ARMAR-III zu sehen (von links nach rechts). Die Abbildungen in der unteren Reihe zeigen Schnappschüsse der Ausführung und den Transport der gegriffenen Schüssel.

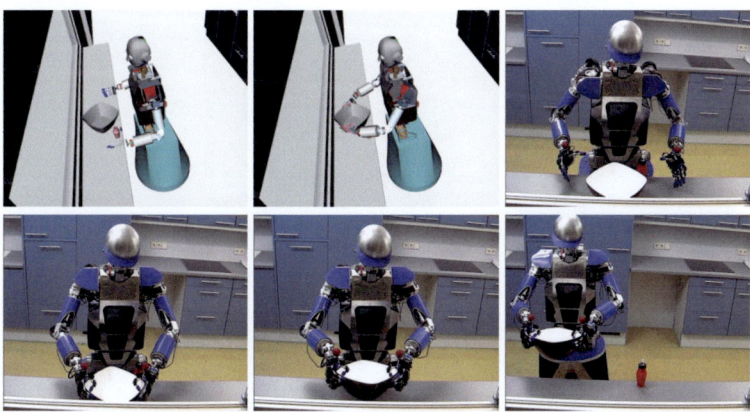

Abbildung 5.11: Ausführung einer geplanten Greiftrajektorie auf ARMAR-III.

5.4.3 Ergebnisse

Eine Übersicht der durchschnittlichen Laufzeiten für die drei Experimente ist in Abbildung 5.12 und in Tabelle 5.1 zu finden. Hierbei werden die Laufzeiten nach ihrem Anteil an den drei Phasen des *Grasp–RRT* Algorithmus aufgeschlüsselt: Aufbau des RRT, Erzeugung von Annäherungsbewegungen und Bewertung der Greifhypothesen. In Tabelle 5.1 sind weiterhin in den letzten zwei Spalten die durchschnittliche Anzahl an berechneten Annäherungsbewegungen sowie an ermittelten Greifhypothesen aufgelistet. Diese Werte unterscheiden sich, da nicht jede Annäherungsbewegung in einer Greifhypothese resultiert.

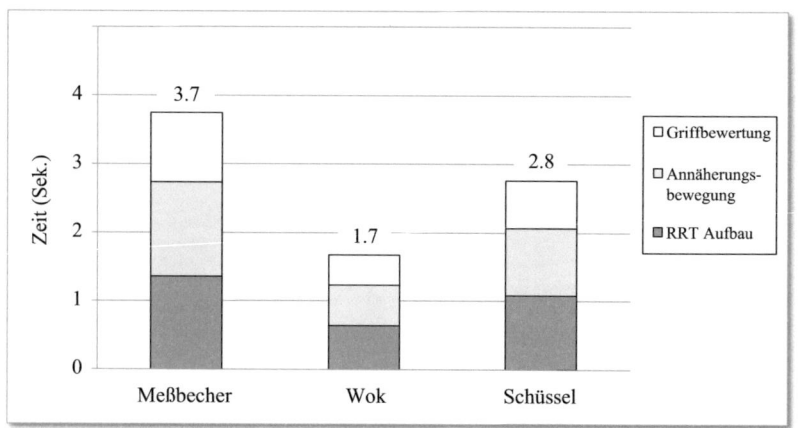

Abbildung 5.12: *Grasp–RRT*: Durchschnittliche Laufzeiten der drei Experimente.

	Laufzeit (Sekunden)				# Greif-	# Greif-
	Gesamt	RRT	Annäher.	Griffbew.	trajekt.	hypoth.
Mess-becher	3,7	1,3	1,4	1,0	26,8	18,9
Wok	1,7	0,6	0,6	0,4	21,3	9,8
Schüssel	2,8	1,1	1,0	0,7	35,0	16,5

Tabelle 5.1: Evaluation der Laufzeit des *Grasp–RRT* Ansatzes.

5.5 Bewertung des Ansatzes

Mit dem *Grasp–RRT* Planer wurde gezeigt, dass kollisionsfreie Greiftrajektorien auch ohne vorherige Definition von Griffen effizient bestimmt werden können. Hierzu wurde ein effizienter Ansatz zur Bewertung von Greifhypothesen und ein Ansatz zur Generierung von Annäherungsbewegungen vorgestellt. Da die Annäherungsbewegungen während des Aufbaus des RRT-Suchbaums erzeugt werden, wird nur der tatsächlich erreichbare Teil des Zielobjekts für die Berechnung von Greifhypothesen genutzt. Hierdurch ergibt sich eine effiziente Möglichkeit, die online Greifplanung mit der Suche nach kollisionsfreien Trajektorien zu verbinden. Die Evaluation zeigt für verschiedene Szenarien, dass die Algorithmen für einarmige und zweiarmige Aufgaben eingesetzt werden können. Die Ansätze sind für den humanoiden Roboter ARMAR-III umgesetzt worden, jedoch liegen keine roboterspezifischen Einschränkungen vor, so dass das Konzept auf beliebige Robotersysteme übertragbar ist.

Kapitel 6

Sensorgestützte Ausführung von Manipulationsaufgaben

Um einen Roboter in die Lage zu versetzen, auf neue Umweltsituationen, fehlerhafte Positionierungen oder Kollisionen reagieren zu können, muss das System die Möglichkeit haben, die Bewegungsausführung zu überwachen. Dem Menschen stehen zur Überwachung eigener Bewegungen seine Augen sowie seine Haut und Muskeln zur Verfügung. Bei einem Roboter können Kamerasysteme, die Sensorik der Gelenke und des Antriebs sowie Kraft/Momenteninformationen zur Regelung eingesetzt werden.

Die im Rahmen dieser Arbeit entwickelten Verfahren zur sensorgestützten Ausführung von Manipulationsaufgaben erweitern Ansätze des *Visual Servoing* um reaktive Komponenten und ermöglichen eine robuste Ausführung von ein- oder zweihändigen Greifaktionen (siehe [Vahrenkamp 08a] und [Vahrenkamp 09c]).

6.1 Der Roboter als fehlerbehaftetes System

Ein Roboter ist ein fehlerbehaftetes System, was in Ungenauigkeiten in der internen Repräsentation, der Perzeption und der Aktionsausführung resultiert. Im Folgenden wird eine Analyse der potentiellen, für die Aktionsausführung relevanten Fehlerquellen vorgestellt.

Modelle zur Repräsentation des Roboters

Die interne Repräsentation besteht aus einem Modell des Roboters und ist somit eine Approximation der Realität. Die Modelle des Roboters können beispielsweise aus den CAD-Modellen, welche zur Fertigung des Systems benutzt werden, erzeugt werden und bieten somit eine hohe Genauigkeit. Diese Daten beschreiben die kinematische Struktur des Roboters und können somit auch zur Koordinatentransformation zwischen den einzelnen Gelenken oder für kinematische Berechnungen benutzt werden. Hierbei können sich bereits kleinste Abweichungen in den Gelenkmaßen akkumulieren, so dass sich bei Berechnungen mit längeren kinematischen Ketten ein merklicher Fehler in der Positionierung ergibt. Dadurch werden beispielsweise die Algorithmen zur Bestimmung der inversen Kinematik beeinflusst, welche zu einer kartesischen Lage p eine entsprechende Gelenkwinkelkonfiguration c berechnen. Durch die Fehler in den internen Modellen resultiert die Anwendung von c in einer um δ_{Modell} verschobenen Lage $p' = p + \delta_{Modell}$.

Sensorik zur Bestimmung des internen Status

Die dem Roboter zur Verfügung stehende Sensorik wird einerseits genutzt, um Informationen über die Umgebung zu ermitteln, andererseits wird aber auch der interne Zustand des Roboters über Sensorinformationen bestimmt. Hierbei werden die Sensordaten auf eine geeignete Datenstruktur abgebildet, welche dem Roboter als Basis für weitere Berechnungen dient.

Die hierfür verwendeten Sensoren für die Bestimmung der aktuellen Konfiguration der Gelenkwinkel liefern Werte in einem durch die Hardware vorgegebenen Toleranzbereich. Weiterhin werden bei einer antriebsseitigen Bestimmung der Sensorwerte nichtlineare Effekte zu einer Verfälschung der ermittelten Gelenkwinkelstellung führen. Die Abweichung δ_{Intern} zwischen realer und gemessener Gelenkwinkelstellung führt zu einer fehlerbehafteten Positionierung des Roboters sowie zu Abweichungen in den Koordinatentransformationen zwischen den Gelenken. Solch fehlerhafte Transformationen haben starken Einfluss bei der visuellen Lokalisierung, da die ermittelten Positionen aus dem Koordinatensystem der Kameras in das Weltkoordinatensystem transformiert werden müssen.

Sensorik zur Erfassung der Umwelt

Die sensorielle Erfassung der Umwelt ermöglicht einem Roboter, mit seiner Umgebung zu interagieren. Hierzu können Laserscanner, akustische Sensoren und visuelle Sensoren (Kameras) genutzt werden, um beispielsweise den Öffnungswinkel von Türen zu ermitteln oder Gegenstände zu erkennen und zu lokalisieren. Der hierbei auftretende Fehler δ_{Umwelt} resultiert beispielsweise aus Parameterschätzverfahren, welche für die Bestimmung der internen und externen Parameter der Kamerasysteme benutzt werden (siehe z. B. [Azad 09]).

Aktorik

Die Regelungsalgorithmen der Roboteransteuerung senden Steuerungssignale an die Hardware, welche basierend auf den Sensorwerten erzeugt werden. Wie bei der Sensorik werden auch die Motoren die Vorgaben nur in einem Toleranzbereich ausführen können und somit einen Fehler $\delta_{Aktorik}$ erzeugen.

Auswirkungen bei Fusion verschiedener Sensorsysteme

Die Fehler δ_{Modell}, δ_{Intern}, δ_{Umwelt} und $\delta_{Aktorik}$ können durch Kalibrierverfahren (z. B. Kinematik-Lernverfahren [Rao 93, Reinhart 09]) soweit reduziert werden, so dass eine akkurate Interaktion mit der Umwelt ermöglicht wird. Eine weitere Möglichkeit besteht in der manuellen Anpassung eines Positionierungsversatzes, um beispielsweise die Lage eines Manipulators zu justieren. Solche manuellen und automatisierten Kalibrierverfahren können vermieden werden, wenn der gleiche Sensorkanal benutzt wird, um die relative Lage des Manipulators zur Umwelt zu ermitteln.

In dem folgenden Beispiel wird aus der Position eines Objektes und des Endeffektors eine kartesische Regelungsgröße Δx ermittelt, mit der der Endeffektor in Richtung des Objekts bewegt werden soll. Es wird gezeigt, wie der Fehler, der bei der Berechnung von Δx auftritt, durch den Einsatz unterschiedlicher Sensorkanäle beeinflusst wird.

Die Position des Endeffektors x_{TCP}^k wird zunächst über die Vorwärtskinematik bestimmt, wobei die Fehler δ_{Intern}^1 und δ_{Modell}^1 das Ergebnis beeinflussen:

$$x_{TCP}^k = ForewardKinematics() + \delta_{Modell}^1 = x_{TCP} + \delta_{Intern}^1 + \delta_{Modell}^1.$$

δ_{Intern}^1 und δ_{Modell}^1 beziehen sich jeweils auf den Sensorfehler bzw. den Modellfehler für die kinematische Kette von Roboterbasis über Arm zu Endeffektor. Wird die Objektposition x_{Objekt}^y über die visuelle Perzeption ermittelt, treten die Fehler δ_{Umwelt}^2, δ_{Intern}^2 und δ_{Modell}^2 auf:

$$x^v_{Objekt} = x^v_o + \delta^2_{Intern} + \delta^2_{Modell} = x_o + \delta^2_{Umwelt} + \delta^2_{Intern} + \delta^2_{Modell}.$$

Hierbei beschreibt δ^2_{Umwelt} den Fehleranteil, der durch die Objekterkennung auftritt und δ^2_{Intern} sowie δ^2_{Modell} bezieht sich auf die Fehler, die durch die Transformation aus Kamerakoordinatensystem zu Weltkoordinatensystem entstehen. Somit lässt sich eine kartesische Regelungsgröße Δx bestimmen:

$$\begin{aligned}
\Delta x &= x^v_{Objekt} - x^k_{TCP} \\
&= x_o + \delta^2_{Umwelt} + \delta^2_{Intern} + \delta^2_{Modell} - (x_{TCP} + \delta^1_{Intern} + \delta^1_{Modell}) \\
&= x_o - x_{TCP} + \delta^3_{Umwelt} + \delta^3_{Intern} + \delta^3_{Modell}
\end{aligned}$$

Die Fehler δ^1_{Intern} und δ^1_{Modell} entstehen, da für die Koordinatentransformationen die kinematische Kette zwischen Roboterbasis und TCP genutzt wird, wohingegen δ^2_{Intern} und δ^2_{Modell} sich auf die kinematische Kette zwischen Roboterbasis und Kamera beziehen. Somit liegen den Koordinatentransformationen unterschiedliche kinematische Ketten zugrunde und die resultierenden Fehler δ^3_{Intern} und δ^3_{Modell} werden sich in der Positionierung bemerkbar machen.

Wird die Lage des Endeffektors mit dem gleichen Sensorkanal, der für die Objektlokalisierung genutzt wurde, ermittelt, kann der resultierende Fehler reduziert werden:

$$x^v_{TCP} = x^v_{TCP} + \delta^4_{Intern} + \delta^4_{Modell} = x_{TCP} + \delta^4_{Umwelt} + \delta^4_{Intern} + \delta^4_{Modell}$$

Die kartesische Regelgröße ergibt sich nun zu:

$$\begin{aligned}
\Delta x' &= x^v_{Objekt} - x^v_{TCP} \\
&= x_o + \delta^2_{Umwelt} + \delta^2_{Intern} + \delta^2_{Modell} - (x_{TCP} + \delta^4_{Umwelt} + \delta^4_{Intern} + \delta^4_{Modell}) \\
&= x_o - x_{TCP} + \delta^5_{Umwelt} \\
&\approx x_o - x_{TCP}
\end{aligned}$$

Durch die Nutzung des gleichen Sensorkanals ist $\delta^2_{Modell} = \delta^4_{Modell}$ und $\delta^2_{Intern} = \delta^4_{Intern}$ und somit beeinflusst lediglich die Fehlergröße δ^5_{Umwelt} das Ergebnis. $\delta^5_{Umwelt} = \delta^2_{Umwelt} - \delta^4_{Umwelt}$ hängt wiederum von der Kamerakalibrierung und den verwendeten Methoden der Bildverarbeitung ab, es kann allerdings davon ausgegangen werden, dass für die Lokalisierung zweier Objekte (Objekt und TCP) $\delta^2_{Umwelt} \approx \delta^4_{Umwelt}$ gilt und somit ein hinreichend genaues Ergebnis bestimmt werden kann.

6.2 Positionsbasiertes Visual Servoing

Die Ausführung geplanter Trajektorien erfolgt in dieser Arbeit basierend auf positionsbasiertem Visual Servoing (engl. *Position-Based Visual Servoing (PBVS)*) Ansätzen. Abbildung 6.1 zeigt einen Überblick des entwickelten Visual Servoing Ansatzes. Zu sehen sind zwei Regelkreise, welche zur Ausführung einhändiger Greifaktionen oder für zweihändige Manipulation parallel genutzt werden können. Für jeden Arm steht ein Modul zur Bestimmung der Geschwindigkeiten zur Verfügung, welches aus einer visuell erfassten Objektposition und einem vorgegebenen Griff eine Ziellage x_{Ziel} bestimmt. Aus x_{Ziel} und der visuell ermittelten Lage der Hand x_{Hand} wird die kartesische Regelungsvorgabe Δx bestimmt. Durch die reaktive Behandlung auftretender Kräfte und Momente wird $\Delta x'$ ermittelt und durch Methoden der differentiellen Kinematik in eine Geschwindigkeitsvorgabe überführt.

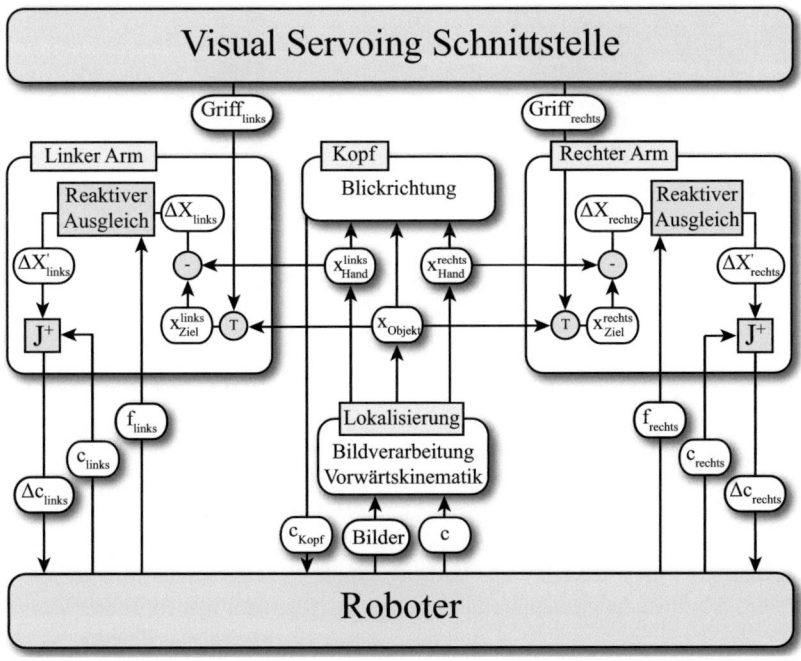

Abbildung 6.1: Visual Servoing für ein- und zweiarmige Bewegungen.

Das Modul zur Bestimmung der Blickrichtung passt die Ausrichtung des Kopfes (bzw. der Kameras) an die aktuelle Situation an. Hier sind verschiedene Strategien zur Lenkung der Blickrichtung implementiert, um einhändige und gekoppelte sowie nicht-gekoppelte zweihändige Bewegungen zu realisieren. In Abbildung 6.2 sind die relevanten Koordinatensysteme für die Ausführung einer Greifbewegung mit einem Arm eingezeichnet. Aus der Objektlage x_{Objekt} resultiert die Greifposition x_{Ziel}, welche die Ziellage der visuell kontrollierten Bewegung der Hand beschreibt. Die Lage der Hand x_{Hand} kann beispielsweise aus einer Markerposition x_{Marker} abgeleitet werden (siehe Abschnitt 6.2.1).

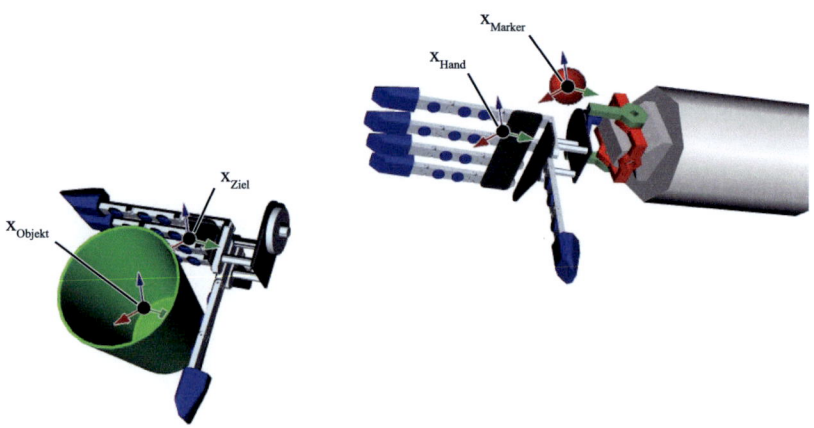

Abbildung 6.2: Die Koordinatensysteme für den Visual Servoing Controller.

6.2.1   Lageschätzung der Hand über einen Marker

Für positionsbasiertes Visual Servoing muss die Lage des Zielobjektes sowie die Lage der Hand kontinuierlich erfasst werden, um Regelvorgaben erzeugen zu können. Die Lokalisierung der Hand kann über einen hybriden Ansatz realisiert werden, bei dem die Position der Hand t_{Hand} über einen Marker ermittelt wird und die Orientierung o_{Hand} mit Hilfe der Vorwärtskinematik abgeleitet wird. Die Position wird ermittelt, indem ein am Handgelenk angebrachter Marker in den Kamerabildern segmentiert und über Stereozuordnung die kartesische Position t_{Marker} ermittelt wird. Die Position des Markers wird mit der Orientierung der Hand zur Markerpose $x_{Marker} = (t_{Marker}, o_{Marker})$ zusammengefasst.

Im Anschluss wird über die feste Transformation $T_{MarkerZuHand}$ zwischen Marker und TCP die Lage der Hand x_{Hand} bestimmt [Vahrenkamp 08a]:

$$x_{Hand}(t) = x_{Marker}(t) \cdot T_{MarkerZuHand}.$$

6.2.2 Schätzung der Markerposition bei Sichtverlust

Falls der Marker nicht lokalisiert werden kann, wird die aktuelle TCP-Position geschätzt. Um dies zu ermöglichen, wird zusätzlich zur Bestimmung von $x_{Hand}(t)$ die rein kinematisch ermittelte Handpose $x^{kin}_{Hand}(t)$ mit Hilfe der Vorwärtskinematik ermittelt. Über die Differenz dieser beiden Werte kann der Positionierungsfehler Ψ kontinuierlich ermittelt werden:

$$\Psi(t) = x^{kin}_{Hand}(t)^{-1} \cdot x_{Hand}(t). \tag{6.1}$$

Da Ψ nur zum Zeitpunkt t gültig ist, wird bei Sichtverlust zum Zeitpunkt $t+1$ eine Approximation der Handpose verwendet:

$$x_{Hand}(t+1) = x^{kin}_{Hand}(t+1) \cdot \Psi(t).$$

6.3 Regelungsvorgaben zur Handpositionierung

Die kartesische Regelvorgabe Δx wird als Differenz aus kartesischer Lage der Hand x_{Hand} und des Ziels x_{Ziel} ermittelt:

$$\Delta x(t) = x_{Hand}(t)^{-1} \cdot x_{Ziel}(t).$$

Mit $\Delta x(t)$ wird über die Pseudoinverse $J^+(c(t))$ der Jacobi-Matrix eine Approximation der benötigten Gelenkwinkeländerungen bestimmt:

$$\Delta c(t) = J^+(c(t)) \cdot \Delta x(t).$$

Da $J^+(c(t))$ abhängig von der Gelenkwinkelstellung zum Zeitpunkt t ist, wird die Matrix in jedem Durchlauf neu berechnet.

Als Regelvorgabe für die Geschwindigkeitsregler des Roboters wird $\dot{c}(t)$ verwendet:

$$\dot{c}(t) = k\Delta c(t),$$

wobei k ein Verstärkungsfaktor ist.

6.3.1 Reaktion auf Kontaktereignisse

Können einwirkende Kontaktkräfte und Drehmomente am Endeffektor gemessen werden, kann eine reaktive Positionierungsregelung realisiert werden. Hierzu wird die Regelung um eine Reaktion auf unerwartete Kontaktereignisse erweitert. Die einwirkenden Kräfte (f_1, f_2, f_3) und Momente (f_4, f_5, f_6) zum Zeitpunkt t werden beschrieben durch:

$$f_{Hand}(t) = (f_1, f_2, f_3, f_4, f_5, f_6)^T.$$

Liegt eine der Komponenten von $f_{Hand}(t)$ über einem Schwellwert δ_{f_i}, wird die Regelungsvorgabe $\Delta x = (x_1, \ldots, x_6)^T$ geändert, so dass die einwirkenden Kräfte und Momente reduziert werden. Somit ist

$$\Delta x'(t) = (x_1', x_2', x_3', x_4', x_5', x_6')^T \qquad (6.2)$$

mit

$$x_i' = \begin{cases} x_i & \text{, wenn } |f_i| < \delta_{f_i}, \\ f_i & \text{, sonst.} \end{cases}$$

Die weiteren Verarbeitungsschritte werden nun mit $\Delta x'(t)$ ausgeführt, so dass die Verarbeitung von Kontaktereignissen in das Verarbeitungsframework eingegliedert werden kann. Somit kann auf unerwartete Kontaktereignisse mit der Umwelt reagiert werden und eine erhöhte Sicherheit bei der visuell überwachten Ausführung gewährleistet werden.

6.3.2 Umsetzung

In Algorithmus 28 und 29 wird ein Arm zunächst zu der Position x_{pre} und dann zu der Geifposition x_{grasp} bewegt, um eine kontrollierte Annäherungsbewegung zum Greifen zu realisieren. Die Bewegung wird ausgeführt, solange der Abstand zum jeweiligen Ziel größer als ε_{pre} bzw. ε_{grasp} ist. Hier können unterschiedliche Werte verwendet werden, falls die Greifpose mit höherer Genauigkeit angefahren werden soll. Die Funktion *RespectForcesMoments* liefert die korrigierte Bewegungsvorgabe $\Delta x'$ gemäß Gleichung (6.2).

Algorithmus 28: VisualServoing($x_{pre}, x_{grasp}, \varepsilon_{pre}, \varepsilon_{grasp}$)

---

1 **repeat**
2     $x_{Hand} \leftarrow GetHandPose()$;
3     $\Delta x = x_{Hand}^{-1} \cdot x_{pre}$;
4     $MoveArmCartesian(\Delta x)$;
5 **until** $(\Delta x < \varepsilon_{pre})$;
6 **repeat**
7     $x_{Hand} \leftarrow GetHandPose()$;
8     $\Delta x = x_{Hand}^{-1} \cdot x_{grasp}$;
9     $d \leftarrow MoveArmCartesian(\Delta x)$;
10 **until** $(\Delta x < \varepsilon_{grasp})$;

Algorithmus 29: MoveArmCartesian(Δx)

---

1 $\Delta x' \leftarrow RespectForcesMoments(\Delta x)$;
2 $\Delta c = J^+(c) \cdot \Delta x'$;
3 $\dot{c} = k\Delta c$;
4 $VelocityController(\dot{c})$;

6.4 Visuell überwachte Ausführung zweihändiger Aufgaben

Die bereits beschriebenen Ansätze zum positionsbasiertem Visual Servoing werden in diesem Abschnitt erweitert, so dass zweiarmige Problemstellungen realisiert werden können. Das Ziel ist es, gekoppelte zweiarmige Manipulationen zu ermöglichen, um beispielsweise große Objekte mit beiden Händen zu greifen. Weiterhin sollen nicht gekoppelte zweiarmige Aktionen durchgeführt werden können, um z. B. zwei Gegenstände gleichzeitig zu greifen [Vahrenkamp 09c].

6.4.1   Perzeption für zweiarmige Aufgaben

Das für die visuelle Perzeption genutzte Stereokamerasystem verfügt über ein begrenztes Blickfeld, weshalb die Ansätze aus Abschnitt 6.2 angepasst werden müssen, um einen größeren Aktionsbereich visuell überwachen zu können. Die Sicht des Roboters wird hierbei auf einen Ausschnitt des möglichen Aktionsradius beschränkt sein, so dass Situationen auftreten bei denen die Hände nicht gleichzeitig lokalisiert werden können. Um trotz des eingeschränkten Sichtfeldes robuste, visuell überwachte Bewegungen zu ermöglichen, wird der aktive Kopf [Asfour 08b] des humanoiden Roboters ARMAR–III genutzt, um verschiedene Bereiche der Szene zu fokussieren. In Abbildung 6.3 sind links drei Aktionsbereiche für zweiarmige Manipulationen eines humanoiden Roboters zu sehen. In Abhängigkeit von der auszuführenden Aktion sowie der Position der Hände werden diese Bereiche abwechselnd fokussiert, um die Lage der Hände bzw. Zielobjekte zu aktualisieren. Um einen schnellen Wechsel der Blickrichtung zu realisieren, werden die Gelenke der Augen für die Ausrichtung der Kameras benutzt. Um, trotz bewegter Augen, die Bildverarbeitungsmethoden zur Stereolokalisierung nutzen zu können, werden die Ansätze aus [Welke 08] eingesetzt.

6.4.2   Greifposen für zweihändige Manipulationen

Abbildung 6.3 zeigt rechts ein Objekt mit jeweils einer Annäherungs- und einer Greifpose (x_{pre} bzw. x_{grasp}) für die linke und rechte Hand des humanoiden Roboters ARMAR–III. Die Posen x_{pre} und x_{grasp} sind zusammen mit der Objektrepräsentation in einer Datenbank abgelegt und können beispielsweise über einen Nullkraft-geregelten Einlernvorgang manuell bestimmt werden. Bei einem zweiarmigen Greifvorgang werden zuerst die Annäherungsposen x_{pre} als Zielvorgabe der Regelung genutzt. Fällt der Abstand zwischen TCP und x_{pre} unter einen Schwellwert, wird die Greifpose x_{grasp} als Ziel gewählt. Somit wird eine definierte Annäherungsrichtung zum Greifen realisiert.

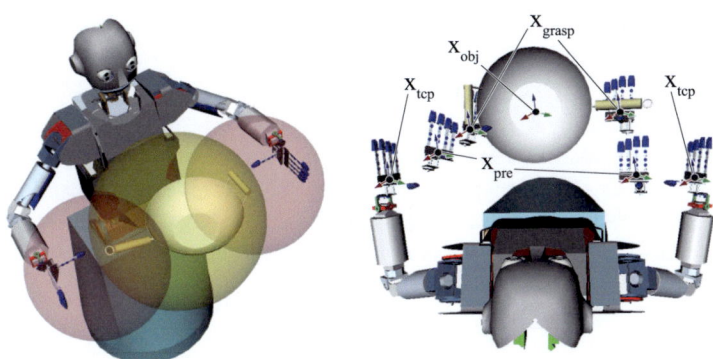

Abbildung 6.3: Drei Manipulationsbereiche eines humanoiden Roboters (links). Ein Objekt mit Annäherungs- und Greifpositionen für die linke und rechte Hand (rechts).

6.4.3 Zweiarmiges Visual Servoing

Die visuell geregelte Positionierung von zwei Händen wird über zwei *Visual Servoing* Regelschleifen nach Abschnitt 6.2 realisiert. Zusätzlich wird der aktive Kopf genutzt, um verschiedene Bereiche des Arbeitsraumes alternierend zu fokussieren. Durch diese Kopf- bzw. Augenbewegungen muss die visuelle Lokalisierung der Hände bzw. Objekte situationsabhängig gestaltet werden. Ein Wechsel der Blickrichtung wird hierbei kurzzeitig zu unscharfen Bildern führen und die Lokalisierung wird keine aussagekräftigen Informationen liefern. Deshalb wird die Lokalisierung nur durchgeführt, wenn die Winkelgeschwindigkeit der Augen gering ist. Weiterhin soll die Positionierung eines Arms in Situationen, bei denen der Blick nicht auf die Hand fokussiert ist noch hinreichend genau funktionieren. Dies wird realisiert, indem der Ansatz aus Abschnitt 6.2.2 genutzt wird, um die aktuelle Lage der Hand $x_{Hand}(t+n)$ aus der letzten visuell bestimmten Lage $x_{Hand}(t)$ und dem seitdem zurückgelegten Weg geschätzt wird. Da der zurückgelegte Weg über die Vorwärtskinematik bestimmt wird, kann nur eine Schätzung der Lage erfolgen, da der in Gleichung 6.1 beschriebene Fehler Ψ zwischen visuell bestimmter und kinematisch ermittelter Lage der Hand nicht konstant ist.

6.4.4 Visual Servoing zur Ausführung kartesischer Trajektorien

Mit den vorgestellten Algorithmen ist es möglich, Trajektorien für zweiarmige Manipulationen auszuführen. Solche Trajektorien können beispielsweise einen Einschenkvorgang beschreiben und werden durch Stützpunktpaare beschrieben. Die Stützpunkte bestehen aus Paaren von kartesische Lagen der linken und der rechten Hand im Koordinatensystem des Roboters und beschreiben somit eine Relation der beiden Hände zu einander:

$$t = ((x_1^l, x_1^r), \ldots, (x_n^l, x_n^r)).$$

Werden, anstatt der Annäherungs- und der Greifpose aus Abschnitt 6.4.2, die Stützpunkte aus t für den Visual Servoing Algorithmus benutzt, können ganze Trajektorien ausgeführt werden, indem die Objektposition außer Acht gelassen wird und nur die Lage der beiden Hände visuell erfasst wird (siehe Algorithmus 30). Durch den Verzicht auf einen visuell ermittelten Referenzpunkt in der Welt wird die absolute Positionierung der Hände im Arbeitsraum nicht gewährleistet, allerdings kann durch die visuelle Überwachung die Relation beider Hände zu einander mit hoher Genauigkeit wiedergegeben werden. Ein Ansatz für die Ausführung von Trajektorien relativ zu einem Objekt ist in Abschnitt 6.5 zu finden.

6.5 Sensorgestützte Ausführung geplanter Trajektorien

Damit ein humanoider Roboter in der Lage ist, geplante Trajektorien im Konfigurationsraum mit hoher Genauigkeit auszuführen, können die Visual Servoing Ansätze aus diesem Kapitel genutzt werden. Da die Ausführung von Konfigurationstrajektorien auf einem Robotersystem im Allgemeinen durch eine Vielzahl von Faktoren beeinflusst wird (siehe Abschnitt 6.1), wird in diesem Abschnitt ein Ansatz vorgestellt, der eine robuste Ausführung erlaubt, indem die Ausführung der Trajektorie sowohl im kartesischen als auch im Gelenkwinkelraum überwacht und gegebenenfalls korrigiert wird.

Eine formale Definition von Trajektorien als Funktion $T : [0, 1] \rightarrow \mathbf{C}$ findet sich im Anhang A.5. Um der Übersichtlichkeit Rechnung zu tragen, wird im Folgenden davon ausgegangen, dass Trajektorien kreuzungsfrei sind (siehe Anhang (A.2)).

Algorithmus 30: DualArmVisualServoingTrajectory(t, ε)

---

1 $i \leftarrow 1$;

2 **while** $(i \leq |t|)$ **do**

3 $\quad (x_{target}^{left}, x_{target}^{right}) \leftarrow t(i)$;

4 $\quad x_{Hand}^{left} \leftarrow GetLeftHandPose()$;

5 $\quad x_{Hand}^{right} \leftarrow GetRightHandPose()$;

6 $\quad \Delta x_{left} = x_{Hand}^{left}{}^{-1} \cdot x_{target}^{left}$;

7 $\quad \Delta x_{right} = x_{Hand}^{right}{}^{-1} \cdot x_{target}^{right}$;

8 $\quad$ **if** $((|\Delta x_{left}| < \varepsilon) \ \& \ (|\Delta x_{right}| < \varepsilon))$ **then**

9 $\quad\quad i \leftarrow i + 1$;

10 $\quad$ **else**

11 $\quad\quad MoveLeftArmCartesian(\Delta x_{left})$;

12 $\quad\quad MoveRightArmCartesian(\Delta x_{right})$;

13 $\quad$ **end**

14 **end**

Trajektorien mit sich kreuzenden Segmenten können durch Fallunterscheidungen bzw. Aufteilung in kreuzungsfreie Abschnitte behandelt werden.

6.5.1 Ausführung einer Gelenkwinkeltrajektorie

Die Trajektorie **T** wird ausgeführt, indem zu einem Zeitpunkt t und einer Konfiguration c eine Vorgabe der Gelenkwinkelgeschwindigkeiten $\dot{c}$ berechnet wird. Die Bewegung der Gelenke mit der Geschwindigkeit $\dot{c}(t)$ soll hierbei dazu führen, dass zum Zeitpunkt $t + t_z$ (t_z ist die Zykluszeit) die Position c_n auf der Trajektorie liegt ($c_n = c + \dot{c}t_z \in \mathbf{T}$) und ein vorgeschriebener Weg zurückgelegt wurde. Dieser Weg kann entweder als kartesische Entfernung d_{kart} oder als Distanz im Konfigurationsraum d_c angegeben werden.

Ist das Ziel der Ausführung von **T** ein Greifvorgang, ist die Position des Endeffektors von größerer Bedeutung als die Position im Konfigurationsraum, da die an die Ausführung der Trajektorie anschließende Manipulation eine genaue Lage des Endeffektors voraussetzt. Durch visuelle Überwachung der kartesischen Lage des Endeffektors und Anpassung der Position (evtl. in Abhängigkeit von einem ebenfalls visuell erfassten Zielobjekt) wird die Wiedergabe der Trajektorie an die Gegebenheiten im Arbeitsraum angepasst. Somit lässt sich trotz der im System vorhandenen Fehlerquellen (siehe Abschnitt 6.1) eine hinreichend genaue Positionierung verwirklichen.

6.5.2 Überwachung im Gelenkwinkelraum

Damit eine Trajektorie robust ausgeführt werden kann, muss zu einer Konfiguration $c \in \mathbf{C}$ die zugehörige Position $c' \in \mathbf{T}$ auf der Trajektorie bestimmt werden. Dies geschieht über die Funktion $f_{proj}(c)$, welche c auf die Trajektorie $\mathbf{T}$ projiziert, um den aktuellen Fortschritt zu ermitteln. Hierzu wird zunächst die Funktion r benötigt, welche eine Parametrisierung für die Projektion der Konfiguration c auf die Linie durch das Segment s_i liefert:

$$r : \{0, \ldots, k-2\} \times \mathbf{C} \to \mathbb{R}, \quad (i,c) \mapsto \frac{c_i c \cdot c_i c_{i+1}}{c_i c_{i+1} \cdot c_i c_{i+1}}.$$

Mit f'_{proj} wird anschließend in Gleichung (6.3) die Projektion auf das i-te Segment beschränkt, so dass der Bildbereich der Funktion mit $\mathbf{T}$ angegeben werden kann. S_i liefert hierbei die Konfiguration auf dem Segment s_i (siehe Anhang, Gleichung (A.1)). In Abbildung 6.4 ist links die Projektion einer Konfiguration auf ein Segment zu sehen.

$$f'_{proj} : \{0, \ldots, k-2\} \times \mathbf{C} \to \mathbf{T}, \quad (i,c) \mapsto \begin{cases} c_i, & r(i,c) \leq 0 \\ c_{i+1}, & r(i,c) \geq 1 \\ S_i(r(i,c)), & 0 < r(i,c) < 1 \end{cases} \quad (6.3)$$

Das Segment mit dem kleinsten euklidischen Abstand wird bestimmt, um die Projektion von c auf $\mathbf{T}$ zu berechnen:

$$seg_{proj}(c) : \mathbf{C} \to \{0, \ldots, k-2\}, \quad c \mapsto \underset{i \in \{0, \ldots, k-2\}}{\operatorname{argmin}} |c - f'_{proj}(i,c)|.$$

Nun kann der nächste Punkt $c' \in \mathbf{T}$ auf der Trajektorie bestimmt werden:

$$f_{proj}(c) : \mathbf{C} \to \mathbf{T}, \quad c \mapsto f'_{proj}(seg_{proj}(c),c).$$

Ausgehend von $c' = f_{proj}(c)$ wird nun ein maximales Ziel g_{next} auf $\mathbf{T}$ gesucht, welches die Vorgaben d_{kart} bzw. d_c für die Zykluszeit t_z einhält. Die in Abbildung 6.4 rechts markierten Positionen g_k und g_c auf $\mathbf{T}$ beschreiben exemplarisch

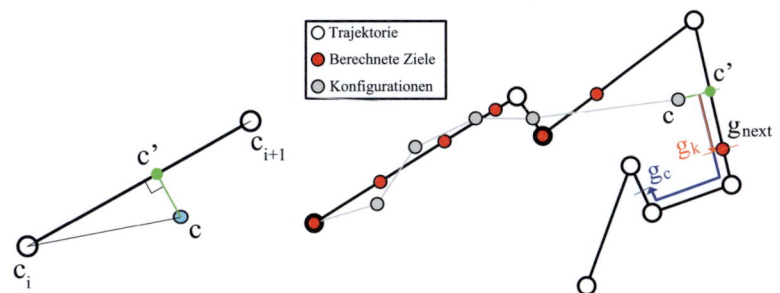

Abbildung 6.4: Ein zweidimensionales Beispiel: Projektion des Punktes c auf das Pfadsegment s_i (links). Bei der Bestimmung der Zielvorgabe g_{next} für den nächsten Ausführungszyklus werden Geschwindigkeitsvorgaben im Arbeits- und Konfigurationsraum (g_k bzw. g_c) eingehalten (rechts).

die maximale Bewegung auf der Trajektorie, wenn die Vorgaben d_{kart} bzw. d_c eingehalten werden. In Gleichung (6.4) und Gleichung (6.5) werden die maximalen Parameter u ermittelt, so dass durch die resultierende Position auf $\mathbf{T}$ die Vorgaben d_c bzw. d_{kart} eingehalten werden. Hierzu werden in (6.4) die Funktionen d zur Bestimmung der Distanz auf $\mathbf{T}$ und in (6.5) die Funktion D zur Ermittlung der kartesischen Distanz des Endeffektors benötigt (eine Definition von d und D findet sich im Anhang A.5).

$$g_c(c') = T(\ \underset{u \in [T^{-1}(c'),1]}{\mathrm{argmax}}\ d(u, T^{-1}(c')) \leq d_c) \qquad (6.4)$$

$$g_{kart}(c') = T(\ \underset{u \in [T^{-1}(c'),1]}{\mathrm{argmax}}\ D(u, T^{-1}(c')) \leq d_{kart}) \qquad (6.5)$$

Anschießend kann das für den aktuellen Zeitschritt gültige temporäre Ziel g_{next} bestimmt werden, indem das Minimum von g_c und g_{kart} ermittelt wird:

$$g_{next}(c') = min(g_c(c'), g_{kart}(c')).$$

Durch dieses temporäre Ziel g_{next} kann die Geschwindigkeitsvorgabe $\dot{c} = k(g_{next} - c)$ ermittelt und somit eine Vorgabe für die Regelung der Gelenke berechnet werden.

Überwachung und Korrektur der kartesischen Lage

In diesem Abschnitt wird ein Ansatz zur visuell gestützten Ausführung von Greif-
und Manipulationstrajektorien erläutert (siehe [Vahrenkamp 09a]). Bei der Ausführung von Trajektorien zum Greifen oder Manipulieren von Gegenständen muss
die Relation zwischen Objekt und Endeffektor im Arbeitsraum sehr genau wiedergegeben werden. Der im letzten Abschnitt besprochene Ansatz zur Ausführung
von Gelenkwinkeltrajektorien wird diesem Anspruch in einem exakt kalibrierten
System genügen, allerdings kann bei humanoiden Robotern der Einfluss von ver-
schiedensten Fehlerquellen (siehe Abschnitt 6.1) dazu führen, dass die Trajektorie
des Endeffektors im Arbeitsraum nicht den erwarteten Verlauf nimmt.

Mit den in Abschnitt 6.2 beschriebenen Ansätzen zur visuellen Lokalisierung der
Objekte bzw. des Endeffektors ist es möglich, die Relation zwischen der Hand
und dem Zielobjekt während der Ausführung der Trajektorie zu ermitteln und gegebenenfalls zu korrigieren. In Abbildung 6.5 ist die visuell bestimmte ($\Delta x_{visuell}$)
und die durch die Vorwärtskinematik berechnete (Δx_{kin}) Relation von Endeffektor
zu Zielobjekt eingezeichnet. Zu einem Zeitpunkt t kann die Abweichung dieser
beiden Beziehungen ermittelt werden:

$$\Delta e(t) = \Delta x_{kin}(t) \cdot \Delta x_{visuell}^{-1}(t).$$

In einem System ohne Fehlerquellen wird $\Delta e(t)$ Null sein, da die berechnete Lage
von Objekt und Hand mit der visuell ermittelten übereinstimmt.

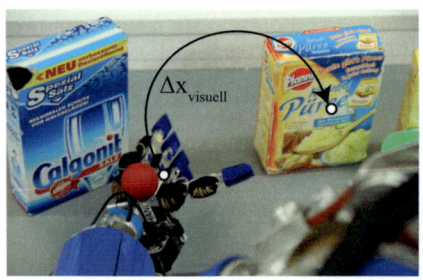 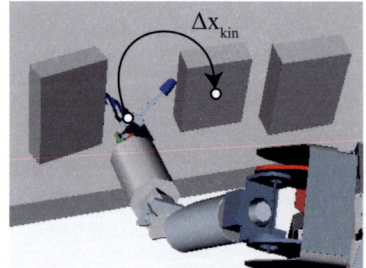

Abbildung 6.5: Die visuell ermittelte und die erwartete Relation zwischen Hand
und Objekt.

Wird während der Ausführung einer Trajektorie festgestellt, dass die Relation
zwischen Objekt und Hand zu einem Zeitpunkt t nicht dem erwarteten Wert

$\Delta x_{kin}(t)$ entspricht, wird ein Korrekturwert $\Delta c_e(t)$ im Konfigurationsraum bestimmt. Dieser Korrekturwert kann durch die Pseudoinverse der Jacobimatrix bestimmt werden:

$$\Delta c_e(t) = kJ^+(c(t))\Delta e(t). \tag{6.6}$$

Eine Verschiebung der Trajektorie um $\Delta c_e(t)$ im Konfigurationsraum bewirkt, dass die Trajektorie des Endeffektors im Arbeitsraum um $\Delta e'(t) \approx \Delta e(t)$ verschoben wird. Da in Gleichung (6.6) die nur lokal gültige Jacobimatrix zur Abbildung des Fehlers von Arbeitsraum zu Gelenkwinkelraum benutzt wird, kann in einem *open-loop* Verfahren kein exakter Korrekturwert ermittelt werden. Da in der Umsetzung $\Delta c_e(t)$ in jedem Zyklus bestimmt wird, erfolgt eine *closed-loop* Korrektur der kartesischen Fehllage und eine zuverlässige Positionierung des Endeffektors wird somit ermöglicht.

Somit ergibt sich die Trajektorie zu:

$$T'(t) = T(t) + \Delta c_e(t).$$

Der Algorithmus

Verbindet man die Ansätze aus den beiden vorangegangenen Abschnitten zur Überwachung der Ausführung im Gelenkwinkel- sowie im Arbeitsraum ergibt sich ein Algorithmus, der es ermöglicht, eine Trajektorie für Greif- und Manipulationsaufgaben mit hinreichender Genauigkeit auszuführen.

Algorithmus 31: GenerateVelocity(c, T)

---

1 $\Delta e(t) \leftarrow \Delta x_{kin}(t) \cdot \Delta x_{visuell}^{-1}(t)$;
2 $\Delta c_e(t) \leftarrow kJ^+(c(t))\Delta e(t)$;
3 $T' \leftarrow T + \Delta c_e(t)$;
4 $c' \leftarrow f_{proj}(c, T')$;
5 $g_{next}(c') = min(g_c(c'), g_{kart}(c'))$;
6 $\dot{c} \leftarrow k(g_{next} - c)$;
7 return $\dot{c}$;

In Algorithmus 31 wird zunächst die Abweichung Δe zwischen visuell ermittelter und erwarteter Hand-Objekt Transformation bestimmt und Δc_e, wie in Abschnitt 6.5.2 beschrieben, aus Δe abgeleitet. Die Berechnungen aus Abschnitt 6.5.2 werden anschließend mit der um Δc_e verschobenen Trajektorie durchgeführt und eine Geschwindigkeitsvorgabe $\dot{c}$ für die Gelenke wird erzeugt.

6.6 Evaluation

Die Evaluation der Algorithmen zur Handlungsausführung wird auf dem humanoiden Roboter ARMAR–III umgesetzt. Das Software-Framework von ARMAR–III erlaubt die Kapselung von Einzelaktionen (*Skills*) sowie die Verkettung von Aktionen (*Tasks*). Die hier vorgestellten Evaluationen sind als Softwarebausteine in dem Framework integriert (*VisualGraspSkill*, *GraspHandleSkill*, *BimanualVisualGraspSkill*, *ExecuteTrajectorySkill*) und stehen somit zur Nutzung auf dem Roboter zur Verfügung.

6.6.1 Sensorgestütztes Greifen mit ARMAR–III

Für die Ausführung von Greifaktionen mit ARMAR–III werden ein Hüftgelenk und jeweils sieben Armgelenke genutzt. Die anthropomorphen Hände von ARMAR–III [Schulz 01] können diskrete vordefinierte Stellungen annehmen, so dass beispielsweise Kraft- oder Präzisionsgriffe angewendet werden können.

Das Objekterkennungssystem von ARMAR–III [Azad 09] wird in einem nebenläufigen Prozess genutzt, um die aktuellen Hand- bzw. Objektkoordinaten für die Greifaktionen zu ermitteln. Die Ansätze aus Kapitel 6.2 werden eingesetzt, um die hybride Lageschätzung der Hand während der Ausführung zu gewährleisten. Hierzu wird der Handmarker visuell lokalisiert und die Daten aus Vorwärtskinematik und Kraft-Momenten-Sensor am Handgelenk werden genutzt. Die folgenden Beispiele zeigen den Einsatz der Methoden für unterschiedliche Objekte. Es werden Realisierungen für Becher, Schachteln und Türgriffe vorgestellt.

GraspEditor: Definition der Greifpunkte

Annäherungs- und Greifpositionen können mit dem in der Bibliothek *Simox* integrierten Werkzeug *GraspEditor* [Vahrenkamp 10b] interaktiv erstellt und bearbeitet werden. Es können Griffe zu Objekten definiert, verändert und parametrisiert und in Konfigurationsdateien gespeichert werden. In Abbildung 6.6 sind Annäherungs- und Greifposen für zwei Objekte zu sehen.

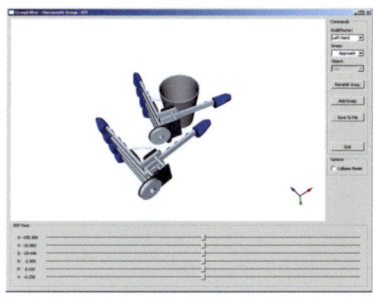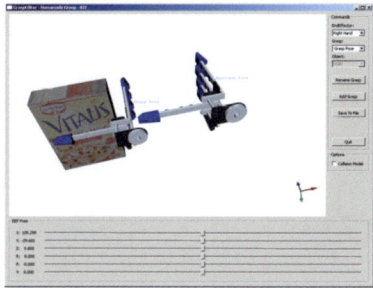

Abbildung 6.6: Annäherungs- und Greifdefinitionen für verschiedene Objekte.

VisualGraspSkill: **Becher**

Der in dieser Arbeit vorgestellte Ansatz wird eingesetzt, um einen Becher mit einer Hand zu greifen. Hierbei wird der Becher mit dem aktiven Kopf verfolgt und die kartesische Lage des Objekts sowie der daraus abgeleiteten Greifposition kontinuierlich ermittelt.

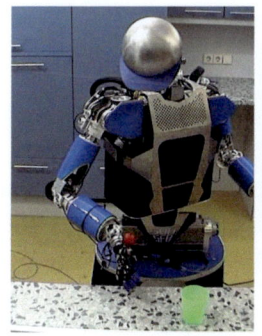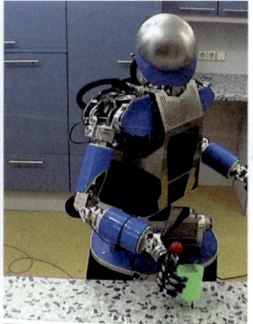

Abbildung 6.7: ARMAR–III greift einen Becher.

Abbildung 6.7 zeigt die Ausführung auf dem Roboter und in Abbildung 6.8 sind die kartesischen Distanzen der Hand zur Zielposition aufgetragen. Da der Handmarker erst ab Zeitschritt 185 in den Kamerabildern lokalisiert werden kann (zuvor sind Objekt und Hand zu weit voneinander entfernt), ergibt sich zu diesem Zeitpunkt eine Korrektur der Handposition, da in den vorigen Zeitpunkten die Lage der Hand nur aus den kinematischen Berechnungen erfolgt ist.

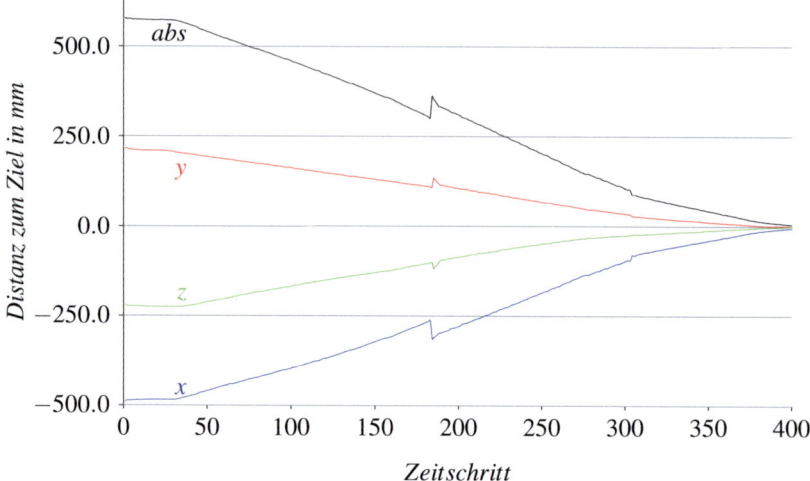

Abbildung 6.8: Die kartesischen Distanzen des TCP zur Zielpose, in blau (x), rot (y) und grün (z). Die Gesamtdistanz ist in schwarz aufgetragen. Bis zu Zeitschritt 185 sind Hand und Zielobjekt zu weit voneinander entfernt, um beide Lagen visuell zu ermitteln, so dass die Position der Hand geschätzt wird. Durch die Erkennung der Hand und eine genauere Positionsbestimmung kommt es zu einem Sprung in der Regeldistanz.

VisualGraspSkill: Schachtel

In diesem Experiment werden die in diesem Kapitel beschriebenen Algorithmen genutzt, um eine Schachtel zu greifen. Die Greifposition relativ zum Objektmittelpunkt ist hierbei vorgegeben und wird durch Visual Servoing angefahren.

Abbildung 6.9: Die interne Sicht des Roboters ARMAR–III während des Greifens einer Schachtel.

Die interne Sicht des Roboters während der Ausführung ist in Abbildung 6.9 zu sehen. In Abbildung 6.10 ist der Unterschied zwischen der visuell ermittelten Position des TCP und den durch die Vorwärtskinematik bestimmten Handpositionen dargestellt. Es ist zu sehen, dass dieser Wert nicht konstant ist und somit erst die kontinuierliche visuelle Überwachung eine erfolgreiche Ausführung von Greifaktionen ermöglicht.

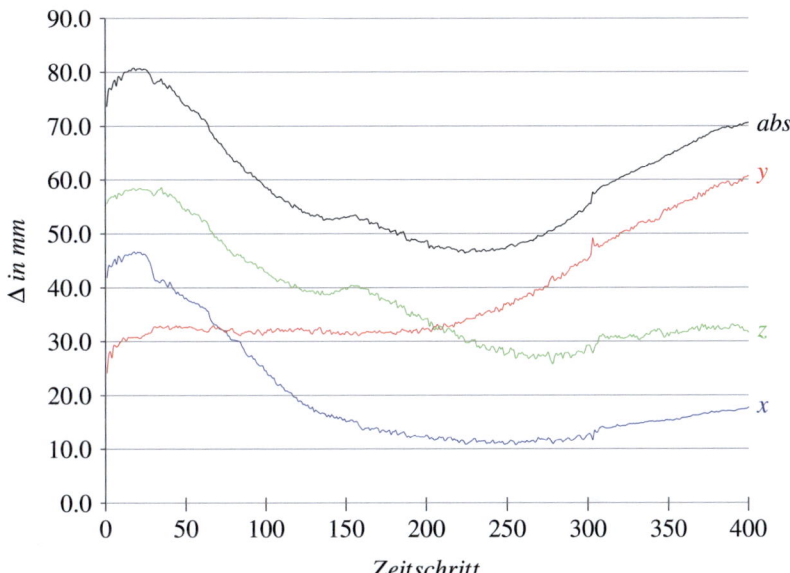

Abbildung 6.10: Der Unterschied zwischen der kinematisch und der visuell ermittelten TCP Position während der Ausführung (x in blau, y in rot, z in grün und der Absolutwert in schwarz).

GraspHandleSkill: Türgriff

Mit den beschriebenen Visual-Servoing Ansätzen ist es möglich Türgriffe zuverlässig zu greifen. Hierzu wird die Hand relativ zu dem Griff positioniert und die Kraft/Momenten-Sensoren werden genutzt, um Kontaktereignisse zu detektieren [Vahrenkamp 08a]. Es wird folgender Ablauf zum zuverlässigen Greifen von Türgriffen realisiert:

- **Annäherung**
  Der Türgriff wird über Funktionen der Bildverarbeitung kontinuierlich lokalisiert [Gonzalez-Aguirre 09] und die gewünschte Lage der Hand zur Annäherung relativ zu der Lage des Türgriffs ermittelt. Ist die Hand an der gewünschten Position, wird der nächste Schritt ausgeführt.

- **Erster Kontakt**
  Die Hand wird nun in Richtung des Griffes bewegt, bis ein erster Kontakt über die Kraft/Momentensensoren detektiert wird.

- **Feinpositionierung der Hand**
  Die Finger werden in eine vordefinierte Stellung gebracht, aber nicht komplett geschlossen. Hierbei ist eine Impedanzregelung aktiv, um den Arm näher an den Türgriff zu bewegen. Durch die Kräfte, welche durch die teilweise geschlossenen Finger auf die Hand und das Handgelenk ausgeübt werden, wird die Bewegung induziert.

- **Schließen der Hand**
  Die Hand wird in diesem Schritt komplett geschlossen, wobei die Impedanzregelung weiterhin aktiv ist. Damit ist es möglich, die Hand in eine Position zu bewegen, mit der das Öffnen der Tür robust ermöglicht wird.

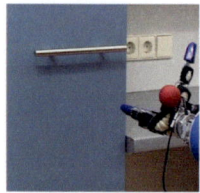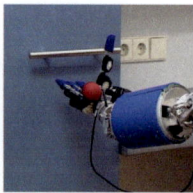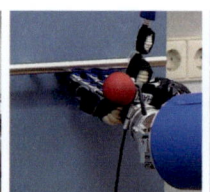

Abbildung 6.11: Visual Servoing zum Greifen des Griffs einer Schranktür.

Basierend auf diesem Ansatz wurde in [Wieland 09] eine Erweiterung vorgestellt, um Türen mit humanoiden Robotern zu öffnen. Der Ansatz vereint Informationen aus Kraftsensoren und der Bildverarbeitung, damit der aktuelle Öffnungswinkel der Tür geschätzt werden kann. In Abbildung 6.11 ist der Ablauf einer Greifbewegung zu sehen. Abbildung 6.12 zeigt, wie mit den vorgestellten Verfahren eine Kühlschranktür geöffnet werden kann. Hierzu werden beide Arme von ARMAR–III eingesetzt, um die Tür komplett zu öffnen.

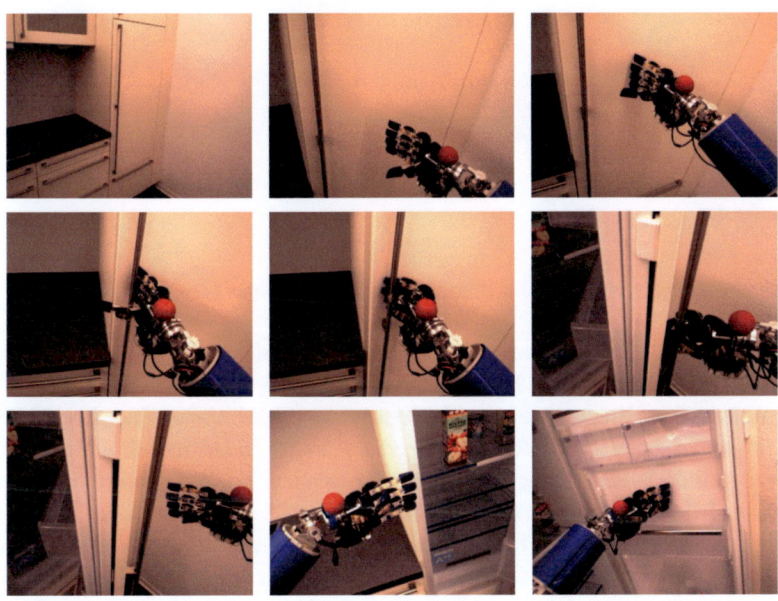

Abbildung 6.12: Eine Kühlschranktür wird mit dem vorgestellten Ansatz geöffnet. Um die Tür komplett zu öffnen, werden beide Hände eingesetzt.

6.6.2 Sensorgestütztes Greifen und Manipulieren mit zwei Händen

Die Erweiterungen der Visual Servoing Ansätze auf zwei Arme (siehe Abschnitt 6.4) werden in den folgenden zwei Experimenten eingesetzt, um sowohl eng als auch lose-gekoppelte zweiarmige Aktion durchzuführen (siehe Abbildung 6.13).

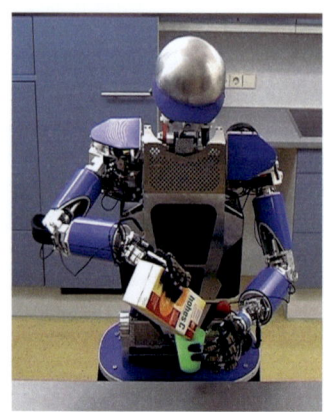

Abbildung 6.13: ARMAR–III führt zweihändige Manipulationsaktionen in der Küche aus.

BimanualVisualGraspSkill: Gekoppeltes zweihändiges Greifen

In diesem Experiment wird ein großes Objekt mit beiden Händen gegriffen. Der Wok steht hierbei vor dem Roboter und beide Hände sowie Teile des Woks (die Griffe) werden visuell erfasst. In Abbildung 6.14 ist der Ablauf einer Greifaktion zu sehen. Zu sehen ist die Lokalisierung der Marker und Griffe während der Ausführung (linke Bilder) sowie ein Kamerabild nachdem das Objekt gegriffen wurde (rechtes Bild). Die gemessenen Distanzen der Hände zu den jeweiligen Zielpositionen sind in Abbildung 6.15 aufgetragen. Die Distanzen werden alternierend bestimmt, wobei die Phasen der visuellen Lokalisierung durch blaue (rechte Hand) bzw. grüne (linke Hand) Balken markiert sind. Die Umsetzung des Greifvorgangs erfolgt, indem für beide Hände jeweils die Annäherungspose x_{pre} und anschließend die Greifpose x_{grasp} als Ziel vorgegeben wird (siehe Abschnitt 6.4.2). Dieser Wechsel von Annäherungspose zu Greifpose ist in Abbildung 6.15 am Sprung der Regeldistanzen zum Zeitpunkt $t = 9$ Sekunden zu sehen. Weiterhin sind die Anpassungen der Regeldistanzen während der Phasen der visuellen Lokalisierung (blau bzw. grün markiert) gut zu erkennen.

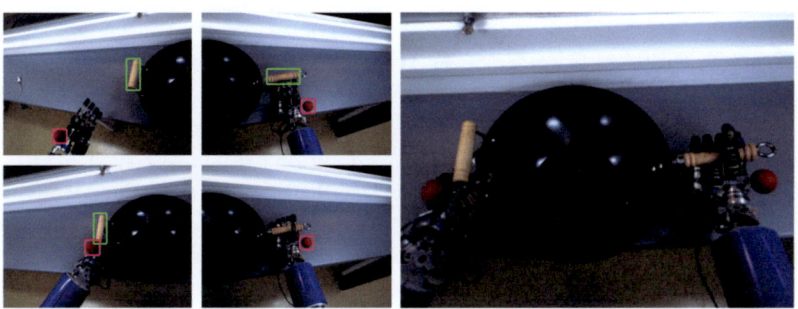

Abbildung 6.14: Der Wok wird simultan mit beiden Händen gegriffen, wobei die Hand über den Marker lokalisiert wird (rot) und über die Lage der Griffe (grün markiert) die Greifpositionen ermittelt werden. Die Zielposen sind relativ zum Objekt definiert und wurden über Nullkraftregelung eingelernt.

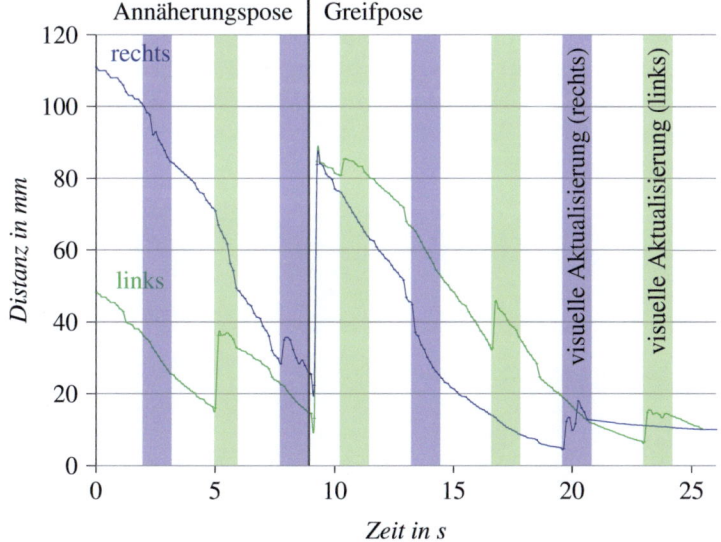

Abbildung 6.15: Die kartesischen Distanzen zwischen aktueller und gewünschter Position der linken und rechten Hand. Der Sprung der Distanzen bei $t = 9s$ ergibt sich aus dem Wechsel des Ziels von der Annäherungspose zur finalen Greifpose.

BimanualVisualGraspSkill: **Lose gekoppeltes zweihändiges Greifen**

Bei diesem Experiment werden beide Arme genutzt, um einen Becher und einen Getränkekarton simultan zu greifen. Anschließend wird eine vorgegebene Trajektorie ausgeführt. Durch den Einsatz von Visual Servoing kann die Trajektorie mit hoher Genauigkeit (bezogen auf die relative Position der beiden Hände zueinander) wiedergegeben werden und somit wird die Realisierung eines Einschenkvorgangs ermöglicht (siehe Abbildung 6.16). In Abbildung 6.17 ist die Distanz der linken Hand zur jeweilig gültigen Zielposition aufgetragen. Während der Ausführung der zweiarmigen Bewegung wird die Position der linken Hand in den blau markierten Phasen der visuellen Aktualisierung über die Bildverarbeitung lokalisiert. Zwischen diesen Aktualisierungsphasen ist die Blickrichtung auf die andere Hand gerichtet oder die Bildinformationen können nicht genutzt werden, da die Augen zu schnell bewegt werden und die Kamerabilder somit unscharf sind. Um, trotz der relativ langen Phasen, in denen die Hand nicht visuell lokalisiert werden kann, eine möglichst genaue Positionierung zu erreichen, wird der zuletzt ermittelte Unterschied zwischen erwarteter und visuell bestimmter Handposition für die Korrektur der aktuellen Lage der Hand eingesetzt (siehe Kapitel 6.2.2). Bis zum Zeitpunkt $t = 12$ Sekunden wird die Annäherungspose x_{pre} als Ziel vorgegeben. Der anschließende Wechsel der Zielvorgabe auf die finale Greifpose x_{grasp} spiegelt sich in Abbildung 6.17 durch den Sprung in der Regeldistanz wider. Weiterhin sind die Anpassungen der Regeldistanzen während der blau markierten Phasen der visuellen Aktualisierung zu sehen.

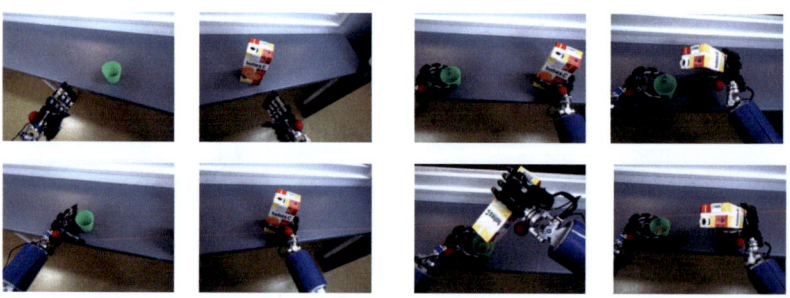

Abbildung 6.16: Die interne Sicht von ARMAR–III während der Becher und der Getränkekarton gegriffen werden. Die zwei Spalten links zeigen die Phasen der visuellen Lokalisierung für die linke und die rechte Hand, wobei der Blick auf die jeweilige Hand gerichtet ist. Rechts ist die Ausführung des Einschenkvorgangs durch die zweiarmigen Visual Servoing Regelung zu sehen.

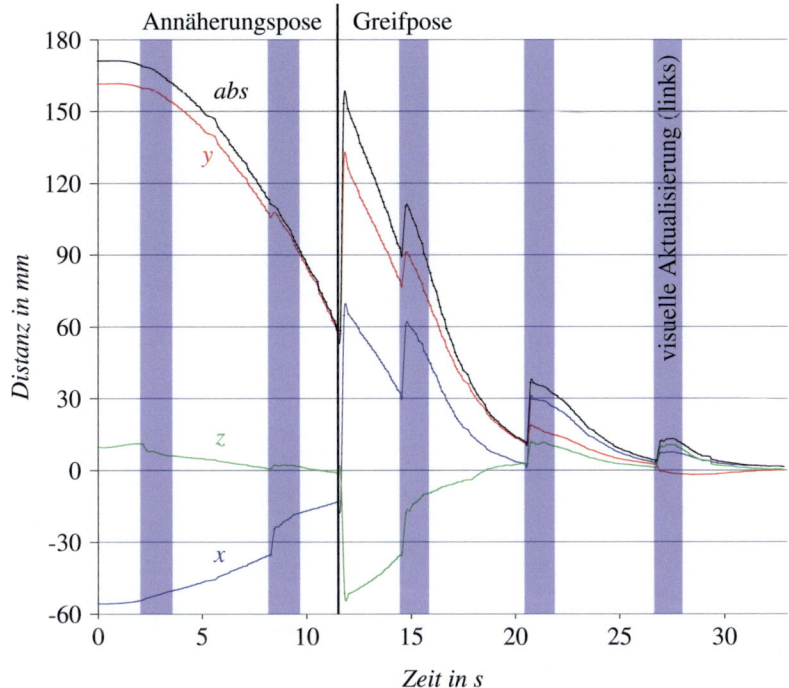

Abbildung 6.17: Die kartesischen Distanzen zwischen aktueller und gewünschter Position der linken Hand. Der Sprung der Distanzen bei $t = 12s$ ergibt sich aus dem Wechsel des Ziels von der Annäherungspose zur finalen Greifpose.

6.6.3 *ExecuteTrajectorySkill*: Sensorgestützte Ausführung geplanter Trajektorien

Die Evaluation der Trajektorienausführung wird anhand geplanter Greiftrajektorien mit ARMAR–III durchgeführt (siehe Abbildung 6.18). Die Ausführung wird visuell überwacht, indem die Lage der Hand und des zu greifenden Objekts während der Ausführung über das Stereokamerasystem bestimmt wird.

In Abbildung 6.19 ist eine Visualisierung der Korrekturwerte während der Ausführung einer Greiftrajektorie zu sehen. Die geplante Greiftrajektorie ist mit weißen Punkten im Arbeitsraum dargestellt, die roten Striche visualisieren die berechneten Korrekturwerte während der Ausführung und die grünen Positionen beschreiben den Verlauf der Handposition in Relation zum Zielobjekt.

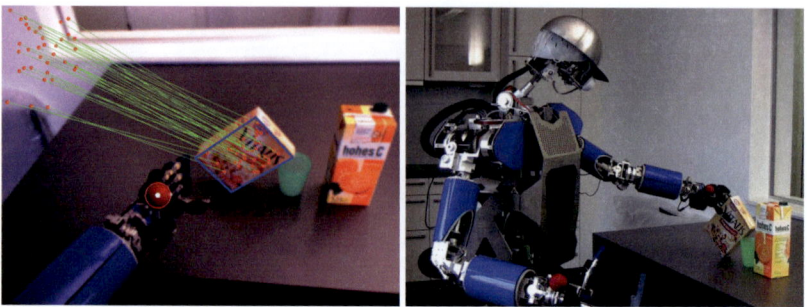

Abbildung 6.18: Ausführung einer geplanten Greiftrajektorie auf ARMAR–III. Links ist die interne Sicht des Roboters zu sehen.

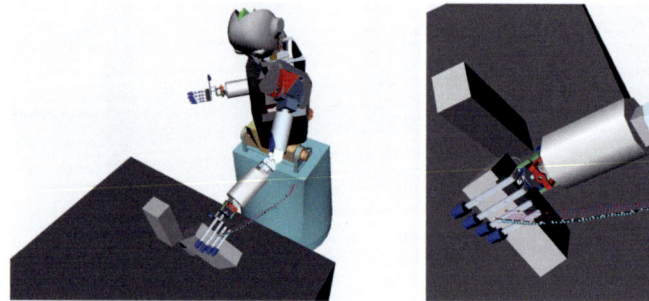

Abbildung 6.19: Visualisierung der geplanten Trajektorie und der Korrekturwerte, welche während der Ausführung berechnet wurden.

Zu Beginn der Ausführung bewirkt der Algorithmus zur Trajektorienwiedergabe, dass sich die Hand in Richtung der Trajektorie bewegt und somit die anfängliche Fehlstellung der Hand aufgehoben wird. Im weiteren Verlauf zeigt sich, dass die Hand-Objekt-Relation sehr genau wiedergegeben wird und die Greiftrajektorie hinreichend exakt ausgeführt werden kann. Der kurzzeitig auftretende Anstieg des Positionierungsfehlers resultiert aus der Lokalisierung des Ziels, welche in diesem Moment einsetzt. Zuvor konnte durch die große Entfernung von Hand und Objekt nur die Hand lokalisiert werden. Die Lageschätzung des Objektes ist in den ersten Zyklen nicht zuverlässig, da das Objekt am Rand des Kamerabildes auftaucht und dort die nicht-linearen Fehler der Kamerakalibrierung starken Einfluss haben. Zu sehen ist, dass sich mit fortlaufender Ausführung die Objektlokalisierung stabilisiert, so dass nur eine kurzzeitige Störung des Ablaufs zu beobachten ist.

6.7 Bewertung der Ansätze

Die vorgestellten Ansätze zur sensorgestützten Ausführung von Manipulationsaufgaben mit humanoiden Robotern basieren auf Konzepten von positionsbasiertem Visual Servoing. Hierbei werden die kartesischen Relationen des Endeffektors und eines Zielobjektes zur Überwachung der Ausführung eingesetzt.
Durch die Integration von reaktiven Komponenten, kann auf unvorhergesehene
Kontaktereignisse reagiert werden und eine erhöhte Sicherheit bei der Ausführung in mensch-zentrierter Umgebungen gewährleistet werden. Eine Erweiterung
der Visual Servoing Algorithmen auf simultanes zweihändiges Greifen erlaubt
die Ausführung zweihändiger eng und lose gekoppelter Aktionen auf humanoiden
Robotern. Weiterhin wurden Verfahren vorgestellt, um geplante Trajektorien visuell überwacht auszuführen. Hierdurch ist es möglich, den kompletten Zyklus zum
Greifen zu realisieren:

- Aufbau der internen Repräsentation durch Objekterkennung und Objektlokalisierung.

- Planung einer kollisionsfreien Bewegung zum Greifen.

- Sensorgestützte Ausführung der Trajektorie auf dem Roboter.

Die Evaluation auf dem humanoiden Roboter ARMAR–III hat gezeigt, dass
Greifaktionen für ein- und zweihändige Aufgaben mit den entwickelten Ansätzen robust und wiederholbar realisiert werden können. Die Umsetzung erfolg-
te, indem Softwarebausteine als Fähigkeiten (Skills) des Roboters implementiert
wurden und somit eine Bibliothek an wiederverwendbaren Komponenten für die
Bewegungsausführung auf dem System zur Verfügung gestellt wurde.

Kapitel 7

Zusammenfassung und Ausblick

Das Ziel dieser Arbeit war es, Algorithmen und Methoden zu entwickeln, welche die Implementierung von Greif- und Manipulationsaufgaben bei humanoiden Robotern erlauben. Das Hauptaugenmerk wurde auf die Entwicklung effizienter Verfahren für den Einsatz in realen Szenarien gelegt. Im Folgenden werden die Beiträge dieser Arbeit zusammen gefasst und ein Ausblick auf zukünftige Arbeiten gegeben.

7.1 Wissenschaftliche Beiträge der Arbeit

Der Einsatz stichprobenbasierter Algorithmen stellt einen viel versprechenden Weg zur effizienten Planung von Greif- und Manipulationsaufgaben für Systeme mit einer hohen Anzahl an Bewegungsfreiheitsgraden dar. In der vorliegenden Arbeit wurden Lösungen für unterschiedliche Aufgabenstellungen im Kontext der humanoiden Robotik entwickelt, implementiert und in realen Szenarien evaluiert. Die Szenarien umfassten hierbei die Planung von Bewegungen für das ein- und zweiarmige Greifen, das Umgreifen sowie für das kooperative Greifen mehrerer Roboter. Ein besonderer Fokus lag auf der Bereitstellung eines allgemeingültigen Ansatzes, der Algorithmen zur Bewegungsplanung, Bestimmung von Griffen sowie Lösung des inversen kinematischen Problems so integriert, dass Greif- und Manipulationsaufgaben für humanoide Roboter effizient geplant werden können. Zur Gewährleistung einer robusten Ausführung wurden aus der Literatur bekannte Methoden des *Visual–Servoing* erweitert.

Im Einzelnen wurden folgende wissenschaftliche Beiträge geleistet:

- **Randomisierte Algorithmen zur Lösung des inversen kinematischen Problems für hoch-redundante Systeme unter Berücksichtigung der Erreichbarkeit**

  Die entwickelten IK–Algorithmen ermöglichen das effiziente Lösen des inversen Kinematischen Problems für Systeme mit einer Vielzahl an Bewegungsfreiheitsgraden. Es wurde gezeigt, dass durch Erreichbarkeitsanalysen und die Kombination von analytischer Methoden und randomisierten Ansätzen zur Lösung des inversen kinematischen Problems eine Vielzahl von Problemstellungen effizient gelöst werden kann. Der Ansatz wurde im Kontext des Greifens mit humanoiden Robotern, am Beispiel des humanoiden Roboters ARMAR–III, evaluiert.

- **IK–basierte Bewegungsplanung**

  Mit der IK–basierten Bewegungsplanung wurde ein integriertes Konzept zur Planung von Greifbewegungen vorgestellt. Der Ansatz kombiniert die Suche nach Lösungen für die drei Hauptaufgaben, welche zur Ermittlung kollisionsfreier Greifbewegungen notwendig sind: Die Suche nach einem anwendbaren Griff, das Lösen des IK–Problems und die Berechnung einer kollisionsfreien Trajektorie. Mit dem J^+–RRT Algorithmus wurde ein genereller Ansatz vorgestellt, mit dem Greiftrajektorien ermittelt werden können, ohne dass ein expliziter IK–Algorithmus benötigt wird. Weiterhin wurde der IK–RRT–Ansatz entwickelt, bei dem randomisierte IK–Algorithmen eine effizientere Bestimmung kollisionsfreier Bewegungen ermöglichen. Eine Erweiterung der Ansätze ermöglicht die Planung von Umgreifbewegungen und von kooperativen Greifbewegungen für mehrerer Roboter. Die Evaluation am Beispiel des humanoiden Roboters ARMAR–III zeigt, dass Lösungen für hochdimensionale Planungsprobleme auf effiziente Art und Weise bestimmt werden können, und dass die Algorithmen für reale Anwendungen eingesetzt werden können.

- **Integrierte Greif- und Bewegungsplanung**

  Mit dem Grasp–RRT Algorithmus wurde ein Ansatz vorgestellt, der im Gegensatz zu den IK–basierten Ansätzen, keine vordefinierten Griffe benötigt, um eine kollisionsfreie Greifbewegung zu ermitteln. Der Ansatz vereint die Suche nach anwendbaren Greifhypothesen mit der Planung einer kollisionsfreien Bewegungen zu einem integrierten Online–Algorithmus. Dies wurde dadurch erreicht, dass die Suche nach Greifhypothesen auf den Teil eines

Zielobjektes beschränkt wird, welcher bereits durch kollisionsfreie Bewegungen erreichbar ist. Der Ansatz bietet eine neuartige Möglichkeit an, kollisionsfreie Bewegungen für das ein- und zweihändige Greifen von teilweise bekannten Objekten zu bestimmen. Der Grasp–RRT Ansatz wurde in Simulation und auf dem humanoiden Roboter ARMAR–III für ein- und zweiarmige Aufgabenstellungen evaluiert.

- **Sensorbasierte Ausführung von Greifaufgaben**
  Um Greif- und Manipulationsbewegungen auf einem humanoiden Roboter erfolgreich ausführen zu können, müssen die Vorgaben möglichst exakt wiedergegeben werden. Hierzu wurden in dieser Arbeit Methoden des positionsbasierten *Visual Servoing* erweitert und angewandt. Das entwickelte Rahmenwerk zum *Visual Servoing* erlaubt sowohl eine reaktive Ausführung von ein- und zweiarmigen Greifbewegungen als auch die robuste und zuverlässige Wiedergabe von geplanten Bewegungen. Die Evaluation auf dem humanoiden Roboter ARMAR–III zeigt, dass das Rahmenwerk vielseitig einsetzbar ist und eine Grundlage für weiterführende Aufgaben im Kontext von Greifen und Manipulation bei humanoiden Robotern darstellt.

7.2 Ausblick

In dieser Arbeit wurden Algorithmen vorgestellt, um Greif- und Manipulationsaufgaben bei humanoiden Robotern erfolgreich umzusetzen. In weiterführenden Ansätzen können, basierend auf den hier vorgestellten Methoden, komplexere Szenarien untersucht werden.

Eine denkbare Erweiterung stellt die Berücksichtigung von Beinen eines humanoiden Roboters durch die Planungsalgorithmen dar. Hierzu müssen die entwickelten IK–Ansätze Stabilitäts- und Haltungsvorgaben berücksichtigen, die zu einer weiteren Einschränkung des Konfigurationsraums führen. Die Übertragung der vorgestellten Konzepte zur Bewegungsplanung für Greifaufgaben auf die Planung von Schrittfolgen für zweibeinige Roboter bietet vielfältige Möglichkeiten für weitere Untersuchungen. Dabei kann die Suche nach einer geeigneten Fußposition eines humanoiden Roboters als IK–Problem betrachtet werden, für das der hier vorgeschlagene IK–RRT Ansatz verwendet werden kann.

Im Kontext des kooperativen Greifens mehrerer Roboter sind Algorithmen zur Koordination der Systeme sowie zur sensorbasierten Ausführung nötig, um Manipulationsaufgaben mit mehreren humanoiden Robotern erfolgreich durchzuführen. In dieser Arbeit wurde gezeigt, wie kollisionsfreie Bewegungen in den hochdimensionalen Konfigurationsräumen von Systemen mit mehreren Robotern effizient geplant werden können. In weiterführenden Arbeiten können vielfältige Manipulationsaufgaben für mehrerer Roboter untersucht werden. Auch die sensorbasierte Ausführung von kooperativen Manipulationsaufgaben mehrerer mobiler Manipulatoren wirft eine Vielzahl an Fragestellungen auf, welche in zukünftigen Arbeiten behandelt werden können. Denkbar ist hierbei die visuelle Erfassung von Bewegungen anderer Roboter oder ein *Visual Servoing* Ansatz, bei dem visuelle Informationen mehrerer Roboter fusioniert werden.

Weiterhin führt die Kombination von symbolischer Planung und Bewegungsplanung zu interessanten Fragestellungen für den Einsatz humanoider Roboter in Alltagsumgebungen. Hierbei ist die Integration der Bewegungsplanung in Planungsansätze auf höherer Abstraktionsebenen denkbar. Eine weitere Herausforderung ist die Abbildung von Unsicherheiten im Planungskonzept sowie die Integration von probabilistischen Repräsentationen zur Modellierung des Umweltzustands. Hierdurch können, während der Planung von Bewegungen, Vorhersagen über die Erfolgsaussichten bei der späteren Ausführung erstellt werden.

Anhang A

Mathematische Grundlagen

A.1 Repräsentation von Rotationen

Die orthogonale Gruppe $O(n)$ beschreibt alle orthogonalen $n \times n$ Matrizen mit reellen Koeffizienten. Matrizen der speziellen orthogonalen Untergruppe $SO(n)$ haben die Eigenschaft, dass die Determinante 1 ist. Somit beschriebt $SO(n)$ alle Drehungen im $\mathbb{R}^n$ und $SO(3)$ ist die Gruppe aller Drehungen um eine durch den Koordinantenursprung verlaufende Achse im dreidimensionalen Raum. Im Folgenden werden unterschiedliche Parametrisierungen der Gruppe $SO(3)$ näher erläutert.

- **Drehmatrizen**
  Für eine Drehmatrix $R \in \mathbb{R}^{3 \times 3}$ müssen folgende Eigenschaften gelten: $det(R) = 1$, $R^T = R^{-1}$ und $R^T R = R R^T = I$.

- **Roll-Pitch-Yaw Winkel**
  Die drei Roll-Pitch-Yaw Winkel γ, β und α beschrieben Rotationen um die X-, Y- und die Z-Achse. Das Bezugssystem der Rotationen ist hierbei fest, so dass eine intuitive Angabe bzw. Änderung dieser Winkel möglich ist.

- **Drehachse und Winkel**
  Eine Drehung in $\mathbb{R}^3$ kann über eine Achse $v = (v_1, v_2, v_3)^T$ zusammen mit einem Winkel α beschrieben werden.

- **Eulerwinkel**
  Die drei Eulerwinkel beschrieben eine Rotation im dreidimensionalen

Raum, wobei 12 Konventionen für die Darstellung mit Eulerwinkeln existieren. Durch Hintereinanderausführung von Drehungen um die Koordinatenachsen wird eine beliebige Rotation erzeugt. Hierbei wird das Bezugssystem bei jeder Einzelrotation mit bewegt, so dass die folgenden Drehungen in dem rotierten Koordinatensystem ausgeführt werden. Durch die Wahl der Koordinatenachsen wird eine Konvention der Eulerwinkel festgelegt. So bedeutet beispielsweise die ZXZ-Konvention, dass die erste Rotation um die Z-Achse, die zweite um die gedrehte X-Achse und die dritte Rotation um die wiederum gedrehte Z-Achse stattfindet.

- **Quaternionen**

  Ein Quaternion $q \in \mathbb{H}$ ist definiert als $q = (q_0, q_1, q_2, q_3)^T$, mit $q_0, \ldots, q_3 \in \mathbb{R}$. Hierbei ist $q_0 = Sc(q)$ der Skalaranteil und $(q_1, q_2, q_3)^T = Vec(q) \in \mathbb{R}^3$ der Vektoranteil von q. Quaternionen können mit drei imaginären Einheiten i, j und k dargestellt werden [Husty 97]: $q_0 + q_1 i + q_2 j + q_3 k$.

A.2   Die Spezielle Euklidische Gruppe $SE(3)$

Die Raum aller kartesischen Posen ist äquivalent zur Speziellen Euklidischen Gruppe $SE(3)$, welche alle translatorischen und rotatorischen Transformationen im kartesischen Raum abdeckt:

$$SE(3) = \mathbb{R}^3 \times SO(3).$$

A.2.1   Homogene Koordinaten

Eine homogene Matrix $H \in \mathbb{R}^{4 \times 4}$ setzt sich aus einer Rotationsmatrix $R \in \mathbb{R}^{3 \times 3}$ und einem Translationsvektor $t \in \mathbb{R}^3$ zusammen:

$$H = \begin{pmatrix} R & t \\ 0 & 1 \end{pmatrix}.$$

Die Menge der homogenen 4×4 Matrizen ist äquivalent zu $SE(3)$ und beschreibt somit alle Posen im kartesischen Raum. Da sich Verkettungen von Transformationen durch Multiplikation der entsprechenden homogenen Matrizen effizient realisieren lassen, wird diese Art der Repräsentation oft in der Computergrafik genutzt (z.B. OpenGL, siehe [Guha 10]).

A.3 Metrik

Eine Abbildung $d : X \times X \to \mathbb{R}$ heißt Metrik auf einer Menge X, wenn für beliebige Elemente $x, y, z \in X$ die folgenden Bedingungen erfüllt sind:

- d(x,x) = 0

- aus d(x,y)=0 folgt x=y

- d(x,y)=d(y,x)

- d(x,y) =d(x,z) + d(z,y)

A.3.1 Euklidische Metrik

Die euklidische Metrik ist ein Distanzmaß zwischen Vektoren des n-dimensionales euklidischen Raumes $\mathbb{R}^n$ und wie folgt definiert:

$$d(x,y) = \|x - y\|_2 = \sqrt{\sum_{i=1}^{n}(x_i - y_i)^2}.$$

Im dreidimensionalen Raum $\mathbb{R}^3$ stimmt der euklidische Abstand $d(x,y)$ mit dem anschaulichen Abstand zweier Punkte $x, y \in \mathbb{R}^3$ überein.

A.3.2 Metrik auf $SE(3)$

In [Kuffner 04] wird eine Metrik auf $SE(3)$ beschrieben, indem die gewichtete Summe der translatorischen und rotatorischen Unterschiede zweier Posen $H_0 = (R_0, t_0)$ und $H_1 = (R_1, t_1)$ bestimmt wird:

$$d(H_0, H_1) = w_t |t_0 - t_1| + w_r f(R_0, R_1).$$

Über die Gewichte w_t und w_r lässt sich der Einfluss der Translation und der Rotation justieren. Über die Funktion f wird hierbei die Differenz zweier Orientierungen bestimmt. Diese kann, wie in [Kuffner 04] vorgeschlagen, über die Distanz zweier Quaternionen bestimmt werden:

$$f(q_0, q_1) = 1 - |q_0 \cdot q_1|.$$

Eine weitere Möglichkeit, f umzusetzen kann realisiert werden, indem die Orientierung als Achse und Winkel aufgefasst wird und der Absolutwert des Winkels bestimmt wird.

A.4   Inverse Kinematik

Das inverse kinematische Problem kann für redundante Systeme mit randomisierten (auch: probabilistischen) Verfahren gelöst werden. Die hierfür eingesetzten stichprobenbasierten (engl. *sampling-based*) Techniken ermöglichen es, einen generischen Algorithmus für die Lösung des IK-Problems zu entwickeln. Durch Einsatz der pseudoinversen Jacobi-Matrizen kann der Fehler zwischen aktueller und gewünschter TCP-Position iterativ reduziert werden, bis ein Schwellwert unterschritten wird [Siciliano 90]. Durch Singularitäten in der Pseudoinversen oder Überschreitungen der Gelenkwinkelgrenzen können Probleme auftreten, die durch randomisierte Techniken behoben werden.

A.4.1   Jacobi-Matrix

Die Jacobi-Matrix einer differenzierbaren Funktion $f \colon \mathbb{R}^n \to \mathbb{R}^m$ ist die $m \times n$-Matrix sämtlicher erster partieller Ableitungen. Für $u = (u_1, \ldots, u_n)$ und die Komponentenfunktionen $f_1, \ldots, f_m$ ist J folgendermaßen definiert:

$$
\begin{aligned}
J(u) &= \frac{\partial f}{\partial u} \\
&= \begin{pmatrix}
\frac{\partial f_1}{\partial u_1} & \frac{\partial f_1}{\partial u_2} & \cdots & \frac{\partial f_1}{\partial u_n} \\
\vdots & \vdots & \ddots & \vdots \\
\frac{\partial f_m}{\partial u_1} & \frac{\partial f_m}{\partial u_2} & \cdots & \frac{\partial f_m}{\partial u_n}
\end{pmatrix}
\end{aligned}
$$

Der Zusammenhang der Geschwindigkeit des Endeffektors einer Roboterkinematik $\dot{x}$ und den Geschwindigkeiten der Gelenke $\dot{\theta}$ lässt sich über die Jacobi-Matrix herstellen: $\dot{x} = J(\theta)\dot{\theta}$. Für kleine $\Delta\theta$ gilt: $\Delta x \approx J\Delta\theta$.

A.4.2   Die Pseudoinverse Jacobi-Matrix

Da die Inverse der Jacobi-Matrix i.A. nicht definiert ist, wird die Pseudoinverse Jacobi-Matrix (auch *Moore-Penrose-Inverse*) J^+ eingesetzt, um aus einer gewünschten Bewegung des Endeffektors die notwendige Bewegung der Gelenke zu ermitteln: $\Delta\theta \approx J^+\Delta x$.

Durch Singulärwertzerlegung $J^+ = V\Sigma U^*$ lässt sich die Pseudoinverse berechnen [Buss 09]. Methoden zur effizienten Bestimmung der Jacobi-Matrix und ihrer Pseudoinversen findet sich beispielsweise in [Orin 84] und [Elfving 98].

A.4.3 Probabilistisch vollständiger IK-Algorithmus

Ein probabilistisch vollständiger Ansatz zum Lösen des IK-Problems ist in Algorithmus 32 und 33 beschrieben. Hier werden zufällige Konfigurationen des Roboters erzeugt und von diesen Konfigurationen ausgehend wird über die Pseudoinverse Jacobi-Matrix J^+ der TCP in Richtung Zielpose $p_{target} \in SE(3)$ bewegt. Hierbei wird die kartesische Schrittweite limitiert, um der nur lokalen Gültigkeit der Jacobi-Matrix Rechnung zu tragen. Die Bewegung in Richtung Zielpose wird abgebrochen, falls eine Kollision auftritt oder Gelenkwinkelgrenzen überschritten werden. Ist dies nicht der Fall und das Ziel wird bis auf eine vorgegebene erlaubte Abweichung erreicht, kann eine Lösung für das IK-Problem ermittelt werden. Der Ansatz ist probabilistisch vollständig, da die Wahrscheinlichkeit, dass eine Lösung gefunden wird (falls eine existiert) mit fortlaufender Zeit gegen Eins geht. Dies folgt aus der randomisierten Wahl der Konfigurationen der Funktion $SampleRandomConfiguration()$ in Algorithmus 32. Falls mindestens eine Lösung c_{IK} existiert, wird, bei einer zeitlich nicht beschränkten Suche die Funktion $SampleRandomConfiguration()$ eine Konfiguration c'_{IK} ausgeben mit $|c'_{IK} - c_{IK}| < \varepsilon$ und somit wird eine Lösung für beliebig kleine ε ermittelt.

Algorithmus 32: $SolveIkProbabilistic(p_{target}, \varepsilon)$

---

1 **repeat**
2      $c \leftarrow SampleRandomConfiguration()$;
3      $c_{Result} \leftarrow MoveTCP(p_{target}, c, \varepsilon)$;
4 **until** $(c_{result} \,||\, TimeOut())$;
5 **return** c_{Result};

Algorithmus 33: $MoveTCP(p_{target}, c, \varepsilon)$

---

1 **repeat**
2      $p_{current} \leftarrow ForewardKinematics(c)$;
3      $\Delta_p \leftarrow p_{target} - p_{current}$;
4      $\Delta_c \leftarrow kJ^+(c)LimitCartesianStepSize(\Delta_p)$;
5      $c \leftarrow c + \Delta_c$;
6   **if** $(Collision(c) \,||\, !InJointLimits(c)) \,||\, TimeOut())$ **then**
7   **return** $NULL$;
8   **end**
9 **until** $(|\Delta_p| < \varepsilon)$;
10 **return** c;

A.5   Trajektorien im Konfigurationsraum

Eine Gelenkwinkeltrajektorie t besteht aus einer Folge von k Stützpunkten im n-dimensionalen Konfigurationsraum: $t = (c_0, \ldots, c_{k-1})$, $c_i \in \mathbf{C}^n \wedge c_i \neq c_{i+1}$.

Wird die Trajektorie stückweise linear interpoliert, ergeben sich für $i \in (0, \ldots, k-2)$ die Pfadsegmente $s_i = (c_i, c_{i+1})$, welche auch als parametrisierbare Strecke beschrieben werden können:

$$S_i : [0, 1) \to \mathbf{C}, \quad r \mapsto c_{i+1}r + c_i(1 - r). \tag{A.1}$$

Die Menge $\mathbf{S}_i \subset \mathbf{C}$ umfasst alle Konfigurationen der Strecke s_i:

$$\mathbf{S}_i = \bigcup_{r \in [0,1)} S_i(r).$$

In Abbildung A.1 sind links ein Segment s_0 und die Bestimmung zweier Punkte auf $\mathbf{S}_0$ durch S_0 zu sehen. Schließlich wird die letzte Konfiguration der Trajektorie als Sonderfall definiert:

$$S_{k-1} : 0 \to \mathbf{C}, \quad 0 \mapsto c_{k-1},$$
$$\mathbf{S}_{k-1} = \{c_{k-1}\}.$$

Die Menge der Punkte einer Trajektorie $\mathbf{T} \subset \mathbf{C}$ ergeben sich als Vereinigung der Segmente:

$$\mathbf{T} = \bigcup_{i \in \{0, \ldots, k-1\}} \mathbf{S}_i.$$

Die Länge eines Segmentes und der Gesamttrajektorie werden wie folgt definiert:

$$|\mathbf{S}_i| = |c_{i+1} - c_i|, \quad i \in (0, \ldots, k-2),$$

$$|\mathbf{T}| = \sum_{i=0}^{k-2} |\mathbf{S}_i|.$$

Um von einer Konfiguration $c \in \mathbf{S}_i$ auf die Parametrisierung des Segmentes zu schließen, wird S_i^{-1} definiert:

$$S_i^{-1} : \mathbf{S}_i \to [0,1), \quad c \mapsto \frac{|c - c_i|}{|\mathbf{S}_i|}$$

Die Funktion $Seg(r)$ liefert zu einem Wert $r \in [0,1]$ den Segmentindex s zurück, so dass die Position r auf der Trajektorie innerhalb des Segments $\mathbf{S}_s$ liegt. Mit der Funktion $Pos(r)$ kann aus dem Trajektorien-Index r der Segmentindex innerhalb des Segmentes $Seg(r)$ bestimmt werden:

$$Seg : [0,1] \to \{0,\ldots,k-1\}, \quad r \mapsto \begin{cases} k-1, & r = 1 \\ \underset{s\in\{0,\ldots,k-2\}}{\operatorname{argmin}} \sum_{j=0}^{s} |\mathbf{S}_j| \geq r|\mathbf{T}|, & r \in [0,1) \end{cases}$$

$$Pos : [0,1] \to [0,1), \quad r \mapsto \frac{r|\mathbf{T}| - \sum_{j=0}^{Seg(r)-1} |\mathbf{S}_j|}{|\mathbf{S}_{Seg(r)}|}$$

Die Gesamttrajektorie t kann nun als Funktion T beschrieben werden, die zu einem Wert $r \in [0,1]$ die Konfiguration in $\mathbf{T} \subset \mathbf{C}$ ermittelt (siehe Abbildung A.1).

$$T : [0,1] \to \mathbf{T}, \quad r \mapsto \begin{cases} c_{k-1}, & r = 1 \\ S_{Seg(r)}(Pos(r)), & r \in [0,1) \end{cases}$$

Eine Trajektorie t ist kreuzungsfrei, wenn:

$$\bigcap_{i=0}^{k-1} \mathbf{S}_i = \varnothing. \tag{A.2}$$

T ist surjektiv, da zu jedem $c \in \mathbf{T}$ mindestens ein Parameter r existiert, für den gilt $T(r) = c$. Ist die Trajektorie kreuzungsfrei, so ist T injektiv und dadurch bijektiv, da für jedes $r \in [0,1]$ genau ein $c \in \mathbf{T}$ mit $T(r) = c$ existiert.

Die Distanz einer Konfiguration $c \in \mathbf{S}_i$ zum Start bzw. Ende der Strecke $\mathbf{S}_i$ wird folgendermaßen bestimmt:

$$d^- : \mathbf{T} \times \{0,\ldots,k-2\} \to \mathbb{R}, \quad (c,i) \mapsto |c_i - c|,$$

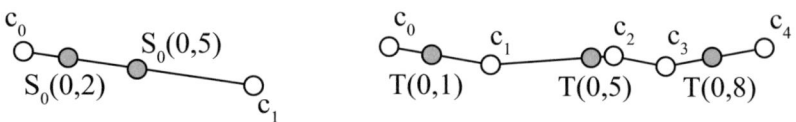

Abbildung A.1: Die Funktion $S_0(r)$ liefert die entsprechende Konfiguration auf dem Segment s_0 (links). Mit der Funktion $T(r)$ ist es möglich, eine Position entlang der Trajektorie t zu bestimmen (rechts).

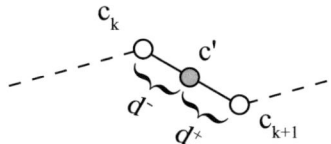

Abbildung A.2: Eine zweidimensionale Trajektorie mit einer Konfiguration $c' \in \mathbf{S}_k$ und den zugehörigen Distanzen $d^-(c',k)$ und $d^+(c',k)$.

$$d^+ : \mathbf{T} \times \{0, \ldots, k-2\} \to \mathbb{R}, \quad (c,i) \mapsto |c - c_{i+1}|.$$

In Abbildung A.2 sind d^- und d^+ einer Konfiguration c' anhand eines zweidimensionalen Beispiels visualisiert.

Die Funktion T^{-1} liefert zu einer Konfiguration $c \in \mathbf{T}$ die Parametrisierung von T:

$$T^{-1} : \mathbf{T} \to [0,1], \quad c \mapsto r : T(r) = c.$$

Es lässt sich eine Metrik d für zwei Punkte auf der Trajektorie definieren, welche die Distanz bestimmt, wenn auf der Trajektorie entlang gegangen wird:

$$d : [0,1] \times [0,1] \to \mathbb{R},$$

$$(a,b) \mapsto \begin{cases} 0, & a = b \\ d(b,a), & b < a \\ d^+(T(a), Seg(a)) + \displaystyle\sum_{i=Seg(a)+1}^{Seg(b)-1} |\mathbf{S}_i| + \\ \qquad d^-(T(b), Seg(b)), & a < b \end{cases}$$

Eine weitere Metrik D bestimmt die kartesische Distanz des TCP zweier Konfigurationen $T(a)$ und $T(b)$:

$$D : [0,1] \times [0,1] \to \mathbb{R}, (a,b) \mapsto \begin{cases} 0, & a = b \\ D(b,a), & b < a \\ |Kin(T(a)) - Kin(T(b))|, & a < b \end{cases}$$

Hierbei bestimmt $Kin(c)$ die kartesische Position des TCP für die Konfiguration c durch Berechnung der Vorwärtskinematik.

Anhang B

Stichprobenbasierte Bewegungsplanung

In diesem Kapitel werden die Grundlagen und Basiskomponenten zur stichprobenbasierten Bewegungsplanung (engl. *sampling-based motion planning*) erläutert. Die beschriebenen Konzepte bilden die Grundlage für die in dieser Arbeit vorgestellten Algorithmen zur Planung von Bewegungen bei humanoiden Robotern.

B.1 Der Konfigurationsraum

Der Konfigurationsraum eines Roboters (bzw. eines Teilsystems des Roboters) mit n Bewegungsfreiheitsgraden setzt sich aus der Menge aller Konfigurationen zusammen. Somit ist der Konfigurationsraum n-dimensional und für alle Konfigurationen $c \in \mathbf{C}$ existiert eine eindeutige Pose des Roboters im Arbeitsraum. Der Konfigurationsraum kann in zwei Bereiche unterteilt werden: $\mathbf{C}_{obst}$ beschreibt die Menge der Konfigurationen, die zu einer Kollision im Arbeitsraum führen, $\mathbf{C}_{free}$ ist die komplementäre Menge:

$$\mathbf{C} = \mathbf{C}_{obst} \cup \mathbf{C}_{free}$$

In Abbildung B.1 ist ein Robotersystem mit drei Bewegungsfreiheitsgraden mit zugehörigem Konfigurationsraum zu sehen. Der Konfigurationsraum $\mathbf{C}$ wurde diskretisiert und alle Konfigurationen, die zu $\mathbf{C}_{obst}$ gehören, rot markiert.

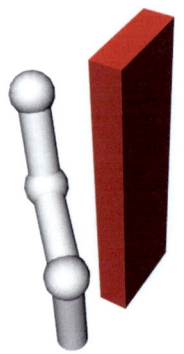 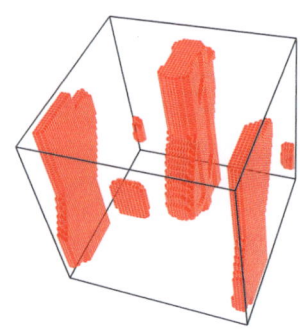

Abbildung B.1: Ein Simulationssystem mit drei Bewegungsfreiheitsgraden sowie der diskretisierte Konfigurationsraum.

B.2 Gewichtete Abtastung

Die Gelenke eines humanoiden Roboters haben im Allgemeinen unterschiedliche Auswirkungen für die Bewegung im Arbeitsraum. Änderungen der Gelenkwinkel führen zu translatorischen oder rotatorischen Verschiebungen der 3D Modelle wobei der Effekt sehr unterschiedlich sein kann. Beispielsweise wird eine Bewegung im Handgelenk einen kleineren Effekt haben als eine Bewegung der Hüfte. Bei einer gleichmäßigen Abtastung des Konfigurationsraumes wird diesem Effekt keine Rechnung getragen und der Auflösungsparameter ε muss entsprechend dem Gelenk mit der größten Auswirkung im Arbeitsraum gewählt werden. Um eine gleichmäßige Abtastung im Arbeitsraum zu gewährleisten, wird im Folgenden ein Ansatz präsentiert, welcher auf gewichteten Bewegungen der Gelenke basiert.

Eine Bewegung des Roboters um ε_{trans} in einer translatorischen Komponente des Konfigurationsraums erzeugt eine Arbeitsraumbewegung um ε_{trans} mm. Alle anderen Dimensionen des Konfigurationsraumes werden explizit untersucht, um eine obere Grenze für die Bewegungen im Arbeitsraum zu ermitteln. Tabelle B.1 gibt einen Überblick über die maximale Verschiebung eines Punktes auf der Oberfläche des Roboters bei einer Bewegung um eine Einheit im Konfigurationsraum. Die unterschiedlichen Effekte im Arbeitsraum werden berücksichtigt, indem ein Gewichtsvektor w genutzt wird, der sich aus den maximalen Arbeitsraumverschiebung aus Tabelle B.1 zusammensetzt.

Die maximale Arbeitsraumbewegung $d_{WS}(c)$ eines Pfades $c = (c_0, ..., c_{n-1})$ im

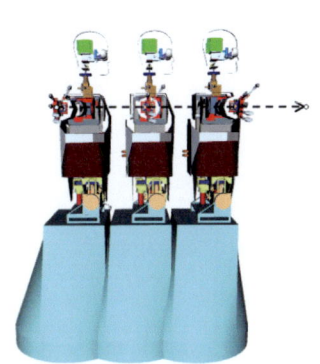
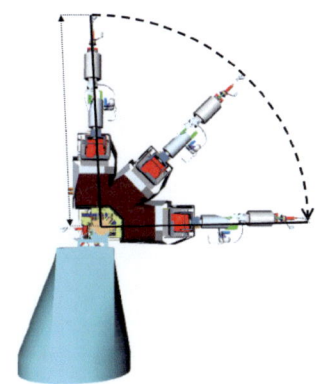

(a) Der humanoide Roboter ARMAR–III bewegt sich über ein translatorisches Gelenk.

(b) Die resultierende rotatorische Bewegung des Torso-Pitch Gelenks.

Abbildung B.2: Die Effekte von translatorischen und rotatorischen Gelenken bei ARMAR–III.

Konfigurationsraum ist:

$$d_{WS}(c) = \sum_{i=0}^{n-1} w_i c_i.$$

Um einen Pfad in **C** zwischen zwei Konfigurationen c_a und c_b abzutasten, wird der Vektor v_{step} berechnet:

$$v_{step}(c_a, c_b) = \frac{(c_b - c_a)}{d_{WS}(c_b - c_a)}.$$

Für eine Verschiebung v_{step} im Konfigurationsraum, kann nun die maximale Arbeitsraumbewegung des Roboters mit 1 mm angegeben werden.

Über den Abtastparameter ε_{ws} kann schließlich die Granularität der Abtastung in Millimetern angegeben werden, was eine einfache und intuitive Parametrisierung der Planungsalgorithmen erlaubt. Die Schrittweite ε_{ws} wird genutzt, um $n = \lceil \frac{d_{ws}}{\varepsilon_{ws}} \rceil - 1$ Zwischenkonfigurationen c_k auf dem Pfad zwischen c_a und c_b zu erzeugen:

$$c_k = c_a + k \varepsilon_{ws} v_{step}(c_a, c_b), \quad k = (1, .., n).$$

Durch diesen Ansatz wird für einen Pfad $(c_b - c_a)$ im Konfigurationsraum garantiert, dass die Bewegung zweier Punkte auf der Oberfläche des Roboters im Arbeitsraum zwischen zwei Abtastungen nicht die obere Grenze von ε_{ws} mm überschreitet [Vahrenkamp 08b].

DoF	mm	DoF	mm	DoF	mm
Platform x	1	Kopf Yaw	300	Daumen 1	70
Platform y	1	Arm Schulter 1	700	Daumen 2	70
Platform Rotation	1176	Arm Schulter 2	700	Zeigefinger 1	70
Torso Pitch	1176	Arm Schulter 3	390	Zeigefinger 2	70
Torso Roll	1176	Arm Ellenbogen	390	Mittelfinger 1	70
Torso Yaw	1176	Handgelenk 1	150	Mittelfinger 2	70
Kopf Pitch	300	Handgelenk 2	150	Ringfinger	70
Kopf Roll	300	Handgelenk 3	150	Kleiner Finger	70

Tabelle B.1: Worst-case Abschätzung der Bewegung im Arbeitsraum der einzelnen Gelenke von ARMAR–III.

B.3   Pfadoptimierung

Bewegungstrajektorien, welche von stichprobenbasierten Algorithmen erzeugt wurden, können nachträglich hinsichtlich verschiedener Vorgaben optimiert werden. Solche Vorgaben können z.b. maximale Hindernisabstände oder minimale Trajektorienlänge sein. Die Länge des Pfades wird bei Lösungstrajektorien von RRT-Algorithmen i.A. nicht optimal sein, so dass die Resultate ohne eine nachträgliche Optimierung nicht zu ansprechenden Bewegungen des Roboters führen.

B.3.1   Längenoptimierung

Eine effiziente Strategie zur Längenoptimierung von Trajektorien im Konfigurationsraum kann über eine probabilistische Suche nach kollisionsfreien Abkürzungen im Konfigurationsraum realisiert werden. Hierzu werden Abschnitte der Trajektorie zufällig ausgewählt und die direkte Verbindung von Start- und Endkonfiguration dieser Abschnitte auf Kollisionen geprüft. Liegt auf der direkten Verbindung von Start- und Endpunkt eines Abschnitts keine Kollision vor, kann der Abschnitt durch eine direkte Verbindung im Konfigurationsraum ersetzt werden (siehe Algorithmus 34). In Abbildung B.3 ist ein Beispiel mit einer RRT-basierten

Lösungstrajektorie und einem längenoptimierten Pfad in einem dreidimensionalen Konfigurationsraum zu sehen.

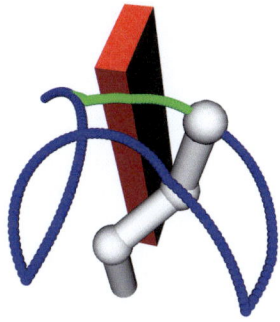 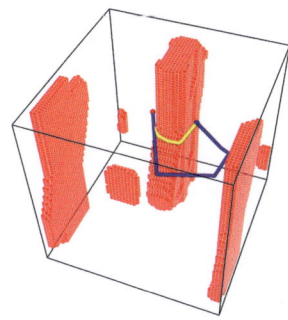

Abbildung B.3: Ein Simulationssystem mit drei Bewegungsfreiheitsgraden. Die Lösungstrajektorien des RRT-Algorithmus und der Längenoptimierung sind im Arbeits- und Konfigurationsraum eingezeichnet.

Algorithmus 34: SmoothPath(*path*)

---

1 **while** *(!TimeOut())* **do**
2     $c_{start} \leftarrow GetRandomPathPos(0, |path| - 2)$;
3     $c_{goal} \leftarrow GetRandomPathPos(c_{start}, |path| - 1)$;
4   **if** *(!CollisionOnPath(c_{start}, c_{goal})* **then**
5         $ReplacePathSegment(path, c_{start}, c_{goal})$;
6   **end**
7 **end**
8 **return** *path*

B.3.2 Elastische Bänder

Die Optimierung über Algorithmus 34 kann zu einer Trajektorie führen, welche den Roboter sehr nahe an Hindernisse führt. Dies kann bei der späteren Ausführung zu Problemen führen, wenn beispielsweise die Ausführungskomponente nicht exakt kalibriert ist und somit Positionierungsfehler auftreten können. Deshalb wird bei dem Optimierungsansatz über elastische Bänder die Konfiguration

---

Algorithmus 35: ElasticBand(*path*)

1 **repeat**
2      $f_{all} \leftarrow 0$;
3   **for** $(i = 1$ **to** $|path - 1|)$ **do**
4          $f_{all} \leftarrow f_{all} + f(i)$;
5          $c_i \leftarrow k f(i)$;
6   **end**
7 **until** $(f_{all} < \delta)$;
8 **return** *path*

---

im Arbeitsraum berücksichtigt. Die Trajektorie wird als elastisches Band aufgefasst, welches äußeren und inneren Kräften im Konfigurationsraum unterliegt. Die äußeren Kräfte werden aus den Hindernisabständen im Arbeitsraum abgeleitet, indem für eine Konfiguration c der minimale Hindernisabstand d_c im Arbeitsraum bestimmt wird. Der Kraftvektor im Konfigurationsraum lässt sich über die Pseudoinverse Jacobi-Matrix $J^+(c)$ bestimmen, wobei die Länge des Vektors umgekehrt proportional zu d_c ist. Die inneren Kräfte an einem Knoten des Pfades leiten sich aus den Nachbarknoten und den Verbindungsvektoren zu ihnen her. Somit kann eine *Straffung* des Bandes realisiert werden (siehe [Quinlan 95]).

Nach [Quinlan 95] kann für jeden Punkt i eines Pfades die innere Kraft $f_{int}(i)$ und die äußere Kraft $f_{ext}(i)$ bestimmt werden. Der resultierende Kraftvektor $f(i)$ wird über eine gewichtete Summe bestimmt, wobei k_{int} und k_{ext} den Einfluss von innerer und äußerer Kraft parametrisieren: $f(i) = k_{int}f_{int}(i) + k_{ext}f_{ext}(i)$.

Die interne Kraft aus den beiden Nachbarpositionen des Pfades bestimmt:

$$f_{int}(i) = \frac{c_{i+1} - c_i}{\|c_{i+1} - c_i\|} + \frac{c_{i-1} - c_i}{\|c_{i-1} - c_i\|}.$$

Die externe Kraft wird in (B.1) aus dem Hindernisvektor d bestimmt, falls der Hindernisabstand kleiner als d_{min} ist. Hierzu werden für die Konfiguration c_i die Punkte mit minimalem Abstand zwischen Roboter (p_{rob}) und Hindernissen (p_{obst}) bestimmt, um den Hindernisvektor zu berechnen: $d = p_{obst} - p_{rob}$. Es können bei diesen Berechnungen Sonderfälle auftreten, wenn beispielsweise kein Punkt mit minimalem Hindernisabstand gefunden werden kann, da sich mehrere Hindernisse in gleichem Abstand befinden. Diese Sonderfälle werden in der Notation außer acht gelassen, um die Lesbarkeit zu erhalten.

$$f_{ext}(i) = \begin{cases} J^+(c_i)(d_{min} - \|d\|)\frac{d}{\|d\|}, & \text{wenn } \|d\| < d_{min}, \\ 0, & \text{sonst.} \end{cases} \tag{B.1}$$

In Algorithmus 35 wird $f(i)$ für alle Punkte auf dem Pfad mit einem *Gain*-Faktor k angewendet, bis der Gesamtfehler kleiner als δ ist.

Anhang C

Simox

Im Rahmen dieser Arbeit wurde die C++ Toolbox *Simox* entwickelt und als Open-Source Version zugänglich gemacht[1]. Die Bibliothek wurde leichtgewichtig und mit einer geringen Zahl an Abhängigkeiten zu anderen Bibliotheken konzipiert. In diesem Abschnitt werden die drei in *Simox* enthaltenen Komponenten zur Simulation, Bewegungsplanung und Greifplanung erläutert, wobei eine ausführlichere Beschreibung der Bibliothek in [Vahrenkamp 10b] zu finden ist.

- **Virtual Robot**
  Mit der Bibliothek *Virtual Robot* können komplexe Roboter definiert und eine Simulationsumgebung umgesetzt werden. Hierzu werden Möglichkeiten zur Definition von Robotern, kinematischen Ketten, Endeffektoren sowie statischen und dynamischen Objekten angeboten. Durch den generischen Aufbau können verschiedenste Szenen zur Planung von Bewegungen, aber auch zur Visualisierung definiert werden. *Virtual Robot* bietet eine Schnittstelle zu Bibliotheken zur Kollisionsbestimmung, so dass unterschiedliche Implementierungen eingesetzt werden können. Weiterhin sind Algorithmen zur Lösung des IK-Problems für beliebige kinematische Ketten vorhanden.

- **Saba**
  Die *Sampling-Based Motion Planning Library (Saba)* ermöglicht die generische Definition von Konfigurationsräumen. Dadurch können verschiedene Eigenschaften, wie z.B. Strategien zur Ermittlung von Stichproben oder Techniken zur Pfadvalidierungen, umgesetzt werden. Die Algorithmen zur Bewegungsplanung nutzen diese Konfigurationsräume, um einen

---

[1] http://simox.sourceforge.net

Suchbaum in $\mathbf{C}_{free}$ aufzubauen. Es sind verschiedene Standardalgorithmen sowie die in dieser Arbeit beschriebenen Ansätze implementiert. Weiterhin finden sich in der Bibliothek Funktionen zur Visualisierung und Validierung von Planungsergebnissen. Besonderes Augenmerk wurde auf eine effiziente Implementierung und die Möglichkeit zur Parallelisierung gelegt.

- **Grasp Studio**
  Mit *Grasp Studio* ist eine Bibliothek zur Greifplanung in *Simox* integriert. Es sind Algorithmen zur Bestimmung von konvexen Hüllen, zur Erzeugung des *Grasp Wrench Space* und Ansätze zur Greifplanung enthalten. Mit Hilfsprogrammen zur Berechnung von Greiftabellen und zur Griffevaluation können Greifdatenbanken erzeugt und bearbeitet werden.

C.1   Modelle des Roboters und der Umgebung

Um eine Bewegung planen zu können, wird eine Repräsentation des Roboters sowie der Umgebung benötigt. Grundlagen für solch eine Repräsentation sind meist 3D-Modelle, welche in die virtuelle Planungswelt integriert werden. Die Umwelt wird hierbei als statisches Modell angenommen, in das dynamische Objekte zur Manipulation eingefügt werden. Simox bietet eine Programmierschnittstelle (API), um das Robotermodell anzusteuern und sie Szene, bzw. ausgewählte Teilbereiche der Szenen, auf Kollisionen zu testen. Eine Visualisierung des Roboters ARMAR–III sowie einer Küchenumgebung ist in Abbildung C.1 zu sehen.

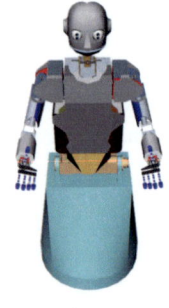
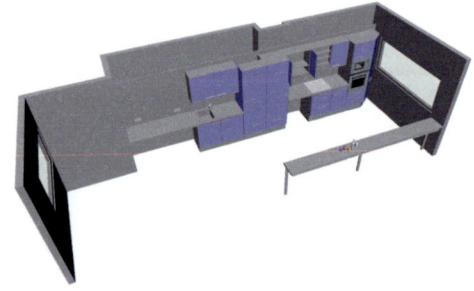

(a) 20000 Dreiecke   (b) 24000 Dreiecke

Abbildung C.1: Komplette 3D-Modelle des Roboters und der Küchenumgebung.

C.2   Kollisionsbestimmung

Kollisionsvermeidung und Distanzberechnungen stellen eine wesentliche Komponente für jedes Bewegungsplanungssystem dar. Hierzu sind unterschiedliche Ansätze aus der Literatur bekannt [Shaffer 90, Lin 98, Larsen 00, Jiménez 01]. Im Rahmen dieser Arbeit wurde der in [Larsen 00] vorgestellte Ansatz in *Virtual Robot* integriert. Der Ansatz basiert auf *Bounding Volume (BV)* Modellen die mittels *Rectangular Swept Spheres (RSS)* generiert werden. Durch eine effiziente hierarchische Strukturierung der Szene können Kollisions- und Distanzanfragen effizient umgesetzt werden.

C.2.1   Kollisionsmodelle

Die Kollisionsanfragen können beschleunigt werden, indem, anstatt der detaillierten 3D-Modelle, vereinfachte und reduzierte Modelle für die Anfragen benutzt werden. Abbildung C.2 zeigt reduzierte Kollisionsmodelle des Roboters ARMAR–III und der Küchenumgebung. Werden anstatt der detaillierten Visualisierungsmodelle die reduzierten Kollisionsmodelle für Kollisions- und Distanzanfragen benutzt, konnten die Anfragezeiten um bis zu 80% reduziert werden [Vahrenkamp 07].

C.2.2   Diskrete Kollisionsbestimmung

Um einen Pfad im Konfigurationsraum auf Kollisionen zu überprüfen, wird bei der diskreten Kollisionsbestimmung eine äquidistante Abtastung des Pfades durchgeführt. Die so erzeugten Zwischenkonfigurationen werden auf Kollisionen überprüft und falls keine Kollision detektiert wird, wird der Pfad als kollisionsfrei deklariert. Dieses Vorgehen hat den Vorteil, dass es sehr effizient umgesetzt werden kann, allerdings muss der Parameter ε, welcher die Schrittweite der Abtastung beschreibt, heuristisch ermittelt werden und die Kollisionsfreiheit eines Pfades kann nicht garantiert werden. In der Praxis können diese Nachteile vernachlässigt werden, falls der resultierende Pfad nicht zu nahe an Hindernissen vorbei führt. Hierzu lässt sich eine Minimaldistanz im Arbeitsraum aus dem Parameter ε ableiten [Quinlan 95]. Weiterhin wurde in [Vahrenkamp 07] gezeigt, dass durch eine leichte Ausdehnung der Robotermodelle garantiert kollisionsfreie Pfade durch Abtastung erzeugt werden können.

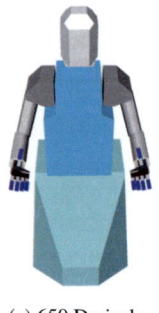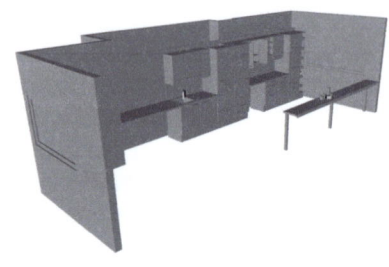

(a) 650 Dreiecke   (b) 4200 Dreiecke

Abbildung C.2: Reduzierte 3D-Modelle zur Kollisionserkennung und Distanzbestimmung.

C.2.3   Kontinuierliche Kollisionsbestimmung

Wird eine exakte Kollisionsbestimmung gefordert, können Verfahren zur kontinuierlichen Kollisionsdetektion eingesetzt werden, um Pfade im Konfigurationsraum zu überprüfen. In der Literatur finden sich viele Ansätze, bei denen von einer linearen Bewegung der Modelle von einer Start- zu einer Ziellage ausgegangen wird [Canny 86, Redon 02, van den Bergen 04, Tang 10]. Bei zusammenhängenden kinematischen Ketten mit translatorischen und rotatorischen Gelenken muss eine lineare Bewegung durch kleine Zwischenschritte approximiert werden.

In [Quinlan 95] wird der *Free Bubble* Ansatz vorgestellt, mit dem eine exakte Kollisionsprüfung von Pfaden im Konfigurationsraum durchgeführt werden kann. Dieser Ansatz basiert auf der Annahme, dass für eine Konfiguration c und der entsprechenden minimalen Distanz d_c zu Hindernissen im Arbeitsraum eine maximale Bewegung δ_c (engl. *motion bound*) im Konfigurationsraum abgeleitet werden kann. Mit δ_c wird der Radius der zu c gehörenden *Free Bubble* definiert, welche eine Menge an garantiert kollisionsfreien Konfigurationen beschreibt. Ein Pfad kann nun auf Kollisionsfreiheit getestet werden, indem Zwischenkonfigurationen mit überlagernden *Free Bubbles* erzeugt werden. Dieser Ansatz ist in *Simox* integriert und kann für die Planungsalgorithmen genutzt werden. Da die Bestimmung der *Free Bubbles* auf einer Vielzahl an Distanzbestimmungen beruht, ist die Performance im Vergleich zur diskreten Kollisionsbestimmung schlechter. Dieser Nachteil kann durch Techniken der nachgelagerten Kollisionsbestimmung umgangen werden [Vahrenkamp 07].

C.3 Spezifikation von Robotermodellen mit *Virtual Robot*

Mit der Bibliothek *Virtual Robot* können Roboterstrukturen über XML Dateien definiert werden. Im folgenden Beispiel ist die Definition eines einfachen Robotersystems zu sehen:

Listing C.1: SimpleRobot.xml

```xml
<?xml version="1.0"?>
<Robot>
    <Type value="SimpleRobot"/>

    <RootJoint>
        <Name value="DemoRobot"/>
        <ChildNode name="Joint1"/>
    </RootJoint>

    <ChildJoint>
        <Name value="Joint1"/>
        <DH>
            <alpha value="90"/>
            <thetaJoint value="1"/>
            <a value="300"/>
        </DH>
        <Visualisation>
            <IVModel file="joint_rot_sphere.iv"/>
        </Visualisation>
        <CollisionChecking>
            <IVModel file="joint_rot_sphere.iv"/>
        </CollisionChecking>
        <ChildNode name="Joint2"/>
    </ChildJoint>

...

    <ChildJoint>
        <Name value="TCP"/>
    </ChildJoint>
</Robot>
```

Die Modelle in Abbildung C.3 wurden mit XML-Definitionen von *Virtual Robot* erstellt.

Eine über XML spezifizierte Roboterdefinition wird in folgendem Beispiel aus einer Datei geladen:

Listing C.2: Laden eines Roboters

```
std :: string  sFilename ("SimpleRobot.xml");
std :: string  sInstanceName ("MyRobot");
CRobot *pRobot = CRobot :: Load ( sFilename , sInstanceName );
```

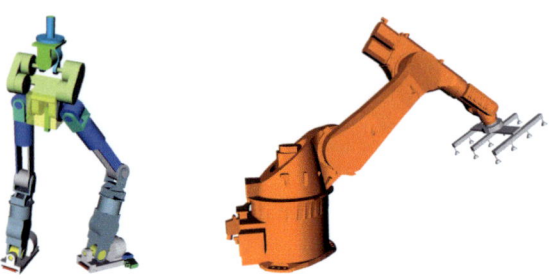

Abbildung C.3: Über *Virtual Robot* wurden humanoide Beine und ein Modell des *Kuka© KR*60 − 3 umgesetzt.

Anschließend kann auf die Instanz des Roboters zugegriffen werden:

Listing C.3: Zugriff auf die Roboterinstanz

```
std :: string  sJoint1 ("Joint1");
pRobot−>SetJoint ( sJoint1 , M_PI / 2.0);
pRobot−>ApplyJointValues ();

float  fJointValue1 = pRobot−>GetJointValue ( sJoint1 );
```

Um bei größeren kinematischen Strukturen einen vereinfachten Zugriff zu ermöglichen, können kinematische Ketten genutzt werden, welche in der XML-Definition des Roboters definiert werden:

Listing C.4: Definition einer kinematischen Kette

```
<Robot>
    ...
    <KinematicChain>
        <Name value="Rightarm"/>
        <StartNode name="Shoulder1 R"/>
        <Node name="Shoulder1 R"/>
        <Node name="Shoulder2 R"/>
        <Node name="Upperarm R"/>
        <Node name="Elbow R"/>
        <Node name="Underarm R"/>
        <Node name="Wrist1 R"/>
```

```
        <Node name="Wrist2 R"/>
        <TCP name="TCP R"/>
    </KinematicChain>
</Robot>
```

In Listing C.5 wird die kinematische Kette angesprochen.

Listing C.5: Zugriff auf eine kinematische Kette

```
std :: string sKinName("Rightarm");
CKinematicChain* pKinChain = pRobot->GetKinematicChain(sKinName);

// set values given as std :: vector
pRobot->SetJointValues(vValues, sKinChain);
```

Weitere Informationen, unter anderem zu IK-Berechnung, Parallelverarbeitung und Jacobi-Matrizen sind in [Vahrenkamp 10b] zu finden.

C.4 Bewegungsplanung mit *SaBa*

Um einen Konfigurationsraum über *SaBa* zu definieren, wird zunächst ein Objekt angelegt, welches die Kollisionsbestimmung verwaltet. Mittels dieses Objektes können unterschiedliche kinematische Ketten eines (oder mehrerer) Roboter sowie Hindernisse spezifiziert werden. Diese Informationen werden genutzt, um später entscheiden zu können, ob eine Konfiguration in C_{free} liegt:

Listing C.6: Definition der Kollisionsverwaltung

```
CColCheckManagement *pCCM = new CColCheckManagement();
pCCM->SetEnvironment(pEnv);

CCollisionModel *pColModel =
    pManipulationObject->GetCollisionModel();
pCCM->AddCollisionModel(pColModel);

std :: string sLeft("Left Arm");
CRobotCollisionModelCollection *pColModelR1 =
    pRobot->GetCollisionModel(sLeft);
pCCM->AddCollisionModel(pColModelR1);
std :: string sRight("Right Arm");
CRobotCollisionModelCollection *pColModelR2 =
    pRobot->GetCollisionModel(sRight);
pCCM->AddCollisionModel(pColModelR2);
```

```
// check if there is a colliding situation
bool bCollision = pCCM->CheckCollision();
```

Eine Instanz des Konfigurationsraumes benötigt einen Zeiger auf den zugehörigen Roboter, die Kollisionsverwaltung sowie die kinematische Kette, welche den Konfigurationsraum aufspannt.

Listing C.7: Definition eines Konfigurationsraumes

```
CSpaceSampled *pCSpace =
    new CSpaceSampled(pRobot, pCCM, sKinematicChain);

// the sampling size is used when new paths are added
pCSpace->SetSamplingSize(0.1f);

// the collision checking sampling size is used
// to determine whether a path is collision free or not
pCSpace->SetColCheckSamplingSize(0.05f);

// Now a single configuration or a path between
// two configurations (straight line) can be checked
// for collisions (pConfig has to be a float array of valid size)
bool bValid1 = pCSpace->IsConfigValid(pConfig);
bool bValid2 = pCSpace->CheckPath(pConfig1, pConfig2);
```

Im folgenden wird ein klassischer BiRRT Ansatz genutzt, um ein Planungsproblem zu lösen:

Listing C.8: Bi-direktionaler RRT-Planer

```
CSpaceSampled *pCSpace1 =
    new CSpaceSampled(pRobot, pCCM, sKinematicChain);
CSpaceSampled *pCSpace2 =
    new CSpaceSampled(pRobot, pCCM, sKinematicChain);
CRrtBiPlanner *pPlanner = new CRrtBiPlanner(pCSpace1, pCSpace2,
    CRrtBiPlanner::RRT_CONNECT, CRrtBiPlanner::RRT_CONNECT);

pPlanner->SetStart(pStartConfig);
pPlanner->SetGoal(pGoalConfig);
bool bRes = pPlanner->Plan();
if (bRes)
{
    // access the solution
    CRrtSolution *pSolution = pPlanner->GetSolution();
}
```

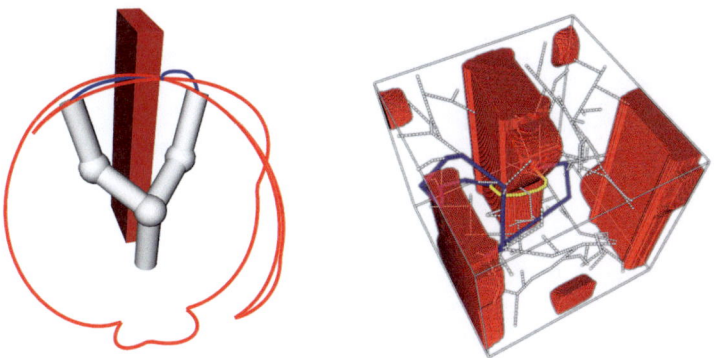

Abbildung C.4: Die Ergebnisse der Bewegungsplanung werden im Arbeits- und Konfigurationsraum visualisiert.

Für weiterführende Informationen zur IK-basierten Bewegungsplanung sowie zur Visualisierung von Ergebnissen wird auf [Vahrenkamp 10b] verwiesen.

C.5 Greifplanung mit *Grasp Studio*

Die Bibliothek *Grasp Studio* beinhaltet Methoden zur Bestimmung von Greifqualitäten sowie Methoden, um die dafür notwendigen Vorverarbeitungen durchzuführen. Weiterhin sind Hilfsprogramme zur automatischen Erzeugung und Bearbeitung von Greifinformationen enthalten.

C.5.1 Datenstrukturen für die Griffbewertung

Mit *Simox* können Kontaktinformationen über das Schließen des Endeffektors erzeugt werden. Basierend auf diesen Kontaktdaten können konvexe Hüllen mit *Grasp Studio* im drei- oder sechsdimensionalen Kontaktraum berechnet werden, um somit für die Griffbewertung relevanten Datenstrukturen zu erzeugen. In Abbildung C.5 ist die konvexe Hülle eines 3D Modells zu sehen.

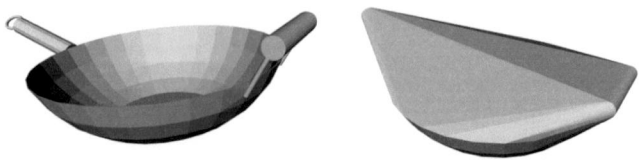

Abbildung C.5: Ein 3D-Modell mit entsprechender konvexer Hülle.

Listing C.9: Eine konvexe Hülle aus dreidimensionalen Daten

```
GraspStudio::ConvexHull3D convexHull,convexHull2;
// create convex hull of a 3D point set
CConvexHullGenerator::CreateConvexHull(vPoints3D,convexHull);
// create a convex hull from a 3D model
CConvexHullGenerator::CreateConvexHull(pIVModel,convexHull2);
// create convex hull of a 6D point set
GraspStudio::ConvexHull6D convexHull6D;
CConvexHullGenerator::CreateConvexHull(vPoints6D, convexHull6D);
```

C.5.2 Griffbewertung

In *Grasp Studio* stehen Algorithmen zur Griffbewertung über den *Grasp Force Space* sowie mittels des *Grasp Wrench Space* zur Verfügung. In Listing C.10 wird eine Bewertung der Griffqualität über der *Grasp Wrench Space* vorgenommen und eine Visualisierung des *Object Wrench Space* sowie des *Grasp Wrench Space* erzeugt.

Listing C.10: Berechnung des Grasp Wrench Space

```
// setup the grasp quality measurement with an object
CGraspQualityMeasureWrenchSpace *pGQMWrench =
    new CGraspQualityMeasureWrenchSpace();
pGQMWrench->SetObjectProperties(pObjModel);

// evaluate grasping configuration
pGQMWrench->SetContactPoints(contactPoints);
float fGraspEvaluation = pGQMWrench->GetGraspQuality();
```

C.5.3 Erzeugung von Greifhypothesen

In Listing C.11 wird eine Objekt-spezifische Greifhypothese erzeugt und der Endeffektor entsprechend positioniert.

Listing C.11: Erzeugung von Greifhypothesen

```
// create approach movement generator
CEndEffector *pEEF = pRobot->GetEndEffector(sNameEEF);
std::string sStart("Hand L");
std::string sGCP("GCP Left Hand");
CApproachMovementSurfaceNormal *pApproachGeneration =
    new CApproachMovementSurfaceNormal(pObj,pEEF,sGCP,sStart);

// set EEF to a potential grasping position
pApproachGeneration->SetEEFToRandomApproachPose();

// close hand and store contact information
pEEF->CloseHandContactInfo(vContacts,pObject);
```

Mit den Programmen *GraspPlanner* und *GraspStudio* können Greiftabellen automatisch erzeugt sowie manuell bearbeitet werden (siehe Abbildung C.6).

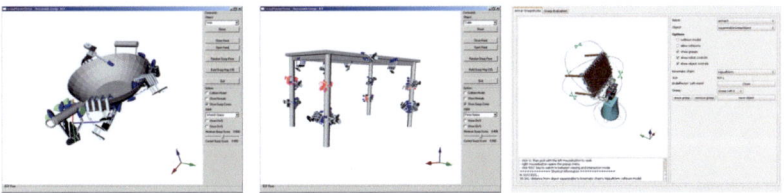

Abbildung C.6: Die Hilfsprogramme *GraspPlanner* und *GraspStudio*.

Anhang D

ARMAR–III

Der humanoide Roboter ARMAR–III wird im Rahmen des Sonderforschungsbereichs 588 (SFB 588) in Karlsruhe entwickelt [Dillmann 08]. Das System verfügt über 43 Bewegungsfreiheitsgrade, welche sich auf Plattform (3 DoF), Hüfte (3 DoF), Arme (jeweils 7 DoF), Hände (jeweils 8 DoF), Hals (4 DoF) und Augen (3 DoF) verteilen.

Der Roboter verfügt über ein System zur Spracherkennung und -synthese, so dass ein Benutzer in natürlicher Art und Weise mit dem Roboter kommunizieren kann [Stiefelhagen 07]. Der aktive Kopf von ARMAR–III beherbergt zwei Stereokamerasysteme, welche zur Objekterkennung und -lokalisierung eingesetzt werden [Azad 07, Welke 09]. Die anthropomorphen Hände [Gaiser 08] sind pneumatisch angetrieben und ermöglichen durch die nachgiebige Struktur das filigrane Greifen von Gegenständen.

Tabelle D.1: Spezifikation des humanoiden Roboters ARMAR–III.

Gewicht			135 kg (inkl. 60 kg Batterie)
Höhe			175 cm
Geschwindigkeit			1 m/s
DOF	Augen	3	Gemeinsames Tilt- und unabhängiges Pan-Gelenk.
	Hals	4	Pitch (unten), Roll, Yaw, Pitch (oben).
	Arme	2 x 7	3 DoF in jeder Schulter, jeweils 2 DoF in den Ellenbogen und jeweils 3 DoF in den Handgelenken.
	Hände	2 x 8	Fünf-Finger-Hände mit jeweils 2 DoF in den Daumen, Zeige- und Mittelfinger sowie jeweils 1 DoF in Ringfinger und kleinem Finger.
	Hüfte	3	Pitch, Roll, Yaw.
	Plattform	3	3 Räder im Abstand von 120°.
Aktorik			DC Motor mit Harmonic Drive in Armen, Hals, Augen, Hüfte und Plattform. Pneumatische Aktuatoren in den Händen.
Sensorik	Augen		2 Kameras in jedem Auge (Point Grey Dragonfly), 6 Mikrofone und einen 6D Trägheitssensor (http://www.xsens.com).
	Arme		Motorencoder, Sensoren in den Achsen aller Gelenke,6D Kraft-Momentensensor (http://www.ati-ia.com) in den Handgelänken.
	Platform		Motorencoder and 3 optische Abstandsmesser (http://www.hokuyo-aut.jp).
Energieversorgung			24 V Batterie oder externe Stromversorgung (220 V).
Betriebssystem			Linux mit *Real-Time Application Interface* RTAI/LXRT-Linux.
Rechner und Kommunikation			Industrie PCs und PC/104 Systeme, verbunden über Gigabit Ethernet und 10 DSP/FPGA Steuerungseinheiten (UCom), welche über CAN-Bus angesprochen werden.
Benutzerschnittstelle			Grafische Benutzerschnittstelle (GUI), verbunden über WLAN und natürlich-sprachliche Kommunikation.

Abbildungsverzeichnis

Tabellenverzeichnis

Literaturverzeichnis

[Ahuactzin 99] J.M. Ahuactzin, K.K. Gupta. The kinematic roadmap: a motion planning based global approach for inverse kinematics of redundant robots. *Robotics and Automation, IEEE Transactions on*, 15(4):653–669, Aug. 1999.

[Alterovitz 07] R. Alterovitz, T. Simeon, K. Goldberg. The stochastic motion roadmap: A sampling framework for planning with markov motion uncertainty. Tagungsband: *In Robotics: Science and Systems*, Seiten 233–241, 2007.

[Alvarez 03] Diego Alvarez, Juan C. Alvarez, Rafael C. González. Online motion planning using laplace potential fields. Tagungsband: *IEEE International Conference on Robotics and Automation (ICRA)*, Seiten 3347–3352, 2003.

[Aronov 98] Boris Aronov, Mark de Berg, A. Frank van der Stappen, Petr Švestka, Jules Vleugels. Motion planning for multiple robots. Tagungsband: *Proceedings of the fourteenth annual symposium on Computational geometry*, SCG '98, Seiten 374–382, New York, NY, USA, 1998. ACM.

[Asfour 03] T. Asfour, R. Dillmann. Human-like motion of a humanoid robot arm based on a closed-form solution of the inverse kinematics problem. Tagungsband: *IEEE International Conference on Intelligent Robots and Systems (IROS)*, Band 2, Seiten 1407–1412, 2003.

[Asfour 06] T. Asfour, K. Regenstein, P. Azad, J. Schröder, A. Bierbaum, N. Vahrenkamp, R. Dillmann. Armar-III: An integrated humanoid platform for sensory-motor control. Tagungsband: *IEEE/RAS International Conference on Humanoid Robots (Humanoids)*, Seiten 169–175, Dec. 2006.

[Asfour 08a] T. Asfour, P. Azad, N. Vahrenkamp, K. Regenstein, A. Bierbaum, K. Welke, J. Schroeder, R. Dillmann. Toward humanoid manipulation in human-centred environments. *Robotics and Autonomous Systems*, 56(1):54–65, 2008.

[Asfour 08b] T. Asfour, K. Welke, P. Azad, A. Ude, R. Dillmann. The karlsruhe humanoid head. Tagungsband: *IEEE/RAS International Conference on Humanoid Robots (Humanoids)*, Seiten 447 –453, dec. 2008.

[Azad 07] P. Azad, T. Asfour, R. Dillmann. Stereo-based 6d object localization for grasping with humanoid robot systems. Tagungsband: *IEEE International Conference on Intelligent Robots and Systems (IROS)*, Seiten 919 – 924, San Diego, USA, 2007.

[Azad 09] P. Azad. *Visual Perception for Manipulation and Imitation in Humanoid Robots*, Band 4. Springer, 1 Auflage, 2009.

[Badler 93] N. I. Badler, C. B. Phillips, B. L. Webber. *Simulating Humans: Computer Graphics Animation and Control*. Oxford University Press, New York, Oxford, 1993.

[Barraquand 91] Jerome Barraquand, Jean-Claude Latombe. Robot Motion Planning: A Distributed Representation Approach. *The International Journal of Robotics Research*, 10(6):628–649, 1991.

[Baumunk 07] Bodo-Michael Baumunk, Joachim Kallinich, Johanna Sänger. *Die Roboter kommen*. EDITION BRAUS, Berlin, Heidelberg, Germany, 2007.

[Becher 06] R. Becher, P. Steinhaus, R. Zöllner, R. Dillmann. Design and implementation of an interactive object modelling system. Tagungsband: *Proceedings Conference Robotik/ISR*, Seiten 27–28, 2006.

[Behnisch 10] Matthias Behnisch, Robert Haschke, Michael Gienger. Task space motion planning using reactive control. Tagungsband: *IEEE International Conference on Intelligent Robots and Systems (IROS)*, Seiten 5934 – 5940, 2010.

[Berenson 07] Dmitry Berenson, Rosen Diankov, Koichi Nishiwaki, Satoshi Kagami, James Kuffner. Grasp planning in complex scenes. Tagungsband: *IEEE/RAS International Conference on Humanoid Robots (Humanoids)*, Seiten 42 – 48, December 2007.

[Berenson 09a] D. Berenson, S. Srinivasa, D. Ferguson, J. Kuffner. Manipulation planning on constraint manifolds. Tagungsband: *IEEE International Conference on Robotics and Automation (ICRA)*, Seiten 625 – 632, May 2009.

[Berenson 09b] Dmitry Berenson, Siddhartha Srinivasa, David Ferguson, Alvaro Collet Romea, James Kuffner. Manipulation planning with workspace goal regions. Tagungsband: *IEEE International Conference on Robotics and Automation (ICRA)*, Seiten 618 – 624, May 2009.

[Berns 99] K. Berns, T. Asfour, R. Dillmann. ARMAR-an anthropomorphic arm for humanoid service robot. Tagungsband: *Robotics and Automation, 1999. Proceedings. 1999 IEEE International Conference on*, Band 1, Seiten 702 – 707 vol.1, 1999.

[Bertram 06] Dominik Bertram, James Kuffner, Ruediger Dillmann, Tamim Asfour. An integrated approach to inverse kinematics and path planning for redundant manipulators. Tagungsband: *IEEE International Conference on Robotics and Automation (ICRA)*, Seiten 1874–1879, May 2006.

[Boor 99] V. Boor, M.H. Overmars, A.F. van der Stappen. The gaussian sampling strategy for probabilistic roadmap planners. Tagungsband: *IEEE International Conference on Robotics and Automation (ICRA)*, Band 2, Seiten 1018–1023, 1999.

[Borst 04] Ch. Borst, M. Fischer, G. Hirzinger. Grasp planning: How to choose a suitable task wrench space. Tagungsband: *IEEE International Conference on Robotics and Automation (ICRA)*, Seiten 319–325, 2004.

[Borst 99] Christoph Borst, Max Fischer, Gerd Hirzinger. A fast and robust grasp planner for arbitrary 3d objects. Tagungsband: *IEEE International Conference on Robotics and Automation (ICRA)*, Seiten 1890–1896, 1999.

[Brock 02] Oliver Brock, Oussama Khatib. Elastic strips. *I. J. Robotic Res.*, 21(12):1031–1052, 2002.

[Brooks 99] Rodney A. Brooks, Cynthia Breazeal, Matthew Marjanović, Brian Scassellati, Matthew M. Williamson. The cog project: building a humanoid robot. *Computation for metaphors, analogy, and agents*, Seiten 52–87, 1999.

[Buss 09] Samuel R. Buss. Introduction to inverse kinematics with jacobian transpose, pseudoinverse and damped least squares methods. Technischer Bericht, Stanford Research Institute, University of California, San Diego, Oct. 2009.

[Canny 86] John Canny. Collision detection for moving polyhedra. *Pattern Analysis and Machine Intelligence, IEEE Transactions on*, PAMI-8(2):200–209, Mar. 1986.

[Canny 87] John Canny, John Reif. New lower bound techniques for robot motion planning problems. In Ashok K. Chandra, Hrsg., Tagungsband: *Proc. 28th Annual Symposium on Foundations of Computer Science*, Seiten 49–60, Los Angeles, CA, Oct. 1987. IEEE Computer Society Press.

[Canny 88] John F. Canny. *The complexity of robot motion planning*. MIT Press, Cambridge, MA, USA, 1988.

[Carrera 79] Roland Carrera, Dominique Loiseau, Olivier Roux. *Androïdes. Les automates Jaquet-Droz.* Scriptar, Lausanne, France, 1979.

[Carusone 98] J. Carusone, G. D'Eleurterio. The feature cmac: a neural-network-based vision system for robotic control. Tagungsband: *IEEE International Conference on Robotics and Automation (ICRA)*, Band 4, Seiten 2959–2964, 1998.

[Chaumette 06] F. Chaumette, S. Hutchinson. Visual servo control, part I: Basic approaches. *IEEE Robotics and Automation Magazine*, 13(4):82–90, Dec. 2006.

[Cheng 02] P. Cheng, S. M. LaValle. Resolution complete rapidly-exploring random trees. Tagungsband: *IEEE International Conference on Robotics and Automation (ICRA)*, Seiten 267–272, 2002.

[Chestnutt 04] Joel Chestnutt, James Kuffner. A tiered planning strategy for biped navigation. Tagungsband: *Proceedings of the IEEE-RAS/RSJ Conference on Humanoid Robots*, Nov. 2004.

[Chestnutt 05] Joel Chestnutt, Manfred Lau, Kong Man Cheung, James Kuffner, Jessica K. Hodgins, Takeo Kanade. Footstep planning for the Honda ASIMO humanoid. Tagungsband: *IEEE International Conference on Robotics and Automation (ICRA)*, Apr. 2005.

[Choi 91] Wonyun Choi, J.-C. Latombe. A reactive architecture for planning and executing robot motions with incomplete knowledge. Tagungsband: *IEEE International Conference on Intelligent Robots and Systems (IROS)*, Band 1, Seiten 24–29, 1991.

[Clifton 08] M. Clifton, G. Paul, N. Kwok, D. Liu, D.-L. Wang. Evaluating performance of multiple rrts. Tagungsband: *Mechtronic and Embedded Systems and Applications, 2008. MESA 2008. IEEE/ASME International Conference on*, Seiten 564–569, Oct. 2008.

[Conner 06] David C. Conner, Howie Choset, Alfred Rizzi. Integrated planning and control for convex-bodied nonholonomic systems using local feedback. Tagungsband: *Proceedings of Robotics: Science and Systems II*, Seiten 57–64, Philadelphia, PA, Aug. 2006. MIT Press.

[Craig 89] J.J Craig. *Introduction to Robotics Mechanics and Control.* Addison Wesley, 1989.

[Daniilidis 98] Konstantinos Daniilidis. Hand-eye calibration using dual quaternions. *International Journal of Robotics Research*, 18:286–298, 1998.

[Diankov 08a] Rosen Diankov, James Kuffner. OpenRAVE: A planning architecture for autonomous robotics. Technischer Bericht CMU-RI-TR-08-34, Robotics Institute, Pittsburgh, PA, Jul. 2008.

[Diankov 08b] Rosen Diankov, Nathan Ratliff, David Ferguson, Siddhartha Srinivasa, James Kuffner. BiSpace planning: Concurrent multi-space exploration. Tagungsband: *Robotics: Science and Systems*, Seiten 159–166, Jun. 2008.

[Diankov 10] Rosen Diankov. *Automated Construction of Robotic Manipulation Programs*. Dissertation, Carnegie Mellon University, Pittsburgh, Pennsylvania, USA, 2010.

[Dillmann 08] R. Dillmann, T. Asfour. Collaborative research center on humanoid robots (SFB 588). *KI - Zeitschrift Künstliche Intelligenz*, 4:26–28, 2008.

[Donald 93] Bruce Donald, Patrick Xavier, John Canny, John Reif. Kinodynamic motion planning. *J. ACM*, 40(5):1048–1066, 1993.

[Drumwright 06] E. Drumwright, V. Ng-Thow-Hing. Toward interactive reaching in static environments for humanoid robots. Tagungsband: *IEEE International Conference on Intelligent Robots and Systems (IROS)*, Seiten 846–851, Oct. 2006.

[D'Souza 01] A. D'Souza, S. Vijayakumar, S. Schaal. Learning inverse kinematics. Tagungsband: *IEEE International Conference on Intelligent Robots and Systems (IROS)*, Band 1, Seiten 298–303, 2001.

[Elfving 98] Tommy Elfving. A stationary iterative pseudoinverse algorithm. *BIT Numerical Mathematics*, 38:275–282, 1998.

[Erdmann 87] Michael Erdmann, Tomás Lozano-Pérez. On multiple moving objects. *Algorithmica*, 2(1-4):477–521, Nov. 1987.

[Fang 02] Y. Fang, A. Behal, W.E. Dixon, D.M. Dawson. Adaptive 2.5d visual servoing of kinematically redundant robot manipulators. Tagungsband: *Decision and Control, 2002, Proceedings of the 41st IEEE Conference on*, Band 3, Seiten 2860–2865, Dec. 2002.

[Ferrari 92] C. Ferrari, J. Canny. Planning optimal grasps. Tagungsband: *IEEE International Conference on Robotics and Automation (ICRA)*, Band 3, Seiten 2290–2295, May 1992.

[Fuchs 09] M. Fuchs, C. Borst, P.R. Giordano, A. Baumann, E. Kraemer, J. Langwald, R. Gruber, N. Seitz, G. Plank, K. Kunze, R. Burger, F. Schmidt, T. Wimboeck, G. Hirzinger. Rollin' justin - design considerations and realization of a mobile platform for a humanoid upper body. Tagungsband: *IEEE International Conference on Robotics and Automation (ICRA)*, Seiten 4131–4137, 2009.

[Gaiser 08] I. Gaiser, S. Schulz, A. Kargov, H. Klosek, A. Bierbaum, C. Pylatiuk, R. Oberle, T. Werner, T. Asfour, G. Bretthauer, R. Dillmann. A new anthropomorphic robotic hand. Tagungsband: *Humanoid Robots, 2008. Humanoids 2008. 8th IEEE-RAS International Conference on*, Seiten 418 –422, Dec. 2008.

[Ge 02] S. S. Ge, Y. J. Cui. Dynamic motion planning for mobile robots using potential field method. *Auton. Robots*, 13(3):207–222, 2002.

[Geraerts 05] R. Geraerts, M.H. Overmars. On improving the clearance for robots in high-dimensional configuration spaces. Tagungsband: *IEEE International Conference on Intelligent Robots and Systems (IROS)*, Seiten 679–684, 2005.

[Gharbi 09] M. Gharbi, J. Cortes, T. Simeon. Roadmap composition for multi-arm systems path planning. Tagungsband: *IEEE International Conference on Intelligent Robots and Systems (IROS)*, Seiten 2471–2476, 2009.

[Gienger 08] Michael Gienger, Marc Toussaint, Christian Goerick. Task maps in humanoid robot manipulation. Tagungsband: *IEEE International Conference on Intelligent Robots and Systems (IROS)*, Seiten 2758–2764, 2008.

[Gonzalez-Aguirre 09] David Gonzalez-Aguirre, Steven Wieland, Tamim Asfour, Rüdiger Dillmann. On environmental model-based visual perception for humanoids. Tagungsband: *14th Iberoamerican Congress on Pattern Recognition (CIARP)*, Seiten 901–909, 2009.

[Guez 89] A. Guez, Z. Ahmad. Accelerated convergence in the inverse kinematics via multilayer feedforward networks. Tagungsband: *Neural Networks,*

1989. IJCNN., International Joint Conference on, Band 2, Seiten 341–344, Jun. 1989.

[Guha 10] Sumanta Guha. *Computer Graphics Through OpenGL: From Theory to Experiments*. Chapman and Hall/CRC, London, UK, 2010.

[Guilamo 05] L. Guilamo, J. Kuffner, K. Nishiwaki, S. Kagami. Efficient prioritized inverse kinematic solutions for redundant manipulators. Tagungsband: *IEEE International Conference on Intelligent Robots and Systems (IROS)*, Seiten 3921–3926, Aug. 2005.

[Han 00] S.H. Han, W.H. See, J. Lee, M.H. Lee, H. Hashimoto. Image-based visual servoing control of a scara type dual-arm robot. Tagungsband: *Industrial Electronics, 2000. ISIE 2000. Proceedings of the 2000 IEEE International Symposium on*, Band 2, Seiten 517–522 vol.2, 2000.

[Han 02] Sung Hyun Han, Hideki Hashimoto. A study on feature-based visual servoing control of robot system by utilizing redundant feature. *The Korean Society of Mechanical Engineers*, 16(6):762–769, June 2002.

[Hennig 39] R. Hennig. *Altgriechische Sagengestalten als Personifikation von Erdfeuern und vulkanischen Vorgängen*. Jahrbuch des deutschen archäologischen Instituts, Germany, 1939.

[Hesse 86] S. Hesse. *Golems Enkel*. Urania Verlag, Leipzig/Jena/Berlin, Germany, 1986.

[Hill 79] J. Hill, W. Park. Real time control of a robot with a mobile camera. Tagungsband: *Proceedings of the 9th International Symposium on Industrial Robots*, Seiten 233–246, 1979.

[Hirai 98] K. Hirai, M. Hirose, Y. Haikawa, T. Takenaka. The development of Honda humanoid robot. Tagungsband: *IEEE International Conference on Robotics and Automation (ICRA)*, Band 2, Seiten 1321–1326, 1998.

[Honour 84] Hugh Honour, John Fleming. *Lexikon Antiquitäten und Kunsthandwerk*. C.H. Beck u. Prestel, München, Germany, 1984.

[Hopcroft 86] J E Hopcroft, G T Wolfong. Reducing multiple object motion planning to graph searching. *SIAM J. Comput.*, 15(3):768–785, 1986.

[Hosoda 94] K. Hosoda, M. Asada. Versatile visual servoing without knowledge of true jacobian. Tagungsband: *IEEE International Conference on Intelligent Robots and Systems (IROS)*, Band 1, Seiten 186–193, Sep. 1994.

[Hsu 00] D. Hsu. *Randomized Single-Query Motion Planning in Expansive Spaces*. Dissertation, Stanford University, Stanford, CA, USA, 2000.

[Hsu 03] D. Hsu, T. Jiang, J. Reif, Z. Sun. The bridge test for sampling narrow passages with probabilistic roadmap planners. Tagungsband: *IEEE International Conference on Robotics and Automation (ICRA)*, Band 3, Seiten 4420 – 4426, 2003.

[Hsu 97] David Hsu, Jean claude Latombe, Rajeev Motwani. Path planning in expansive configuration spaces. Tagungsband: *International Journal of Computational Geometry and Applications*, Seiten 2719–2726, 1997.

[Huebner 08] K. Huebner, S. Ruthotto, D. Kragic. Minimum volume bounding box decomposition for shape approximation in robot grasping. Tagungsband: *IEEE International Conference on Robotics and Automation (ICRA)*, Seiten 1628–1633, May 2008.

[Husty 97] Manfred Husty, Adolf Karger, Hans Sachs. *Kinematik und Robotik*. Springer, 1997.

[Hwang 92] Yong K. Hwang, Narendra Ahuja. Gross motion planning – a survey. *ACM Comput. Surv.*, 24(3):219–291, 1992.

[Hynes 06] P. Hynes, G.I. Dodds, A.J. Wilkinson. Uncalibrated visual-servoing of a dual-arm robot for MIS Suturing. Tagungsband: *Biomedical Robotics and Biomechatronics, 2006. BioRob 2006. The First IEEE/RAS-EMBS International Conference on*, Seiten 420–425, Feb. 2006.

[Ignatyev 73] M.B. Ignatyev, F. M. Kulakov, A. M. Pokrovskiy. Robot-manipulator control algorithms. *Rep No. JPRS 59717*, 1973.

[Jaillet 05] L. Jaillet, A. Yershova, S.M. La Valle, T. Simeon. Adaptive tuning of the sampling domain for dynamic-domain rrts. Tagungsband: *IEEE International Conference on Intelligent Robots and Systems (IROS)*, Seiten 2851–2856, 2005.

[Jägersand 97] M. Jägersand, O. Fuentes, R. Nelson. Experimental evaluation of uncalibrated visual servoing for precision manipulation. Tagungsband: *IEEE*

International Conference on Robotics and Automation (ICRA), Band 4, Seiten 2874–2880, 1997.

[Jiménez 01] P. Jiménez, F. Thomas, C. Torras. 3D Collision Detection: A Survey. *Computers and Graphics*, 25(2):269–285, Apr. 2001.

[Kagami 01] Satoshi Kagami, Koichi Nishiwaki, James J. Kuffner, Kei Okada, Yasuo Kuniyoshi, Masayuki Inaba, Hirochika Inoue. Low-level autonomy of the humanoid robots h6 & h7. Tagungsband: *ISRR*, Seiten 83–97, 2001.

[Kallman 04] M. Kallman, M. Mataric. Motion planning using dynamic roadmaps. Tagungsband: *IEEE International Conference on Robotics and Automation (ICRA)*, Band 5, Seiten 4399–4404, 2004.

[Kallmann 03] M. Kallmann, A. Aubel, T. Abaci, D. Thalmann. Planning collision–free reaching motions for interative object manipulation and grasping. Tagungsband: *Eurographics*, Band 22, 2003.

[Kanehiro 08] F. Kanehiro, W. Suleiman, F. Lamiraux, E. Yoshida, J.-P. Laumond. Integrating dynamics into motion planning for humanoid robots. Tagungsband: *IEEE International Conference on Intelligent Robots and Systems (IROS)*, Seiten 660–667, 2008.

[Kaneko 09] K. Kaneko, F. Kanehiro, M. Morisawa, K. Miura, S. Nakaoka, S. Kajita. Cybernetic human HRP-4C. Tagungsband: *IEEE/RAS International Conference on Humanoid Robots (Humanoids)*, Seiten 7–14, Dec. 2009.

[Kasper 07] Alexander Kasper, Regine Becher, Peter Steinhaus, Rüdiger Dillmann. Developing and analyzing intuitive modes for interactive object modeling. Tagungsband: *Proceedings of the 9th international conference on Multimodal interfaces*, ICMI '07, Seiten 74–81, New York, NY, USA, 2007. ACM.

[Kato 72] I. Kato, Y. Mori, T. Masuda. Pneumatically powered artificial legs walking automatically under various circumstances. Tagungsband: *international conference on external control of human extremities*, Seiten 458–470, 1972.

[Kavraki 94] Lydia Kavraki, Petr Svestka, Jean-Claude Latombe, Mark Overmars. Probabilistic roadmaps for path planning in high-dimensional configuration spaces. *IEEE Transactions on Robotics and Automation*, 12:566–580, 1994.

[Kavraki 98] Lydia E. Kavraki, M. N. Kolountzakis, Jean-Claude Latombe. Analysis of probabilistic roadmaps for path planning. *IEEE Transactions on Robotics and Automation*, 14(1):166–171, 1998.

[Kazemi 09] Moslem Kazemi, Kamal Gupta, Mehran Mehrandezh. Global path planning for robust visual servoing in complex environments. Tagungsband: *IEEE International Conference on Robotics and Automation (ICRA)*, Seiten 326–332, 2009.

[Kee 02] Dohyung Kee, Waldemar Karwowski. Analytically derived three-dimensional reach volumes based on multijoint movements. *Human Factors: The Journal of the Human Factors and Ergonomics Society*, 44:530–544(15), 2002.

[Khatib 78] O. Khatib, J. F. Le Maitre. Dynamic control of manipulators operating in a complex environment. Tagungsband: *Proc. of the 3rd CISM-IFToMM Symposium on Theory and Practice of Robots and Manipulators*, Seiten 267–282, Udine, Italy, sep 1978.

[Khatib 85] O. Khatib. Real-time obstacle avoidance for manipulators and mobile robots. Tagungsband: *Robotics and Automation. Proceedings. 1985 IEEE International Conference on*, Band 2, Seiten 500 – 505, Maerz 1985.

[Khatib 86] Oussama Khatib. Real-Time Obstacle Avoidance for Manipulators and Mobile Robots. *The International Journal of Robotics Research*, 5(1):90–98, 1986.

[Konno 97] A. Konno, K. Nagashima, R. Furukawa, K. Nishiwaki, T. Noda, M. Inaba, H. Inoue. Development of a humanoid robot saika. Tagungsband: *Intelligent Robots and Systems, 1997. IROS '97., Proceedings of the 1997 IEEE/RSJ International Conference on*, Band 2, Seiten 805 –810 vol.2, Sept. 1997.

[Kragic 01] D. Kragic, A.T. Miller, P.K. Allen. Real-time tracking meets online grasp planning. Tagungsband: *IEEE International Conference on Robotics and Automation (ICRA)*, Band 3, Seiten 2460 – 2465, 2001.

[Kragic 02] Danica Kragic, Henrik I Christensen. Survey on visual servoing for manipulation. Technischer Bericht, Computational Vision and Active Perception Laboratory, 2002.

[Kuffner 00] J. Kuffner, S. LaValle. RRT-connect: An efficient approach to single-query path planning. Tagungsband: *IEEE International Conference on Robotics and Automation (ICRA)*, Band 2, Seiten 995 – 1001, San Francisco, CA, Apr. 2000.

[Kuffner 01] J. Kuffner, K. Nishiwaki, S. Kagami, M. Inaba, H. Inoue. Footstep planning among obstacles for biped robots. Tagungsband: *IEEE International Conference on Intelligent Robots and Systems (IROS)*, Seiten 500–505, 2001.

[Kuffner 04] J.J. Kuffner. Effective sampling and distance metrics for 3d rigid body path planning. Tagungsband: *IEEE International Conference on Robotics and Automation (ICRA)*, Band 4, Seiten 3993–3998, Apr. 2004.

[Kuffner 05] J. Kuffner, K. Nishiwaki, S. Kagami, M. Inaba, H. Inoue. Motion planning for humanoid robots. Tagungsband: *D. Paolo, R. Chatila (Eds.), International Symposium of Robotics Research, Springer Tracts in Advanced Robotics*, Seiten 365–374, 2005.

[Kurniawati 09] H. Kurniawati, Y. Du, D. Hsu, W.S. Lee. Motion planning under uncertainty for robotic tasks with long time horizons. Tagungsband: *Proc. Int. Symp. on Robotics Research*, 2009.

[Ladd 04] A. M. Ladd, Lydia E. Kavraki. Measure theoretic analysis of probabilistic path planning. *IEEE Transactions on Robotics and Automation*, 20(2):229–242, Apr. 2004.

[Larsen 00] E. Larsen, S. Gottschalk, M. Lin, D. Manocha. Fast distance queries with rectangular swept sphere volumes. Tagungsband: *IEEE International Conference on Robotics and Automation (ICRA)*, San Francisco (CA), 2000.

[Latombe 91] J. Latombe. *Robot Motion Planning*. Kluwer Academic Publishers, 1991.

[Laumond 86] Jean-Paul Laumond. Feasible trajectories for mobile robots with kinematic and environment constraints. Tagungsband: *IAS*, Seiten 346–354, 1986.

[LaValle 06] S. M. LaValle. *Planning Algorithms*. Cambridge University Press, Cambridge, U.K., 2006. Available at http://planning.cs.uiuc.edu/.

[LaValle 98] S. LaValle. Rapidly-exploring random trees: A new tool for path planning. Technischer Bericht, Computer Science Dept., Iowa State University., Oct. 1998.

[Lin 98] M. C. Lin, S. Gottschalk. Collision detection between geometric models: a survey. Tagungsband: *IMA Conference on Mathematics of Surfaces, 1998*, Seiten 37–56, 1998.

[Lozano-Pérez 79] Tomás Lozano-Pérez, Michael A. Wesley. An algorithm for planning collision-free paths among polyhedral obstacles. *Commun. ACM*, 22(10):560–570, 1979.

[Lozano-Pérez 80] T. Lozano-Pérez. Spatial planning: A configuration space approach. *IEEE Transactions on Computers*, 32:108–120, 1980.

[Malis 03] E. Malis, G. Chesi, R. Cipolla. 2 1/2 d visual servoing with respect to planar contours having complex and unknown shapes. *International Journal of Robotic Research*, 2003.

[Malis 99] E. Malis, F. Chaumette, S. Boudet. 2 1/2 d visual servoing. *IEEE Transaction on Robotics and Automation*, 15(2):234–246, Apr. 1999.

[Mansard 07] N. Mansard, O. Stasse, F. Chaumette, K. Yokoi. Visually-guided grasping while walking on a humanoid robot. Tagungsband: *IEEE International Conference on Robotics and Automation (ICRA)*, Seiten 3041–3047, Apr. 2007.

[Martinet 99] P. Martinet, J. Gallice. Position based visual servoing using a nonlinear approach. Tagungsband: *IEEE International Conference on Intelligent Robots and Systems (IROS)*, Seiten 531–536, 1999.

[Mazer 98] E. Mazer, J. Ahuactzin, P. Bessiere. The ariadnes clew algorithm. *Journal of Artificial Intelligence Research (JAIR)*, 9:295–316, 1998.

[Michel 06] Philipp Michel, Joel Chestnutt, Satoshi Kagami, Koichi Nishiwaki, James Kuffner, Takeo Kanade. Online environment reconstruction for biped navigation. Tagungsband: *IEEE International Conference on Robotics and Automation (ICRA)*, Seiten 3089–3094, May 2006.

[Michel 07] P. Michel, J. Chestnut, S. Kagami, K. Nishiwaki, J. Kuffner, T. Kanade. Gpu-accelerated real-time 3d tracking for humanoid locomotion and stair climbing. Tagungsband: *IEEE International Conference on Intelligent Robots and Systems (IROS)*, Seiten 463–469, Nov. 2007.

[Miller 01] Andrew Tesch Miller. *Graspit!: a versatile simulator for robotic grasping*. Dissertation, Department of Computer Science, Columbia University, 2001.

[Miller 03] A.T. Miller, S. Knoop, H.I. Christensen, P.K. Allen. Automatic grasp planning using shape primitives. Tagungsband: *IEEE International Conference on Robotics and Automation (ICRA)*, Band 2, Seiten 1824–1829, Sep. 2003.

[Miller 89] W. Miller. Real-time application of neural networks for sensor-based control of robots with vision. Tagungsband: *IEEE Transactions on Systems, Man and Cybernetics*, Band 19, Seiten 825–831, 1989.

[Morales 06] A. Morales, T. Asfour, P. Azad, S. Knoop, R. Dillmann. Integrated grasp planning and visual object localization for a humanoid robot with five-fingered hands. Tagungsband: *IEEE International Conference on Intelligent Robots and Systems (IROS)*, Seiten 5663–5668, Oct. 2006.

[Moran 07] Michael Moran. Evolution of robotic arms. *Journal of Robotic Surgery*, 1:103–111, 2007. 10.1007/s11701-006-0002-x.

[Nakazawa 00] N. Nakazawa, S. Kajikawa, H. Inooka, R. Ikeura. Path planning of grippers modeled after human grasping motions. Tagungsband: *Industrial Electronics Society, 2000. IECON 2000. 26th Annual Conference of the IEEE*, Band 3, Seiten 1767–1772, 2000.

[Nilsson 69] N. J. Nilsson. Research on intelligent automata. Technischer Bericht, Stanford Research Institute, Feb. 1969.

[Nilsson 84] Nils J. Nilsson. Shakey the robot. Technischer Bericht 323, AI Center, SRI International, 333 Ravenswood Ave., Menlo Park, CA 94025, Apr. 1984.

[Nishiwaki 00] K. Nishiwaki, T. Sugihara, S. Kagami, F. Kanehiro, M. Inaba, H. Inoue. Design and development of research platform for perception-action integration in humanoid robot: H6. Tagungsband: *Intelligent Robots and Systems, 2000. (IROS 2000). Proceedings. 2000 IEEE/RSJ International Conference on*, Band 3, Seiten 1559 –1564 vol.3, 2000.

[Nishiwaki 02] K. Nishiwaki, S. Kagami, Y. Kuniyoshi, M. Inaba, H. Inoue. On-line generation of humanoid walking motion based on a fast generation method of motion pattern that follows desired zmp. Tagungsband: *IEEE International Conference on Intelligent Robots and Systems (IROS)*, Band 3, Seiten 2684–2689, 2002.

[Nori 07] F. Nori, L. Natale, G. Sandini, G. Metta. Autonomous learning of 3d reaching in a humanoid robot. Tagungsband: *IEEE International Conference on Intelligent Robots and Systems (IROS)*, Seiten 1142–1147, Nov. 2007.

[Ó'Dúnlaing 87] Colm Ó'Dúnlaing. Motion planning with inertial constraints. *Algorithmica*, 2:431–475, 1987.

[Olsson 98] H. Olsson, K. J. Astrom, C. C. de Wit, M. Gafvert, P. Lischinsky. Friction models and friction compensation. *Eur. J. Control*, 4(3):176–195, 1998.

[Orin 84] David E. Orin, William W. Schrader. Efficient Computation of the Jacobian for Robot Manipulators. *The International Journal of Robotics Research*, 3(4):66–75, 1984.

[Paden 89] B. Paden, A. Mees, M. Fisher. Path planning using a jacobian-based freespace generation algorithm. Tagungsband: *IEEE International Conference on Robotics and Automation (ICRA)*, Seiten 1732–1737, Scottsdale, AZ, 1989.

[Paulin 05] Mads Paulin. Feature planning for robust execution of general robot tasks using visual servoing. Tagungsband: *CRV '05: Proceedings of the 2nd Canadian conference on Computer and Robot Vision*, Seiten 200–209, Washington, DC, USA, 2005. IEEE Computer Society.

[Peng 05] Jufeng Peng, Srinivas Akella. Coordinating multiple robots with kinodynamic constraints along specified paths. *The International Journal of Robotics Research*, 24(4):295–310, 2005.

[Pieper 68] D. L. Pieper. *The kinematics of manipulators under computer control.* Dissertation, Stanford University, Stanford, CA, USA, 1968.

[Plaku 05a] E. Plaku, K.E. Bekris, B.Y. Chen, A.M. Ladda, L.E. Kavraki. Sampling-based roadmap of trees for parallel motion planning. Tagungsband: *Robotics and Automation, IEEE Transactions on*, Band 21, Seiten 597–608, Aug. 2005.

[Plaku 05b] Erion Plaku, Lydia E. Kavraki. Distributed sampling-based roadmap of trees for large-scale motion planning. Tagungsband: *IEEE International Conference on Robotics and Automation (ICRA)*, Seiten 3879–3884, Barcelona, Spain, 2005.

[Pollard 94] N. Pollard. Parallel methods for synthesizing whole-hand grasps from generalized prototypes. *Technical Report AI-TR 1464, MIT, Artificial Intelligence Laboratory*, 1994.

[Prentice 07] Samuel Prentice, Nicholas Roy. The Belief Roadmap: Efficient Planning in Linear POMDPs by Factoring the Covariance. Tagungsband: *In Proc. International Symposium on Robotics Research*, 2007.

[Prentice 09] Samuel Prentice, Nicholas Roy. The Belief Roadmap: Efficient Planning in Belief Space by Factoring the Covariance. *The International Journal of Robotics Research*, 28(11-12):1448–1465, Nov. 2009.

[Quinlan 95] Sean Quinlan. *Real-time modification of collision-free paths*. Dissertation, Stanford University, Stanford, CA, USA, 1995.

[Rao 93] D.H. Rao, M.M. Gupta, P.N. Nikiforuk. On-line learning of robot inverse kinematic transformations. Tagungsband: *Neural Networks, 1993. IJCNN '93-Nagoya. Proceedings of 1993 International Joint Conference on*, Band 3, Seiten 2827–2830, 1993.

[Raphael 71] B. Raphael, L. J. Chaitin, R. O. Duda, R. E. Fikes, P. E. Hart, N. J. Nilsson. Research and applications - artificial intelligence. Technischer Bericht, Stanford Research Institute, Apr. 1971.

[Redon 02] Stephane Redon, Abderrahmane Kheddar, Sabine Coquillart. Fast continuous collision detection between rigid bodies. *Comput. Graph. Forum*, 21(3), 2002.

[Reif 79] John H. Reif. Complexity of the mover's problem and generalizations (extended abstract). Tagungsband: *FOCS*, Seiten 421–427, 1979.

[Reinhart 09] R.F. Reinhart, J.J. Steil. Reaching movement generation with a recurrent neural network based on learning inverse kinematics for the humanoid robot icub. Tagungsband: *IEEE/RAS International Conference on Humanoid Robots (Humanoids)*, Seiten 323–330, 2009.

[Rickert 08] M. Rickert, O. Brock, A. Knoll. Balancing exploration and exploitation in motion planning. Tagungsband: *IEEE International Conference on Robotics and Automation (ICRA)*, Seiten 2812–2817, 2008.

[Rimon 92] E. Rimon, D.E. Koditschek. Exact robot navigation using artificial potential fields. *IEEE Transactions on Robotics and Automation*, 8(5):501–518, 1992.

[Rodríguez 06]   Samuel Rodríguez, Xinyu Tang, Jyh-Ming Lien, Nancy M. Amato. An obstacle-based rapidly-exploring random tree. Tagungsband: *IEEE International Conference on Robotics and Automation (ICRA)*, Seiten 895–900, 2006.

[Rosenbaum 01]   D.A. Rosenbaum, R.J. Meulenbroek, J. Vaughan, C. Jansen. Posture-based motion planning: applications to grasping. *Psychological Review*, 108(4):709–734, Oct. 2001.

[Rosheim 06]   Mark Rosheim. *Leonardo's Lost Robots*. Springer, Berlin, Germany, 2006.

[Sakagami 02]   Y. Sakagami, R. Watanabe, C. Aoyama, S. Matsunaga, N. Higaki, K. Fujimura. The intelligent asimo: system overview and integration. Tagungsband: *Intelligent Robots and Systems, 2002. IEEE/RSJ International Conference on*, Band 3, Seiten 2478 – 2483 vol.3, 2002.

[Sandini 07]   Giulio Sandini, Giorgio Metta, David Vernon. The icub cognitive humanoid robot. In M. Lungarella, F. Iida, J. Bongard, R. Pfeifer, Hrsg., *50th Anniversary of Artificial Intelligence*, Seiten 359–371. Springer, 2007.

[Schulz 01]   S. Schulz, C. Pylatiuk, G. Bretthauer. A new ultralight anthropomorphic hand. Tagungsband: *IEEE International Conference on Robotics and Automation (ICRA)*, Band 3, Seiten 2437–2441, 2001.

[Schwartz 82]   Jacob T. Schwartz, Micha Sharir. On the piano movers' problem i. the case of a two-dimensional rigid polygonal body moving amidst polygonal barriers. Tagungsband: *Communications on Pure and Applied Mathematics*, Band 36, Seiten 345–398, Courant Institute of Mathematical Sciences; Tel Aviv University, 1982.

[Shaffer 90]   Clifford A. Shaffer, Gregory M. Herb. A real-time robot collision avoidance system (abstract). Tagungsband: *CSC '90: Proceedings of the 1990 ACM annual conference on Cooperation*, Seiten 149–160, New York, NY, USA, 1990. ACM.

[Siciliano 90]   Bruno Siciliano. Kinematic control of redundant robot manipulators: A tutorial. *Journal of Intelligent and Robotic Systems*, 3(3):201–212, 1990.

[Siméon 00]   Thierry Siméon, Jean-Paul Laumond, Carole Nissoux. Visibility-based probabilistic roadmaps for motion planning. *Advanced Robotics*, 14(6):477–493, 2000.

[Simeon 04] Thierry Simeon, Jean-Paul Laumond, Juan Cortes, Anis Sahbani. Manipulation Planning with Probabilistic Roadmaps. *The International Journal of Robotics Research*, 23(7-8):729–746, 2004.

[Sipser 05] Michael Sipser. *Introduction to the Theory of Computation*. Course Technology, 2 Auflage, Feb. 2005.

[Stiefelhagen 07] R. Stiefelhagen, H.K. Ekenel, C. Fugen, P. Gieselmann, H. Holzapfel, F. Kraft, K. Nickel, M. Voit, A. Waibel. Enabling multimodal human-robot interaction for the karlsruhe humanoid robot. *Robotics, IEEE Transactions on*, 23(5):840 –851, Oct. 2007.

[Stilman 07a] M. Stilman. Task constrained motion planning in robot joint space. Tagungsband: *IEEE International Conference on Intelligent Robots and Systems (IROS)*, Seiten 3074–3081, 2007.

[Stilman 07b] M. Stilman, J.-U. Schamburek, J. Kuffner, T. Asfour. Manipulation planning among movable obstacles. Tagungsband: *IEEE International Conference on Robotics and Automation (ICRA)*, Seiten 3327–3332, 2007.

[Stulp 09] F. Stulp, A. Fedrizzi, M. Beetz. Learning and performing place-based mobile manipulation. Tagungsband: *Development and Learning, 2009. ICDL 2009. IEEE 8th International Conference on*, Seiten 1–7, Jun. 2009.

[Sun 05] Zheng Sun, D. Hsu, Tingting Jiang, H. Kurniawati, J.H. Reif. Narrow passage sampling for probabilistic roadmap planning. *Robotics, IEEE Transactions on*, 21(6):1105–1115, Dec. 2005.

[Sutanto 98] H. Sutanto, R. Sharma, V. Varma. The role of exploatory movement in visual servoing without calibration. Tagungsband: *Robotics and Autonomous Systems*, Band 23, Seiten 153–169, 1998.

[Tang 10] Min Tang, Young J. Kim, Dinesh Manocha. Efficient local planning using connection collision query. Technischer Bericht, Ewha Womans University, Korea, 2010.

[Tanie 03] K. Tanie. Humanoid robot and its application possibility. Tagungsband: *Multisensor Fusion and Integration for Intelligent Systems, MFI2003. Proceedings of IEEE International Conference on*, Seiten 213 – 214, july 2003.

[Taylor 01] Geoffrey Taylor, , Geoffrey Taylor, Lindsay Kleeman. Flexible self-calibrated visual servoing for a humanoid robot. Tagungsband: *In Proc. Australian Conference on Robotics and Automation*, Seiten 79–84, 2001.

[Thrun 05] Sebastian Thrun, Wolfram Burgard, Dieter Fox. *Probabilistic Robotics (Intelligent Robotics and Autonomous Agents)*. The MIT Press, Sep. 2005.

[Thuilot 02] Benoit Thuilot, Philippe Martinet, Lionel Cordesses, Jean Gallice. Position based visual servoing: Keeping the object in the field of vision. Tagungsband: *IEEE International Conference on Robotics and Automation (ICRA)*, Seiten 1624–1629, 2002.

[Toussaint 07] M. Toussaint, C. Goerick. Probabilistic inference for structured planning in robotics. Tagungsband: *IEEE International Conference on Intelligent Robots and Systems (IROS)*, Seiten 3068–3073, Oct. 2007.

[Toussaint 10] Marc Toussaint, Nils Plath, Tobias Lang, Nikolay Jetchev. Integrated motor control, planning, grasping and high-level reasoning in a blocks world using probabilistic inference. Tagungsband: *IEEE International Conference on Robotics and Automation (ICRA)*, Seiten 385–391, 2010.

[Tsai 88] R.Y. Tsai, R.K. Lenz. Real time versatile robotics hand/eye calibration using 3d machine vision. Tagungsband: *IEEE International Conference on Robotics and Automation (ICRA)*, Band 1, Seiten 554–561, 1988.

[Ulbrich 09] S. Ulbrich, V. Ruiz, T. Asfour, C. Torras, R. Dillmann. Rapid learning of humanoid body schemas with kinematic bezier maps. Tagungsband: *IEEE/RAS International Conference on Humanoid Robots (Humanoids)*, Seiten 431–438, Paris, France, Dec. 2009.

[Upuda 77] S. Upuda. Collision detection and avoidance in computer controlled manipulators. Tagungsband: *International Joint Conference on Artificial Intelligence*, Seiten 737–748, Cambridge, MA, 1977.

[Vahrenkamp 07] Nikolaus Vahrenkamp, Tamim Asfour, Rüdiger Dillmann. Efficient motion planning for humanoid robots using lazy collision checking and enlarged robot models. Tagungsband: *IEEE International Conference on Intelligent Robots and Systems (IROS)*, Seiten 3062–3067, Oct. 2007.

[Vahrenkamp 08a] N. Vahrenkamp, S. Wieland, P. Azad, D. Gonzalez-Aguirre, T. Asfour, R. Dillmann. Visual Servoing for Humanoid Grasping and Manipulation Tasks. Tagungsband: *IEEE/RAS International Conference on Humanoid Robots (Humanoids)*, Seiten 406–412, Daejeon, Korea, Dec. 2008.

[Vahrenkamp 08b] Nikolaus Vahrenkamp, Christian Scheurer, Tamim Asfour, James J. Kuffner, Rüdiger Dillmann. Adaptive motion planning for humanoid robots. Tagungsband: *IEEE International Conference on Intelligent Robots and Systems (IROS)*, Seiten 2127–2132, 2008.

[Vahrenkamp 09a] Nikolaus Vahrenkamp, Anatoli Barski, Tamim Asfour, Rüdiger Dillmann. Planning and execution of grasping motions on a humanoid robot. Tagungsband: *IEEE/RAS International Conference on Humanoid Robots (Humanoids)*, Seiten 639–645, Dec. 2009.

[Vahrenkamp 09b] Nikolaus Vahrenkamp, Dmitry Berenson, Tamim Asfour, James Kuffner, Rüdiger Dillmann. Humanoid motion planning for dual-arm manipulation and re-grasping tasks. Tagungsband: *IEEE International Conference on Intelligent Robots and Systems (IROS)*, Seiten 2464–2470, Oct. 2009.

[Vahrenkamp 09c] Nikolaus Vahrenkamp, Christian Böge, Kai Welke, Tamim Asfour, Jürgen Walter, Rüdiger Dillmann. Visual servoing for dual arm motions on a humanoid robot. Tagungsband: *IEEE/RAS International Conference on Humanoid Robots (Humanoids)*, Seiten 208–214, Dec. 2009.

[Vahrenkamp 10a] Nikolaus Vahrenkamp, Tamim Asfour, Rüdiger Dillmann. Efficient motion and grasp planning for humanoid robots. In Kensuke Harada, Eiichi Yoshida, Kazuhito Yokoi, Hrsg., *Motion Planning for Humanoid Robots*, Seiten 129–160. Springer, 2010.

[Vahrenkamp 10b] Nikolaus Vahrenkamp, Tamim Asfour, Rüdiger Dillmann. Simox: A Simulation and Motion Planning Toolbox for C++. Technischer Bericht, Institute for Anthropomatics, Karlsruhe Institute of Technology (KIT), 2010.

[Vahrenkamp 10c] Nikolaus Vahrenkamp, Martin Do, Tamim Asfour, Rüdiger Dillmann. Integrated grasp and motion planning. Tagungsband: *IEEE International Conference on Robotics and Automation (ICRA)*, Seiten 2883–2888, Anchorage, USA, Mai 2010.

[Vahrenkamp 10d] Nikolaus Vahrenkamp, Enrico Kuhn, Tamim Asfour, Rüdiger Dillmann. Planning multi-robot grasping motions. Tagungsband: *IEEE/RAS International Conference on Humanoid Robots (Humanoids)*, Nashville, USA, Dec. 2010.

[van den Bergen 04] G. van den Bergen. Ray casting against general convex objects with application to continuous collision detection. Tagungsband: *Journal of Graphics Tools*, 2004.

[Völker 79] Klaus (Hg.) Völker. *Künstliche Menschen. Dichtungen & Dokumente über Golems, Homunculi, Androiden und lebende Statuen.* Pawlak TB, München, Germany, 1979.

[Walter 00] Jörg Walter, Claudia Nölker, Helge Ritter. The psom algorithm and applications. Tagungsband: *Proc. Symp. Neural Computation*, Seiten 758–764, 2000.

[Wang 09] Wei Wang, Yan Li. A fast motion planning approach for virtual human upper body. Tagungsband: *Image and Graphics, 2009. ICIG '09. Fifth International Conference on*, Seiten 663–667, 2009.

[Watanabe 09] T. Watanabe, M. Beetz. Grasp motion planning for box opening task by multi-fingered hands and arms. Tagungsband: *Computational Intelligence in Robotics and Automation (CIRA), 2009 IEEE International Symposium on*, Seiten 1–7, Dec. 2009.

[Weghe 07] M. V. Weghe, D.I. Ferguson, S. Srinivasa. Randomized path planning for redundant manipulators without inverse kinematics. Tagungsband: *IEEE/RAS International Conference on Humanoid Robots (Humanoids)*, 2007.

[Weiss 87] Lee Weiss, Arthur C. Sanderson, C. P. Neuman. Dynamic sensor-based control of robots with visual feedback. *IEEE Journal on Robotics and Automation*, RA-3(5), Oct. 1987.

[Welke 08] K. Welke, M. Przybylski, T. Asfour, R. Dillmann. Kinematic calibration for saccadic eye movements. Technischer Bericht, Institute for Anthropomatics, Universität Karlsruhe, 2008.

[Welke 09] K. Welke, T. Asfour, R. Dillmann. Active multi-view object search on a humanoid head. Tagungsband: *Proceedings of the IEEE International Conference on Robotics and Automation (ICRA 2009)*, Seiten 417–423, 2009.

[Westmore 91] D.B. Westmore, W.J. Wilson. Direct dynamic control of a robot using an end-point mounted camera and kalman filter position estimation. Tagungsband: *IEEE International Conference on Robotics and Automation (ICRA)*, Band 3, Seiten 2376–2384, Apr. 1991.

[Wieland 09] S. Wieland, D. Gonzalez-Aguirre, N. Vahrenkamp, T. Asfour, R. Dillmann. Combining force and visual feedback for physical interaction tasks in humanoid robots. Tagungsband: *IEEE/RAS International Conference on Humanoid Robots (Humanoids)*, Seiten 439–446, Dec. 2009.

[Wilson 96] W.J. Wilson, C.C. Williams Hulls, G.S. Bell. Relative end-effector control using cartesian position based visual servoing. *IEEE Transactions on Robotics and Automation.*, 12:684–696, Oct. 1996.

[Won 00] Kim Ho Won, Cho Jae Seung, Kweon In So. A novel image-based control-law for the visual servoing system under large pose error. Tagungsband: *IEEE International Conference on Intelligent Robots and Systems (IROS)*, Band 1, Seiten 263–268, 2000.

[Xu 93] Yangsheng Xu, Kanade Takeo. *Space Robotics : Dynamics and Control.* Kluwer Academic Publishers, Boston, USA, 1993.

[Yamamoto 02] Y. Yamamoto, S. Fukuda. Trajectory planning of multiple mobile manipulators with collision avoidance capability. Tagungsband: *IEEE International Conference on Robotics and Automation (ICRA)*, Band 4, Seiten 3565–3570, 2002.

[Yang 04] Libo Yang, S.M. LaValle. The sampling-based neighborhood graph: an approach to computing and executing feedback motion strategies. *Robotics and Automation, IEEE Transactions on*, 20(3):419–432, Jun. 2004.

[Yang 05] Yuandong Yang, Oliver Brock. Efficient motion planning based on disassembly. Tagungsband: *Robotics: Science and Systems*, Seiten 97–104, 2005.

[Yang 10] Yuandong Yang, Oliver Brock. Elastic roadmaps - motion generation for autonomous mobile manipulation. *Auton. Robots*, 28(1):113–130, 2010.

[Yershova 05] Anna Yershova, Léonard Jaillet, Thierry Siméon, Steven M. LaValle. Dynamic-domain rrts: Efficient exploration by controlling the sampling domain. Tagungsband: *IEEE International Conference on Robotics and Automation (ICRA)*, Seiten 3867–3872, 2005.

[Yoshida 05a] E. Yoshida, I. Belousov, C. Esteves, J.-P. Laumond. Humanoid motion planning for dynamic tasks. Tagungsband: *IEEE-RAS International Conference on Humanoid Robots*, Seiten 1–6, 2005.

[Yoshida 05b] E. Yoshida, Y. Guan, E. S. Neo, Hugel V, P. Blazevic, A. Kheddar, K. Yokoi. Motion planning for whole body tasks by humanoid robots. Tagungsband: *IEEE International Conference on Mechatronics and Automation*, Seiten 1784–1789, 2005.

[Yoshikawa 85] Tsuneo Yoshikawa. Manipulability of Robotic Mechanisms. *The International Journal of Robotics Research*, 4(2):3–9, 1985.

[Yoshikawa 90] Tsuneo Yoshikawa. *Foundations of robotics: analysis and control*. MIT Press, Cambridge, MA, USA, 1990.

[Zacharias 07] F. Zacharias, C. Borst, G. Hirzinger. Capturing robot workspace structure: representing robot capabilities. Tagungsband: *IEEE International Conference on Intelligent Robots and Systems (IROS)*, Seiten 3229–3236, Oct. 2007.